古代歷史文化 研究輯刊

二七編

王明蓀 主編

第 10 冊

中國書院發展與佛教的關係

潘秀英 著

國家圖書館出版品預行編目資料

中國書院發展與佛教的關係／潘秀英 著 -- 初版 -- 新北市：
花木蘭文化事業有限公司，2022〔民 111〕
序 2+ 目 4+296 面；19×26 公分
（古代歷史文化研究輯刊 二七編；第 10 冊）
ISBN 978-986-518-778-1（精裝）
1.CST：書院制度 2.CST：佛教 3.CST：中國
618   110022110

ISBN-978-986-518-778-1

9 789865 187781

古代歷史文化研究輯刊
二七編 第 十 冊   ISBN：978-986-518-778-1

中國書院發展與佛教的關係

作　　者　潘秀英
主　　編　王明蓀
總 編 輯　杜潔祥
副總編輯　楊嘉樂
編輯主任　許郁翎
編　　輯　張雅淋、潘玟靜、劉子瑄　美術編輯　陳逸婷
出　　版　花木蘭文化事業有限公司
發 行 人　高小娟
聯絡地址　235 新北市中和區中安街七二號十三樓
　　　　　電話：02-2923-1455／傳真：02-2923-1452
網　　址　http://www.huamulan.tw 信箱 service@huamulans.com
印　　刷　普羅文化出版廣告事業
初　　版　2022 年 3 月
定　　價　二七編 13 冊（精裝）台幣 38,000 元　　　　　版權所有・請勿翻印

中國書院發展與佛教的關係

潘秀英　著

作者簡介

潘秀英，1994 年取得新亞文商書院文史系學士學位。2006 年取得新亞研究所歷史碩士學位，論文題目為《唐・五代書院興起的原因》。因此本人多年前已開始研究中國書院。受嚴耕望先生〈唐人習業山林寺院之風尚〉一文啟發，深入研究書院與佛教關係。2015 年取得新亞研究所歷史博士學位，師從李學銘教授，論文題目為《書院與佛教的關係析論》。本人曾在志蓮淨苑夜書院任教三年，主要教授中國歷史課程，其中包括宋代書院及書院與唐代文化，現為新亞研究所圖書館主任。

提　　要

　　中國文化以儒家思想作為主流，主因在重視教育，自孔子開拓私家講學後，私學教育是官學以外的另一種教育方式。東漢時，佛教自印度傳入，儒佛兩種文化相遇後融和、發展，成為後來的中國文化面貌。書院是儒、佛兩種文化融和後的產物，一方面保留了儒家傳統教育的精神，另方面吸收了佛教的制度形式等，使書院發展能得以擴大和完善。本書的主要內容，正是研究佛教傳入後，如何影響到書院的發展，並使之成為完善的教育機構。

　　本書研究範圍由漢至明代，析論儒、佛互動與書院的起源及發展的關係。本書前數章主要是清楚闡釋佛教自東漢傳入後與儒學的關係，從而發展出書院制度的過程。儒、佛二者有紛爭和融合，及彼此消長的過程。書院之名始見於唐，本是唐代國家的藏書修書之所，後發展成私學教育。書院從唐代起源至宋代的過程中，發展出各種制度，各種制度中皆發現禪宗的影響力。筆者認為制度的研究更能具體反映儒釋二者的關係，因此研究重點，放在後兩章，把儒、釋兩者的各種制度關係的析論，包括祭祀、講學形式、經講義疏、學規、管理、藏書、刻書及建築等七方面。期望在研究書院的發展過程中 能較深入地探討佛教在教育與文化學術所發揮的影響，以致形成了後來的中國文化面貌，讓讀者能從中有所啟發。

序　言

李學銘〔註1〕

一

　　我國古代書院的發展，與佛教有很密切的關係，其中有互相影響、爭鬥、融合的情況。研究書院發展與佛教的關係，深入了解其中的發展過程和變化，對我國社會文化、教育、宗教的未來發展，應有提示，啟發的作用。

二

　　本書的內容，主要從社會、文化的角度分析，述論書院與佛教的關係。結論以多種史料和學術意見為根據，證明書院與佛教的關係非常密切，這個結論，雖然不是所謂特異創新之說，但梳理繁雜資料，選取紛紜學術之說，再斷以己見，不能不耗費大量時間和心力，展現了撰作者嘗試說服讀者的誠意。在一些論點析論的過程中，撰作者曾反覆思考，增刪資料、選擇論據、調整用語，顯示了她的認真和用心，其中蘊含了裁斷的識見，讀者大抵不會忽略。

三

　　潘秀英同學是新亞研究所(香港)的碩、博士畢業生。她對我國書院與佛教的關係，長久以來，已有研治的興趣，本書就是她的研治成果之一。她的碩士論文，即以《書院興起的原因》為題，宏觀地就唐代的社會、文化、教育、

〔註1〕　本文作者為香港理工大學退休教授，現任新亞研究所教授（香港），香港公開
　　　　　大學榮譽教授。

宗教等方面，探討我國書院興起的原因。談書院的興起，自然會關注書院的發展，由書院的發展，更自然會留意書院與佛教的密切的關係。因此，秀英同學進一步要作書院與佛教關係的探究，作為博士論文的選題，也就順理成章了。限於時間和資料，她的探究時段，是由漢代至明代，由清代至近現代，其實也是一段值得探究的時期。我期望秀英同學將來能蒐集足夠資料，撰為論著，繼續在這方面提供她的研治成果。

四

秀英同學給我的印象，是勤奮用功的。她在照顧家人生活，投身教育工作的同時，常奔波於本地各大學圖書館和研究機構圖書室之間，蒐集所需資料，最後完成畢業論文也就是本書的撰作。她所掌握的參考資料，凡二百七十多種，在引述時，原則上多用第一手資料，並參考不少現代學者的學術論著。本書對我國古代書院制度與佛教的關係，辨析較詳，而對佛教傳入與私學的關係、儒家思想與佛學的紛爭及融合、元明時代書院與佛教彼此的消長，也有頗為扼要的析論。如果將來有人要對我國書院與佛教的關係作更宏廣、更詳細、更深入的探究，本書是一部不宜忽略的參考書之一。

五

最近秀英同學告訴我，她預備把《中國書院與佛教的關係》這篇論文，稍作修訂後出版成書，並邀我為這書撰寫序文。出版學術論著，對讀者來說誠然有增益知識的機會，同時也可讓論著的撰作者，有機會知悉他人所提出的批評或指正意見，使自己的認識得以擴大，提升，無論是前者或後者，我以為都是值得肯定的好事，因此撰寫這篇短文，略陳己見，就算是本書的序文罷。

李學銘

於新亞研究所（香港）2021 年 8 月

目

次

第一章　緒　論

　　這書名為《中國書院發展與佛教的關係》，主要是析論書院與佛教的關係。書院從孕育到發展到體制完備的過程，其中不離受佛教的影響；從源頭探究至書院制度的完成，當中包括了社會、政治、文化學術等的因素。本章分為四節，第一節說明研究的緣起，第二節說明研究的目的及預期成果，第三節說明研究的範圍及方法，第四節主要是通過主要參考資料的考察，說明這些資料的參考價值。

第一節　研究緣起

　　《論語・憲問》：「古之學者為己，今之學者為人。」朱熹註：「為己，欲得之於己也；為人，欲見之於人也。」〔註1〕據李弘祺解釋，儒家主張學習意義不在於謀求取得別人的肯定，或是個人的自身的利益，意義在於學習是充滿樂趣，滿足個人，接著才是帶來社會效用。〔註2〕《論語》首章第一句已說到「學而時習之，不亦說乎？」開宗明義說明學習是帶來樂趣，樂趣是很個人的事。個人道德透過學習得到完善而帶來喜悅，李弘祺稱為「為己之學」，是強調了個人的重要性，千百年來也是士子追求的一種學習境界。老、莊哲學融合於民間的道教中，成為了本土的主流宗教之一，後的道觀教育也影響著中國的教育發展；李氏指出道教的教育主張更比儒家重視個人

〔註1〕〔宋〕朱熹《四書集註》，臺北：文化圖書公司，1984年5月，頁148。
〔註2〕李弘祺《學以為己：傳統中國的教育》，香港：中文大學出版社，2012年，頁2～3。

體驗。〔註3〕這種重視個人學習的取向，成為了傳統知識份子的學習宗旨。千百年來，隱世讀書人，不求名利、遺世獨立的讀書修行方式，受人尊重和稱頌，是造就了私家講學興起的主要原因。佛教禪宗強調了個人的頓悟，與中國傳統知識份子所追求的境界不謀而合，書院制度正是參考了禪宗的叢林制度而建立。

研究中國文化的論題中，教育是極為重要的部分。書院是中國獨特的一種教育制度，自唐興起至近世達千多年，對於中國文化的傳承及發揚有著重要的作用，因此書院研究是很有價值的。自盛朗西的《中國書院制度》開始，之後的研究相繼出現，當中有著名的鄧洪波《中國書院史》，從書院的興起說到近世，內容相當詳細。其他與書院相關研究也相當多，範圍頗為廣泛，包括各種制度、書院與中國文化、理學與書院的關係、官學到書院的過程、斷代書院研究、地方書院研究等，甚至有《中國書院辭典》，總覽全國古今的書院。自一九九七年開始出版的《中國書院》專輯〔註4〕，內容豐富，更旁及書院的藝術研究及海外的著作等。

上文提到佛教禪宗強調個人的頓悟，與中國士人重視遺世獨立的讀書修行方式不謀而合，因此研究書院除了教育制度外，宗教對文化的演變所起的作用更不容小覷。綜觀學術論著，佛教的研究比研究書院還多。這來自印度的宗教，從東漢至今，早在唐以前中土的僧人已對儒、釋、道三家思想的研習，佛教也漸漸漢化，成了禪宗、淨土宗等。不少研究開始注意到佛教的制度、經濟、藝術文化、建築等各方面領域，對佛學理論研究更多不勝數，乃至到各家宗派的理論等。近年也有佛教史、各僧傳的研究，而且也有人注意到佛教與玄學、佛教與儒學等的關係論析。

六朝時，佛教寺院已興辦教育，後稱為寺學。寺學教育已注意到傳統儒家教育，寺學是書院制的前身，與書院同樣是影響中國文化的演變，研究二者的關係有助了解中國文化發展過程，十分具研究價值。近年研究佛教教育與儒學比較有丁綱《中國佛教教育》，當中有涉及佛教教育與書院教育的比較，但佛教與書院關係的專題研究則不多見。中國教育發展起源更早，發展至今

〔註3〕李弘祺《學以為己：傳統中國的教育》，頁5。
〔註4〕朱漢民、李弘祺《中國書院》1～6輯，長沙：湖南教育出版社，從1997年至2004年。第7～8輯，長沙：湖南大學出版，2006年及2013年。至今共八輯。

滲入了西方教學模式，極為重視考試的傳統是揮之不去的夢魘，古代有科舉，如今有高考。中國的書院制以考試為依歸之外，可以是另一種自由講學的教學制度，這種自由講學模式的教學更有助對文化的傳承與開創。佛學、玄學與儒學結合而有理學，寺學獨立於寺院之外而有書院；研究儒、佛二者的關係發展到書院教育，有助啟發我們對今天教學制度得失的思考。觀乎今天的研究，佛教與書院分別的研究相當多，對二者關係的研究則不多，研究書院發展與佛教的關係可補充這方面的不足。

　　書院是中國教育史上不可或缺的一部分，據高明士所言，「書院講學是近千年來私家講學唯一顯著的制度」。〔註5〕私家講學源遠流長，早於孔子時已有私家講學之風。「書院」一詞始見於唐〔註6〕，為官方藏書之所，唐人讀書山林之風配合了書院之名，成了私人習業之所。私家講學於私人習業之地聚徒授業，漸成了五代以後的書院教育。

　　書院發展成一套完備的教育制度，培育出無數人才，其開啟與發展均離不開宗教。〔註7〕據嚴耕望先生的〈唐人習業山林寺院之風尚〉一文述論，習業山林的士子多在寺觀，可見宗教對書院發展的重要。〔註8〕唐人習業山林以佛寺為多，筆者據嚴文做一統計表及分析（見附錄一）士子習業以山寺居多，且那些山寺不在偏遠的山區，而在交通便利的地區如廬山，主因在佛寺多建在交通便利的地區，同時也是清幽之地，是更適合士子習業。佛教雖是外來宗教，但融入中國文化後，它的影響比道教還大〔註9〕，所以研究書院不能忽視佛教的重要性。嚴先生的文章啟發本人對研究書院的興趣。

〔註5〕高明士《中國教育史》，臺北：臺大出版中心2004年9月，頁110。
〔註6〕據〔清〕袁枚的《隨園隨筆》卷一四〈書院〉條說：「書院之名起唐玄宗時，麗正書院，集賢書院皆建於朝者，為條書之地，非士子肄業之所也。」見王英志主編《袁枚全集第五冊》江蘇：江蘇古籍出版社，1997年7月，頁247。
〔註7〕據鄧洪波《中國書院史》統計，見於《唐詩》的書院與佛道有關的占總數38.5%，上海：東方出版中心，2006年1月，頁58。
〔註8〕嚴耕望先生說：「宋代書院制度，不但其性質由唐代士子習業山林寺院之風尚演進而來，即「書院」之名稱亦由此風尚中所形成。」〈唐人習業山林寺院之風尚〉，載於《嚴耕望史學論文選集》，臺北：聯經出版，1991年5月。頁313。
〔註9〕據楊慎初、朱漢民、鄧洪波的《嶽麓書院史略》：「自西晉佛教傳入、麓山寺創建以後，佛教勢力日益發展，而道教逐漸衰落，慢慢為佛教所取代。宋人趙汴詩云：『靈洞古壇基，烟夢接翠微。日西春又曉，不見羽人歸。』隋唐以來未見道觀建設的記載。」雖然三位作者都集中說嶽麓書院，但相信有其代表性。長沙：嶽麓書社出版，1985年5月，頁5。

佛教在東漢傳入時，最初借助了道教的力量，成為道教神祇之一，後為士大夫所接受，同時被統治階層所利用〔註10〕，促使佛教在中國生根且茁壯地成長，佛寺的興建遍及全國各地。精舍本為私家講學之地，也成了僧人修煉場所，這可說是佛教與私學相互影響的例證。佛教得到統治者的關顧，經濟勢力不斷擴大，同時也出現了一代又一代的高僧。這些德高望重的高僧，學問淵博，得到士大夫的敬仰，而規模較大的寺院更重視教育，藏書也相當豐富，正是士子習業的好地方。

唐代之後，佛教已發展出一套禪林制度，習業山林的士子，在這情況下得到啟發；經過紛亂的五代後，書院發展始盛，更引進了禪宗的叢林制度，使書院制度逐漸完備。書院孕育於唐，成熟於宋，正如上文所言，書院的興起與佛教有莫大關係，因此書院各種制度的形成，應有不少直接或間接受佛教所影響。丁鋼《書院與中國文化》中有提到書院與佛道的關係，主要述及哲學思想及意識形態上，出現從互相競爭到融合的情況。丁氏的言論引起了本人對這論題的興趣。數年前，筆者的碩士論文其中一章〈唐代佛教對書院興起之影響〉參考了部分有關佛教興起的資料，同時也留意到佛教勢力的大增，影響到書院的發展。這都是促使本人想深入研究佛教對書院發展的影響，當中包括起源、發展過程及各種制度。

第二節　研究目的及預期成果

筆者期望的研究成果是，能清楚闡釋佛教自東漢傳入後與儒學的關係，從而發展出書院制度的過程。儒、佛二者有紛爭和融合，及彼此消長的過程。書院從唐代起源至宋代的過程中，發展出各種制度，各種制度中皆發現禪宗的影響力。筆者認為制度的研究更能具體反映儒釋二者的關係，因此研究重點，放在兩者在各種制度關係的析論，包括祭祀、講學形式、經講義疏、學規、管理、藏書、刻書及建築等七方面。期望在研究書院的發展過程中，能較深入地探討佛教在教育與文化學術所發揮的影響，以致形成了後來的中國文化面貌，讓讀者能從中有所啟發，這就是筆者研究這論題的目的。

〔註10〕據湯用彤說：「或當時之人，以黃老、浮屠並談，於黃老視為君人之術，於浮屠遂以延祚之方也。」《漢魏兩晉南北朝佛教史》，武漢：武漢大學出版社，2008年12月，頁74。

東漢時，佛教初傳入中國，以儒學為學術思想主流的漢代社會，為何有土壤使這外來的宗教得以發展？本文首先分析當時的社會及政治環境，風俗及人文思潮等，如何讓佛教慢慢地發展，並且能成為主流宗教，受到統治者乃至名士的重視。精舍用途的變化，正代表了佛教能深入社會各階層及受士人所認同的表現。精舍本為私家講學之地，佛教傳入之後，精舍成了佛寺的地方，筆者從論析精舍的變化中，探討教育、社會狀況等社會文化發展。過去有學者雖在私學發展及佛教教育上分析探討其融合與分歧〔註 11〕，但較少從社會文化背景下探討這情況，例如社會對主流思想、教育制度、佛教經濟勢力擴大等角度作研究。通過本論題的研究，望能稍補前人的不足。

佛教傳入中國後，自身為了適應中國文化而有所變革。當得到統治階層的重視後，它的思想與儒家思想更有進一步融合，同時也出現互相衝擊的情況，對中國文化的影響既深且廣。作為宗教定必重視宣教，最佳的宣教方法當不離教育，佛教教育與儒家教育在長期的競爭與融合過程中，發展出匯合了儒、釋、道的一套思想；唐代士子習業山林寺院，佛學哲理乃至佛教經典的表述方式，影響到士子在儒學理論上作進一步的鑽研。唐代時部份名士如韓愈、李翺等一方面排拒佛教，另一方面卻受到佛學的表述方式影響，理學就是這樣產生。研究理學產生的原因，可從社會變化方面著手，如寺院經濟實力的擴大、禪宗的興起、叢林制度的成熟、士人對佛教學說的排拒，及發揚自身學問的基地等〔註 12〕，理學是促使書院發展至全盛階段的主要因素。研究過程中除了討論哲學思想方面的因素外，也從地緣因素了解各派的理學和書院的關係，因此會從南宋時書院的地理分佈及佛教的興盛程度，分析兩者的關係。如南宋時，江西的書院數量是全國之冠，同時佛寺也相當多，相信兩者之間必有所關聯。透過分析，讓讀者從另一度角看佛學與儒學的關係，並會有所啟發。

〔註 11〕關於佛教教育與私學教育等論題，丁鋼《中國佛教教育》，成都：四川教育出版社，2010 年 4 月，陳元暉、尹德新、王炳照《中國古代的書院制度》，上海：上海教育出版社，1981 年 12 月，及張糜弓《漢傳佛教與中古社會》，臺北：五南圖書出版社，2005 年等有提及佛教傳入初時與私學的關係，但都是略提而已。

〔註 12〕據陳元暉、尹德新、王炳照《中國古代的書院制度》提到朱熹復興的白鹿洞書院和嶽麓書院，陸九淵的象山書院、呂祖謙的麗澤書院等，都是這些理學家發揚學問的基地，頁 89。

　　元代後，書院出現官學化情況，同時寺院也得到統治者的重視，官學化的書院表面上是書院得到政府重視，但實則是削弱了書院的自主性，這情況延續到明清時期。書院與寺院的經濟來源主要是土地，同時也取決於統治者的態度，於是出現了寺院的勢力與書院的勢力彼此消長的情況，例如在學田或建置土地上相互爭奪，有書院被寺院侵奪，也有書院因地方官的支持而奪去寺院的田地，甚至毀寺建書院。筆者會追查哪些書院是毀寺院建立的，也會追查哪些寺院是毀書院建立的。比較兩者彼此消長的情況，闡釋書院和佛教的關係從融合到疏離的過程。丁綱的《書院與中國文化》提到元代及明代佛教和寺院彼此消長情況，也提供了不少有用的資料，丁氏的論析只說了表面的情況，對於背後的原因，和後來發展的影響等就沒有太多論述。望能進一步作較詳細的論析，並補充相關資料。此外，筆者將採取另一角度析論二者的關係，從佛學與儒學不同的境遇引發出上升與下沉的情況，影響到書院與佛學彼此消長的關係，期望有助讀者更了解中國教育與宗教的發展。

　　重點的一章會就書院各種制度進行論析，當中包括祭祀、講學形式、學規、管理制度、著書、刻書、藏書、建立地點、建築形式等受佛教影響的情況。過去也有不少學者提到相關的論題，例如嚴耕望先生在〈唐人習業山林寺完之風尚〉一文中記述士子多習業山林，多在寺院，於是引發了宋代書院的興盛。但文章的內容非全面論及佛教對書院的影響。鄧洪波《中國書院史》提到嶽麓書院的建置，是僧人吸取了禪林經驗而建立。〔註13〕這不過是鄧氏舉一例說明了佛教對書院的影響，而非作詳盡論析。丁綱在《中國佛教育》及《書院與中國文化》中頗詳細地述及書院與佛教的關係，其中《中國佛教教育》有提到禪林制度、寺院清規、教學活動等對書院的影響，但沒提到祭祀、建築、藏書、刻書等內容，本文就佛教對書院各種制度的影響作較詳細的論析，並提供論據，從而更立體地說明書院的發展和對後世的影響。

　　筆者期望透過是次研究，預期能清晰的展現從東漢末佛教初傳入至明代，對書院的興起、發展及各種制度所發揮的作用，從而深入地了解這種外來宗教與傳統文化互動下的種種變化，為讀者提供較詳細的資料，並為日後研究文化教育帶來啟示。

〔註13〕鄧洪波《中國書院史》，頁89。

第三節　研究範圍及方法

本文的研究範圍，主要考察東漢至明代書院與佛教從接觸到融合及進一步的發展過程，然後專就書院的種制度作較詳細的論析，包括祭祀制度、講學形式、學規、管理、著書、藏書、刻書、建築等方面，如何在佛教影響下形成或改變。研究以具體的事情為多，此外，還涉及思想方面的論述，但仍以具體事情為主要考察的對象。至於從清代至近代，是很有研究價值的論題，須花更多時間作深入、詳細的分析探討，期望將來有機會繼續研究。

關於研究方法，筆者先參考有關近人著述，例如佛教史、佛教教育、書院史、書院制度、宋明理學等相關書籍，了解近人對相關論題的觀點，並作分析判斷，把合用的意見或資料作為引路，不切用或不合理之處加以辨析；同時再參考古代文獻，如一般正史、各類志書、各朝彙要、碑記、文集、詩集如《全唐文》、《全宋文》、《全唐詩》等，乃至小說、筆記、雜記、佛教典籍如《大藏經》、《續藏經》等資料，同時也會參考各種學術期刊，了解最新的研究成果。

「佛教與書院的關係」這課題散見於有關書院的近人著作中，如高明士《中國教育史》、楊慎初 朱漢民 鄧洪波《嶽麓書院史略》、丁鋼《中國佛教教育》和《書院與中國文化》、彭定國、楊布生《書院文化》……等。筆者先詳細參考相關的書籍及論文，再從這些文章的參考資料來源翻閱原典，從邏輯上整合各種資料，例如對資料的有效性、可靠性、完備性等進行推論及歸納，來取得結論。

筆者也會參考佛寺志、書院志等資料，比較寺院與書院的規模形式，再統計書院的數量及其地理上的分佈，與當時佛教的興盛程度比較，從而分析兩者在地域上關聯的原因。與此同時，筆者也會蒐集在方志上較具代表的書院，歸納出制度上的特色，再比較和佛教制度相同的地方，同時也會利用網上的資料作參考，再追查相關典籍，細心研究及分析。

第四節　主要參考資料考察

（一）古代文獻

古代文獻方面，重點資料主要有正史、文集、各地方志、歷代書院志等。正史方面，主要是找出佛教傳入的過程及發展經過，例如《魏書‧釋老志》便

能清楚說明佛教的傳入過程，及簡單說出佛教的基本義理；再參考其他相關的考證輔助典籍，更清楚了解佛教傳入的過程，對統治階層以至一般平民百姓的影響。又如《後漢書》卷八十三〈姜肱傳〉、卷九十七〈劉淑傳、檀敷傳〉、卷一百九十下〈包咸傳〉等都載有關精舍的史料，《三國志》的〈魏書〉卷一、〈吳書〉卷一，《晉書》卷九〈武帝紀〉、卷八十〈許邁傳〉等都有關精舍的史料，透過這些史料，可讓我們更清楚了解精舍從私家講學之地，轉變為佛寺修煉之地的過程。又如《新、舊唐書》有唐代的教育制度及考試制度的記載，從中可讓我們了解唐代教育制度的失敗及科舉制度的興起，對士子習業山林的影響，乃至書院制的形成有著重要的作用。至於司馬光（1019～1086）的《資治通鑑》，唐代部分相當詳盡，可作為研究唐代書院及佛教方面的補充資料。《資治通鑑》的載述，有嚴格考證，可信度高。宋代是書院發展的成熟期，參考《宋史》當然必要，但其他典籍也很重要，例如，李燾（1115～1184）的《續資治通鑑長編》及徐松（1781～1848）的《宋會要輯稿》提供了宋代第一手資料，而且相當詳盡，特別是有關宋代社會、政治及教育等方面，提供了極重要的史料，對佛教和書院關係有重要的參考價值。元、明兩代的佛教與書院的關係，有互動有排斥，且書院制度發展完備，各自成獨立體系，參考各朝正史是首要考慮。還有胡粹中《元史續編》、李東陽（1447～1516）《大明會典》等。各地方志也是重要的基本文獻，如周應合《景定建康志》、黃之雋（1668～1748）《江南通志》等等。

　　本書是佛教與書院關係，基本文獻中當不能缺少是佛藏經典，首要參考是釋慧皎（497～554）《高僧傳》，記載了東漢末年至齊的高僧事跡，其緒論云：「《高僧傳》可補史書（如《南北史》）、說部（如《世說》）之缺。」〔註14〕書中記載了二百五十七僧人，透過僧人的行事，更了解到這時期佛教的發展，與當時士族社會和崇尚清談怎樣融合、怎樣成就了隋唐佛教的全盛。釋道宣（596～667）的《續高僧傳》、釋贊寧（919～1001）《宋高僧傳》等僧傳，皆能補史籍之不足，並從中參考更多有關佛教傳入後的演變。還有釋道世（約607～約655）《法苑珠林》，藏有不少佛教歷史及地理沿革。僧佑（445～518）《弘明集》是記載了東漢末至南朝時佛教流傳的情況，《廣弘明集》則是釋道宣接續僧佑（445～518）的《弘明集》至唐代（的一部重要佛典）。還有，對於佛寺制度及清規戒律載有相當多資料的禪宗典籍如釋道原《景德傳燈錄》、

〔註14〕湯一介《高僧傳·緒論》，載於《高僧傳》，北京：中華書局，1997年10月。

普濟《五燈會元》、《禪苑清規》等，很具參考價值。說及佛教義理方面，主要是參考慧能（637～713）《六祖壇經》、《華嚴經》等都是主要的參考資料。重點在佛教制度，尤以禪宗的叢林制度為主，因此參考佛教義理不多，主要是輔助。

　　古代文獻中，各朝代的文集是相當重要的資料。例如劉義慶（403～444）的《世說新語》（以下稱《世說》），其中有相當多關於西晉時統治階層奉佛的情況，同時也有相當多史料說明佛教傳入中土後，有學問的僧人如支道林（314～366），與當時的名士如蔡系（生卒年不詳）、謝安（320～385）等往來的情況。〔註15〕當時的僧人多是援道入佛，據《世說》所言，支道林也曾談論莊子（約前369～前86）〈逍遙篇〉。〔註16〕還有《全唐文》、《全唐詩》、《太平廣記》等，可提供正史以外的重要史料，嚴耕望先生的〈唐人習業山林之風尚〉一文，便引用了相當多《全唐詩》、《太平廣記》等資料。又如楊布生、彭定國編著的《書院文化》，其中更有篇章從《全唐詩》中的引述詩句談論書院的情況。〔註17〕從《全唐文》中不單可找到有關書院的史料〔註18〕，更可找到唐代士大夫奉佛的情況，例如，李騭〈題惠山寺詩序〉〔註19〕、顏真卿（709～785）〈泛愛寺重修記〉〔註20〕等史料相當多。

　　宋代是儒釋道三家思想的融合期，而理學的出現是其表徵，陳遠寧《中國佛教與宋明理學》認為宋明理學之「理」及「心」的哲學理論，是受吸收華嚴宗及禪宗思想的影響。〔註21〕因此黃宗羲（1610～1695）的《宋元學案》及《明儒學案》是研究宋明理學必須閱讀的書。筆者先研究宋明理學中受佛教影響的情況，例如江西，既是佛寺林立之地，也是書院最多的地區，兩者有沒有相關連？而筆者從《宋元學案》及《明儒學案》中參考各學派的理論與建立書院的關係，如朱熹（1130～1200）及其門人等所建的書院和曾經講

〔註15〕〔劉宋〕劉義慶《世說新語》〈雅量篇〉，北京：中華書局，1982 年 4 月，頁92。

〔註16〕〔劉宋〕劉義慶《世說新語》〈文學篇〉，頁 53。

〔註17〕楊布生、彭定國《書院文化》，臺北：雲龍出版社，1997 年 12 月，頁 8。

〔註18〕嚴耕望先生〈唐人習業山林之風尚〉引用《全唐文》找到的如符載〈荊州與楊衡說舊因送遊南越〉卷六九〇，劉軻〈上座主書〉卷七四二等。

〔註19〕《全唐文》卷七二四，北京：中華書局，1987 年 2 月，第八冊，頁 7453。

〔註20〕《全唐文》卷三三七，第四冊，頁 3419。

〔註21〕陳遠寧《中國佛教與宋明理學》，長沙：湖南人民出版社，1999 年 8 月，頁63。

學的書院十分多，例如嶽麓書院、白鹿洞書院、懷玉書院、紫陽書院等。〔註22〕宋代理學四大派，濂、洛、關、閩的創始者及其門人都有自己所屬的書院講學，如濂派有濂溪書院，洛派有明道書院、東林書院，關派有橫渠書院，閩派有武夷精舍等。據吳萬居的「宋代書院創建一覽表」所列的人物〔註23〕，約有七成書院與理學有關。書院發展至宋代是成熟期，創建相當多，且各有其特色，筆者會從書院的建置地點和年份，追尋與理學各派的軌跡，歸納出地緣上與佛教相互影響的情況。

說到書院建置的情況，《中國歷代書院志》是必須參考的史料，當中有書院的創始、沿革、制度（當中包括學規、學制、祭祀、經濟來源）、典籍、歷屆山長人選及其他主要人事等記錄。此外，也有一些碑記、文章、詩集等，雖然所收錄的書院記錄，佔全部書院的比例不太高，但當中不乏具代表性的資料，值得參考。其他輔助書籍，如李夢陽主編《白鹿洞書院古志五種》，楊慎初等《嶽麓書院史略》、鄧洪波《中國書院史》等引述了不少古代文獻資料。此外，還有相當重要的文獻，就是各地的地方志，例如彭定國、楊布生《書院文化》中的第二節有〈方志中十二所原始書院的記載〉，便是從各地的志書中找尋資料。由於各地的方志相當多，本人會先從工具書中找書院的名稱及位置，再從方志中找出這些書院，主要是參考晚清時代編的各地縣志及省志。從方志中可找到一些重要的書院的記載，包括位置、建置人、沿革等史料，因此可粗略統計書院和寺院在各地建置的數量，從書院與寺院建置數量的多少，可窺探二者相互影響的痕跡。

（二）近人著作

近人著作中首要參考是佛教傳入中國的過程，分析這種外來宗教能在中國生根發展的原因，及與中國文化接觸後，雙方在文化上產生的變化。其中精舍不同的用法，代表了佛教傳入後融合了中國文化之餘，又能保持本身的特色。湯用彤的《漢魏兩晉南北朝佛教史》，在首章說明了東漢末佛教傳入的過程，並對一些傳說作了考證，釐清了一些謬誤的說法。〔註24〕同時它又說

〔註22〕參考吳萬居《宋代書院與宋代學術之關係》的「宋代書院創建一覽表」，臺北：文史哲出版社，1991 年 9 月 299～307 頁。並參照〔清〕黃宗羲《宋元學案》卷四十四〈晦翁學案〉臺北：中正書局，1968 年 5 月，第二冊，頁 491。

〔註23〕同註22。

〔註24〕湯用彤在《漢魏兩晉南北朝佛教史》的〈秦始皇與佛教〉中引了史料說明了佛教早在秦始皇時已流行的說法。武漢：武漢大學出版社，2008 年 12 月，頁 7。

明佛教能在中國傳揚，早期是倚仗道教，如道教經典《太平經》當時有所謂「化胡說」，就是釋家借助道家的化胡說來宣教，﹝註25﹞這解釋了佛教在東漢時能在中土紮根並得以發展的原因。湯氏還指出東漢時，佛教經西域諸國傳入，先由統治階層接觸，繼而再向下層傳播，乃至民間各處。當佛教傳入後，先從洛陽展開，再向南方發展，到魏晉時代已在江南盛行。﹝註26﹞湯氏也提到佛教能在中土得以傳播，主要是漢代黃老思想盛行，東漢時光武帝、明帝等信讖諱之術，﹝註27﹞加上當時釋家借道教之力而得統治者的相信，上有所好，下有甚焉，漸為民間所接受。在了解佛教的傳入及得以傳揚，湯氏都有很詳細的論析，是研究佛教必須參考的書籍。湯書重點在述論統治階層如何接受佛教，並沒有說及當時的教育制度。對佛教流傳的作用，因此本人會補充這方面的資料。

　　魏晉時，佛教廣泛流傳中原，還傳播到南方。當時玄學流行，談玄是當時名士的風尚。《漢魏兩晉南北朝佛教史》中舉支道林為例，說明支道林能與名士談玄，解說莊子〈逍遙游〉，深得名士如謝安、王羲之（303～361）等的敬仰﹝註28﹞，湯氏在這方面有很詳盡的解說，對於研究名僧與名士的關係，提供了很好的研究資料。﹝註29﹞隋唐時，士大夫有不少和佛教僧人有聯繫，﹝註30﹞對於研究唐代士大夫信佛及排佛思想的研究，有很大幫助。據湯氏的研究，南方的慧遠（334～416）在廬山的西林寺長居，還教授了很多弟子，其弟子又把佛法再傳揚，廬山便成了佛教的勝地，除了佛寺林立外，還吸引了名士求訪。廬山及其附近地區，宋代建立了很多書院，佛教和書院二者有沒有相關連，湯氏提供了一些線索給人研究。

　　近人著作中，嚴耕望先生的〈唐人習業山林寺院之風尚〉一文至為重要。這篇文章首先詳細地說出唐人習業山林寺院的現象，跟著舉出一些名

﹝註25﹞湯用彤《漢魏兩晉南北朝佛教史》，〈太平經化胡說〉，頁40。

﹝註26﹞湯用彤《漢魏兩晉南北朝佛教史》，〈漢代佛法地理上之分佈〉，頁55。

﹝註27﹞湯用彤《漢魏兩晉南北朝佛教史》，〈鬼神方術〉云：「至若光武及明帝，雖一代明君，均信讖諱。」頁37。

﹝註28﹞湯用彤《漢魏兩晉南北朝佛教史》，〈支遁〉頁123。

﹝註29﹞湯氏的《漢魏兩晉南北朝佛教史》綜論魏晉佛法的興盛，分析出有四大原因，包括一、民間信仰，二、僧人借助談玄風尚得名士欣賞，三、北方胡人的信奉，四、名僧輩出，加上大力翻譯經典。頁129～131。

﹝註30﹞郭紹林在《唐代士大夫與佛教》中舉出了唐代士大夫相當多與僧人有聯繫，當中更包括韓愈和李白。河南：河南大學出片社，1987年，頁1。

山，並說及每座名山的士子習業的情況。文中引述的文獻相當多，為後學者提供了很詳盡的史料，尤其是他的統計，讓我們可在地緣方面考察到宋代書院的分佈及理學的分佈。不過嚴先生的文章沒有地圖及統計表，若時間許可，希望能做出一統計表及分佈圖，把嚴先生所列的二百人用圖表方式表達出來，那便很清晰地看到唐中葉，士子習業的地理分佈，對日後研究理學在地緣上的各派別分佈有很大的幫助。表面上嚴先生只說了唐代的一種社會現象，但帶出了很多值得研究的方向，例如唐代的教育制度、佛教的流行、佛學興盛等都可成為專題地研究。嚴先生在文章末段提到，宋代書院淵源於唐代士人習業山林的風尚〔註31〕，對筆者探討佛教與書院的關係研究時，有提示的作用。

另一與筆者的論題相關的重要著作是丁綱的《中國佛教教育》及丁氏與劉琪合著的《書院與中國文化》。丁綱的《中國佛教教育》第一章〈佛教教育的興起〉，其中說及佛教最初在東漢時傳入的情況，大部分都可在湯用彤的《漢魏兩晉南北朝佛教史》中找到，但他特別提到東漢時的太學，闡釋當時經學教育的局限性。〔註32〕他的論析正可補充湯氏沒有說及的地方：東漢時教育制度的失敗，令佛教能容易地為士人所接受。但丁氏所說博士弟子的學習情景，還需更多的史料印證。丁氏論證重點在教育方面，他認為釋道安是佛教教育的開創者，後來他的弟子到廬山，從事教育活動，培育了大量弟子，從西域來的鳩摩羅什（344～413），得到當時後秦姚氏所禮遇，在長安廣納弟子，據說來聽羅什講學的多達三千人。南方慧遠憑著他個人的高尚情操，得到當時的名士欣賞，也吸引了相當多人赴廬山聽他講學，因此，廬山與長安，分別成為南北兩大佛教的教育中心。〔註33〕到了支遁（314～366）及竺道生（？～434），二人均在佛教教育作了很大的貢獻，使佛教漸漸從依附儒、道中脫離，獨自發展佛理，尤其大乘佛理，更獲得有識之士所欣賞。丁氏認為，當時

〔註31〕嚴耕望《嚴耕望史學論文選集》之拾〈唐人習業山林寺院之風尚〉，頁313～315。

〔註32〕丁綱《中國佛教教育》第一章〈佛教教育的興起〉第一節中提到由於博士弟子日益增多，有師法和家法之別，有些弟子雖承師法，但自行演繹，自成家法，經有數家，家有數說的情況，所謂家法師法便不攻自破。由於弟子多，課程未滿足博士弟子的需要，眾多弟子們便向外求習，加上漢末讖諱之術流行，造就了客觀環境讓佛教能迅速流行。成都：四川出版社，2010年4月，頁4。

〔註33〕丁綱《中國佛教教育》，頁43～47。

高僧在教育方面的努力，是功不可沒。丁氏的研究，提供了方向，促使本人的論文在佛教教育方面作進一步研究：如何影響著隋唐佛教的興盛、士人習業山林寺院風尚的形成、乃至書院的形成。

丁綱和劉琪合著的《書院與中國文化》，內容主要分兩大部分，第一部分說明書院初形成時，正是儒與佛道融合之時。書院以儒為宗，吸取佛道二家的養分漸漸成長，其論點正好為筆者這書作為指引，而其中引述有關隱居讀書的史料正與嚴耕望先生的〈唐人習業山林寺院之風尚〉一文所引述的差不多。〔註34〕其中提到嶽麓山與廬山是佛寺林立之地，但那些山林為甚麼特別多隱居讀書之士則沒有深究，只提及隱居讀書繼承了前代風氣，是高風亮節的代表〔註35〕，而沒有在地緣上深入探討佛教影響下書院的產生。廬山更是慧遠傳道的重要基地，而江西書院數量之多，幾乎是全國之冠，因此本人要特別研究書院和慧遠的關係，藉此了解佛教傳到江南後，如何影響著文化的發展。第二部分是書院和科舉的關係，有抗衡，有順應，更有官學化的趨勢；元代後，書院的山長更是由朝廷任命。書院與佛教更從融合，發展到相互競爭，甚至相互排斥的現象。《書院與中國文化》一書的附錄二舉述了從唐代到清代，書院與佛寺此消彼長的關係。例如江西玉山的懷玉書院，元時改為寺院，到明代回復為書院。又如福建松溪的湛盧書院，在宋寶慶三年（1227）建於朱熹讀書處，後於元至正十六年（1356）改為僧舍，清乾隆十三年（1748）復為書院。〔註36〕從其附錄所列，可略窺見元、明書院與寺院相互排斥的情況，此情況在元、明間是很常見的現象。丁氏和劉氏這書只提供了資料，但沒有就相關情況作詳細的論述。因此筆者會在此作較深入的討論，藉此探討元、明兩代佛教與書院從融合到分離的過程。

《中國佛教教育》一書的第五章，談到禪林制度與書院制度時，從書院的選址、建築、組織架構、學規、教學活動及形式、祭祀儀式等作比較。丁綱說，書院能發展成完備的制度，是儒、佛融合的結果。丁書所說的內容，只集中在禪林制度方面的討論，而禪林制出現之前，對書院各種制度有沒有影響，則未有涉及。我們知道，禪林制度的產生是佛教傳入中國後，長期與中國文

〔註34〕丁綱、劉琪《書院與中國文化》，上海：上海教育出版社，1992 年 10 月，頁 15～19。

〔註35〕丁綱、劉琪《書院與中國文化》，頁 15。

〔註36〕丁綱、劉琪《書院與中國文化》，頁 210。

化融和後形成；反過來說，儒家傳統教育方式也影響著佛教，因此本人會先了解書院的各種制度，再研究佛教教育制度，丁氏的研究是提供方向，卻未能深入探討每種制度與佛教的關係。此外，書院的刻書與藏書是書院相當重要部分，刻書、藏書形式有沒有受佛教影響？丁氏這書是沒有提及；還有講經與義疏也相當重要，丁氏也沒有提及。因此在書院的各種制度上，還要參考其他資料作補充。

鄧洪波的《中國書院史》一書，詳細介紹了書院的由來、演變和各朝不同的書院情況，同時也介紹了書院的各種制度，包括上段提到的管理制度、規章、藏書、刻書，還有各朝的書院數目、書院地區分佈圖、創建人統計表，甚至明代編刻文獻及被毀書院的統計也表列出來，可見其包含的廣深程度。不錯，資料是相當詳盡了，但當中大都只提及每朝的書院狀況而已。鄧氏提到北宋書院的發展，認為是宋代官學教育不振，而書院正好補官學教育的不足，達到官學不能做的功能〔註 37〕，但他沒從宗教角度看當時書院的興起。例如他引用了一些例子，說明江西的書院是承繼五代江西文人匯萃之地，因此書院特多，但沒有考慮宗教因素。筆者會參考鄧氏提供的資料，再探討書院與佛教的關係。又例如祭祀儀式，鄧氏認為祭祀強化教育的莊嚴性，區別於佛道二家的神仙迷信等觀念。〔註 38〕雖云是強化教育的莊嚴性，但刻意有別於佛道也是重要原因，其方式可能有參考佛家方式，或刻意顯示不同等，這都要作較深入的研究。

以上所考察的，無論是古代文獻或近人著作，只是一些重要的參考資料。近人著作方面，主要作為引路的明燈，並以古代文獻為根據開展析論，期望研究的成果，可略補前人述論的不足。

〔註37〕鄧洪波《中國書院史》，頁 72～81。
〔註38〕鄧洪波《中國書院史》，頁 158。

第二章　佛教傳入與私學的關係

　　本章是說佛教與私學的關係。首先討論佛教初傳入時，析論東漢的社會、政治、文化等因素，讓佛教能有發展空間的原因。及至魏晉時代，儒學發展受到衝擊，玄學思想盛行，使佛教得到進一步發展，更有超越道教的情況，這一節討論到儒學受衝擊後的境況，及佛教如何得到進一步發展，為日後書院興起埋下了種子。其次，本章也會析論精舍用途上的轉變，從原本是私家講學的地方改為佛教清修之地，這改變正是代表了佛教影響力之大，以及佛教吸取了中國文化的其中之一種情況。隋唐時，佛寺經濟勢力龐大，高僧輩出，寺院更成為士子習業山林的主要地方，為日後書院發展提供重要條件，本章就相關情況作深入的探討。

第一節　漢代主流思想與佛教得以發展的原因

　　佛教自印度傳入，能在中土生根發展，必有其原因。這一節是先研究佛教傳入中國情況，繼而探討東漢時學術思潮以及社會背景，藉以了解這外來宗教得以茁壯成長，與及中國文化相結合並發展出獨特形態的因由。

（一）佛教傳入的情況

　　佛教於東漢時傳入，是大家接受的論斷，有關佛教傳入中國有不少傳言，據《高僧傳》卷一說：

> 漢永平中，明皇帝夜夢金人飛空而至，乃大集羣臣以占所夢。通人
> 傅毅奉答：「臣聞西域有神，其名曰『佛』，陛下所夢，將必是乎。」

帝以為然，即遣郎中蔡愔、博士弟子秦景等，使往天竺，尋訪佛法。愔等於彼遇見摩騰，乃要還漢地。騰誓志弘通，不憚疲苦，冒涉流沙，至乎雒邑。明帝甚加賞接，於城西門外立精舍以處之，漢地有沙門之始也。但大法初傳，未有歸信，故蘊其深解，無所宣述，後少時卒於雒陽。有記云：騰譯《四十二章經》一卷，初緘在蘭臺石室十四間中。騰所住處，今雒陽城西雍門外白馬寺是也。相傳云：外國國王嘗毀破諸寺，唯招提寺未及毀壞。夜有一白馬繞塔悲鳴，即以啟王，王即停壞諸寺。因改「招提」以為「白馬」。故諸寺立名多取則焉。〔註1〕

又《魏書》卷一百一十四〈釋老志〉說：

後孝明帝夜夢金人，項有日光，飛行殿庭，乃訪羣臣，傅毅始以佛對。帝遣郎中蔡愔、博士弟子秦景等使於天竺，寫浮屠遺範。愔仍與沙門攝摩騰、竺法蘭東還洛陽。中國有沙門及跪拜之法，自此始也。愔又得佛經《四十二章》及釋迦立像。明帝令畫工圖佛像，置清涼臺及顯節陵上，經緘於蘭臺石室。愔之還也，以白馬負經而至，漢因立白馬寺於洛城雍門西。摩騰、法蘭咸卒於此寺。〔註2〕

以上兩段引文意思差不多，皆是說漢明帝夜夢金人，看其內容實有點荒誕，兩段文字同樣地說佛教於東漢明帝（28～75）時傳入，更說明在洛陽城西建白馬寺；北魏楊衒之（生卒年不詳）在《洛陽伽藍記》更明言：「白馬寺，漢明帝所立也，佛入中國之始」。〔註3〕也是說佛教是漢明帝時傳入。據湯用彤的考證，西漢時，武帝（前157～前87）銳意通西域，派張騫（前195～前114）出使，而當時佛法已在印北乃至大月氏等地盛行，因此至西漢末佛教逐漸東傳並不足為怪。〔註4〕東漢時，光武帝（前5～前57）之子楚王英（1～71）崇尚浮屠則無可置疑。據《後漢書》卷四十二〈楚王英傳〉說：

楚王英，以建武十五年（39）封為楚公，十七年（41）進爵為王，

〔註1〕〔梁〕釋慧皎《高僧傳》，〈漢雒陽白馬寺攝摩騰〉，北京：中華書局，1997年10月，頁1。

〔註2〕〔北齊〕魏收《魏書》，北京：中華書局，1974年6月，頁3025～3026。

〔註3〕〔北魏〕楊衒之《洛陽伽藍記校注》卷四〈城西〉，臺北：三民書局，2006年3月，頁196。

〔註4〕湯用彤《漢魏兩晉南北朝佛史》第四章〈漢代佛法之流布〉，武漢：武漢大學出版社，2008年12月，頁33～38。

二十八年（52）就國。……自顯宗為太子時，英常獨歸附太子，太
子時親愛之。及即位，數受賞賜。……英少時好游俠，交通賓客，
晚節更喜黃老，學為浮屠齋戒祭祀。八年，詔令天下死罪皆入縑贖。
英遣郎中令奉黃縑白紈三十四詣國相曰：「託在蕃輔，過惡累積，歡
喜大恩，奉送縑帛以贖愆罪。」國相以聞。詔報曰：「楚王誦黃老之
微言，尚浮屠之仁祠，絜齋三月，與神為誓，何嫌何疑，當有悔吝？
其還贖，以助伊蒲塞桑門之盛饌。」因以班示諸國中傳。英後遂大
交通方士，作金龜玉鶴，刻文字以為符瑞。〔註5〕

楚王英是光武帝之子，是東漢初年的人，上文已說到英「學為浮屠齋戒祭祀」，
可見明帝時已有佛教傳入。但如《高僧傳》所言，「帝夜夢金人飛空而至」，事
涉宗教傳言，不免流於怪異。楚王英未受封為王之時，喜黃老尚浮屠之仁祠，
顯然當時佛教是附於道教。上文提到楚王英大交方士，又刻文為符瑞。據湯
用彤的研究，楚王英將佛教當作祠祀，他本身喜與方士交往，造作圖讖，視
佛教為方術，不是真正了解佛教。〔註6〕桓帝時，有祠老子及浮屠。據《後漢
書》卷七〈桓帝紀〉：

延熹八年（165）春，正月，遣中常侍左悺之苦縣祠老子。……庚
午，祠黃、老於濯龍宮。……論曰：前史稱桓帝好音樂，善琴笙。
飾芳林而考濯龍之宮，設華蓋以祠浮圖、老子，斯將所謂「聽於神」
乎？〔註7〕

上文言到以祠浮屠、老子，由此看來，即使到桓帝之時，佛陀等仍被視為道
教其中的神明，不過是外來之神，漸為統治者或貴族階層所接受而已。

　　東漢末，天下大亂，社會動盪，當時道教神仙思想瀰漫著社會上下，不
管是士大夫或是一般平民，對神仙方術追求甚殷，佛教便借道教之勢慢慢滲
入社會各階層。漢末黃巾亂起，正正是代表道教迷信思想橫行。黃巾亂平，
卻引來羣雄割據，演變成後來的三國時代，這時佛教逐漸得到更多人的注視。
據《三國志》卷四十九《吳書‧劉繇傳》說：

笮融者，丹陽人。初聚眾數百，往依徐州牧陶謙，謙使督廣陵，

〔註5〕〔南朝‧宋〕范曄《後漢書》卷四十二本傳，北京：中華書局，1965 年 5 月，
　　　頁 1428。
〔註6〕湯用彤《漢魏兩晉南北朝佛史》第四章〈漢代佛法之流布〉，頁 33～38。
〔註7〕《後漢書》，頁 313～320。

> 彭城運漕。遂放縱擅殺，坐斷三郡委輸以自入。及大起浮圖祠，
> 以銅為人，黃金塗身，衣以錦采。垂銅槃九重，下為重樓閣道，
> 可容三千餘人。悉課讀佛經，令界內及旁郡人有好佛者聽受道，
> 復其他役以招致之。由此，遠近前後至者五千餘人戶。每浴佛，
> 多設酒飯，布席於路，經數十里。民人往來觀及就食且萬人。費
> 以巨億計。〔註8〕

笮融（？～195），依附徐州牧陶謙，大起浮屠寺，吸引五千餘人聽道，並動用
數以億計招呼往來就食的人，而就食者更達萬人。湯氏考據笮融起祠之時，
正是黃巾作亂之際，吸引了大批貧寒饑餓的百姓，老百姓除了因為利益引誘
外，佛教教義的戒奢去殺，求往生極樂，可謂正合當時人心慌亂的景況，因
此很快便能傳播開去。

（二）天人合一的思想

佛教東傳，先在社會上層傳播，如楚王英，後期不只在民間流行，更傳
至知識界，就以以上所引的笮融為例，他能建佛祠，吸引人五千餘人聽道，
若非陶謙資助，哪有資本來建祠製佛像？陶謙是州牧，是當時的官員，可見
官員也漸受佛家思想所影響。據湯用彤引晉慧睿法師所言，佛教初興，孝明
帝時，西域有僧人相繼而至，漢末魏初時，廣陵、彭城等地有二相出家，漸漸
把佛教傳揚開去。〔註9〕

據湯氏之說，官員（可說是知識界分子）漸受佛教思想所薰陶。佛教初
時也借道教之力而傳播，及後有高僧來華傳教，這些高僧不乏學問淵博，漸
得士人所仰慕。至魏時佛教更成為中土的一大教派，其勢力更超越了道教。
當然不能否定，北魏時是由胡人所統治，胡人比漢人更易接受佛教信仰，但
當時信佛者不少是漢人，連同較早時提到楚王英，東漢末時的襄楷（生卒年
不詳）、笮融、陳惠（生卒年不詳）、韓林（生卒年不詳）、皮業（生卒年不詳）、
嚴浮調（生卒年不詳）、孟福（生卒年不詳）、張蓮（生卒年不詳）、牟子等皆

〔註8〕〔晉〕陳壽《三國志》卷四十九《吳書》，北京：中華書局，1973 年 1 月，頁
　　　　1184。

〔註9〕湯用彤《漢魏兩晉南北朝佛史》第四章〈漢代佛法之流布〉按：「《三國志注》
　　　　引《江表傳》稱彭城相薛禮，下邳相笮融依劉繇為盟主。薛禮既與笮融有交
　　　　涉，或亦信佛者。廣陵相或下邳相之誤。但笮融暴戾好殺，未必佛徒所願稱
　　　　道，故此廣陵相或另有其人。頁51。

是。〔註10〕其中牟子（生卒年不詳）作《理惑論》更使佛教自立於儒道之外。漢武帝獨尊儒術，罷黜百家，而得土壤讓佛教傳播，及後更能自立成家，超越道教之上，其原因何在？

　　漢天人合一的思想，是促成佛教傳播的原因之一。據錢穆先生《秦漢史》說：

> 仲舒之主罷百家，尊孔子，獨為武帝所取者，以其言封禪明堂巡狩
> 種所謂受命之符太平之治，以德施方外而受天之祐享鬼神之靈者，
> 其言皆附會於詩書六藝，而託尊於孔子故也。〔註11〕

依錢先生所言，武帝之所以採納董仲舒（前179～前104）的意見，無非是對他主張「施德方外而受天祐享鬼神之靈」感到興趣。所謂天人合一，是用一種似神秘而權威的說法，說明君受命於天，是為天子，是絕對的權威者。董氏利用陰陽五行之說配以人倫關係，陽尊而陰卑。〔註12〕董仲舒說：

> 父者，子之天也，天者，父之天也，無天而生，未之有也。天者，
> 萬物之祖，萬物非天不生。獨陰不生，獨陽不生，陰陽與天地參，
> 然後生。故曰：父之子也可尊，母之也可卑。尊者取尊號，卑者取
> 卑號。故德侔天地者，皇天右而子之，號稱天子。其次有五等之爵
> 以尊之，皆以國邑為號。其無德於天地之間者州、國、人、民。……
> 天子受命於天，諸侯受命於天子，子受命於父，臣受命於君，妻受
> 命於夫。諸所受命者，其尊皆天也。雖謂受命於天亦可。〔註13〕

上文說萬物受命於天，天代表了無尚權威，如宗教般的信仰。天子受命於天，稱為天子，其次用五等爵位來表示天子的尊貴。這樣尊君，怪不得漢武帝看了董氏的主張立刻採用。據《漢書》卷五十六〈董仲舒傳〉說：

> 國家將有失道之敗，而天乃先出災害以譴告之，不知自省，又出
> 怪異以警懼之，尚不知變，而傷敗乃至，以此見天心之仁愛人君
> 欲止其亂也，自非大亡道之世者，天盡欲扶持而全安之，事在強

〔註10〕湯用彤《漢魏兩晉南北朝佛教史》，頁56。

〔註11〕錢穆《秦漢史》第二章〈西漢之全盛〉，臺北：東大圖書公司，1992年9月，頁95。

〔註12〕參考徐復觀《兩漢思想史》卷二第五章，臺北：學生書局，1979年9月，頁393～409。

〔註13〕〔西漢〕董仲舒《春秋繁露》卷十五〈順命〉第七十，國學基本叢書，臺北：臺灣商務印書館，1968年3月，頁240～242。

勉而已矣。〔註14〕

君權不可犯，但有天的意志，只要行德政，便合天之德，天子便得享隆盛。據徐復觀先生的研究，董仲舒的思想正是受戰國以來的陰陽五行之說及法家思想所影響，因而把君權無限擴大，卻怕君權過大難控，所以又要求人君與天道配合。〔註15〕人君失德，天會降災異，天便進一步的成為宗教般的權威，知識分子如董仲舒，對天這樣解釋，增加其神秘性、宗教性。

漢初行黃老之道，而五行之說也相當盛行，《後漢書》的〈五行志〉已達六章之多，可見其重要。陰陽五行之說，對現代人來說可謂近乎迷信，其神秘色彩相當濃。漢人之信鬼神讖緯甚於前代，而道教便由此而興起。

（三）道教流行

前文所說，漢代所流行的不是先秦時代的儒家思想，而是戰國晚期的陰陽五行之說及道家思想。據《漢書》卷三十〈藝文志〉說：

> 道家者流，蓋出於史官，歷記成敗存亡禍福古今之道，然後知秉要執本，清虛以自守，卑弱以自持，此君人南面之術也。合於堯之克攘，易之嗛嗛，一謙而四益，此其所長也。及放者為之，則欲絕去禮學，兼棄仁義，曰獨任清虛可以為治。〔註16〕

道家主張清虛以自守，卑弱以自持，再配陰陽合五行之說。《漢書》卷三十〈藝文志〉對陰陽家有這樣的說法：

> 陰陽家者流，蓋出於羲和之官，敬順昊天，歷象日月星辰，敬授民時，此其所長也。及拘者為之，則牽於禁忌，泥於小數，舍人事而任鬼神。〔註17〕

道家去禮學，棄仁義，加上陰陽家的捨人事而任鬼神，正是漢人信鬼神讖緯的原因，道教便在這樣的情況下流行起來。據《後漢書》卷六十〈襄楷傳〉謂襄楷向順帝（115～144）獻上其師于吉之神書《太平清領書》，即後來的《太平經》，及後張角（？～184）「頗有其書」。據《後漢書》卷七十五〈劉焉傳〉註說張修（？～191）創太平道，而張角創五斗米道，太平道師持九節，用符咒，

〔註14〕〔西漢〕班固《漢書》卷五十六〈董仲舒傳〉，北京：中華書局，1975 年 4 月，頁 2498。

〔註15〕徐復觀《兩漢思想史》，頁 414～420。

〔註16〕《漢書》，頁 1732。

〔註17〕《漢書》，頁 1734。

飲符水，替病人治病，張角的五斗米道同是這樣做。〔註18〕《後漢書》卷八〈靈帝紀〉張角自稱是天黃，於同一日有三十六萬人叛亂〔註19〕，可見當時道教的流行程度，追隨者竟這麼多。范曄（398～445）《後漢書》卷六十〈襄楷傳〉言這《太平清領書》「其言以陰陽五行為家，而多巫覡雜語」。〔註20〕

　　據湯用彤《漢魏兩晉南北朝佛教史》第五章談及《太平經》與佛教的問題，認為《太平經》與佛教有極密切的關係，而明顯地，《太平經》是道教的經典，為甚麼說它與佛教有極密切關係？且看《後漢書》卷三十下〈襄楷傳〉說：

> 又聞宮中立黃老浮屠之祠，此道清虛尚無為，好生惡殺，省慾去奢。今陛下嗜慾不去，殺罰過理，既乖其道，豈獲其祚哉？或言老子入夷狄為浮屠。浮屠不三宿桑下，不欲久生恩愛，精之至也，天神遣以好女，浮屠曰：「此旦革囊盛血。」遂不眄之。〔註21〕

據上文，言老子入夷狄為浮屠，可見當時認為黃老浮屠可以互通，而佛教初入中土，人皆視之為道教其中之一的神祇，取佛教教義中的清虛自守，戒慾去奢之論，作為勉人君順利管治臣下、百姓的言論。而湯氏更言即使到魏晉時，佛教依附玄理，才得到士大夫所激賞。〔註22〕

第二節　東漢末教育與社會狀況

　　東漢時，教育雖未如唐宋時發達，朝野上下也相當重視教育，除了私家講學外，中央政府也設置了太學。據《漢書·武帝紀》卷六所云「興太學、脩郊祀、改正朔、定歷數」〔註23〕，可見太學在武帝時已立，但史籍載武帝時尚未正式成立太學。據《漢書》卷八十八〈儒林傳〉說：

> 聞三代之道，鄉里有教。夏曰校，殷曰庠，周曰序。其勸善也，顯之朝廷。其懲惡也，加之刑罰。故教化之行也，建首善自京師始，繇內及外。今陛下昭至德，開大明；配天地，本人倫；勸學興禮，

〔註18〕《後漢書》，頁 2436。
〔註19〕《後漢書》，頁 348。
〔註20〕《後漢書》，頁 1084。
〔註21〕《後漢書》，頁 1082。
〔註22〕參考湯用彤《漢魏兩晉南北朝佛教史》，頁 79。
〔註23〕《漢書》，頁 212。

崇化屬賢，以風四方；太平之原也。古者政教未洽，不備其禮，請因舊官而興焉。為博士官置弟子五十人，復其身。太常擇民年十八以上，儀狀端正者，補博士弟子。郡、國、縣官有好文學，敬長上，肅政教，順鄉里，出入不悖所聞，令、相、長、丞上屬所二千石；二千石謹察可者，常與計偕，詣太常，得受業如弟子。一歲皆輒課業。能通一藝以上，補文學掌故缺。其高第可以為郎中，太常籍奏。即有秀才異等，輒以名聞。其不事學若下材，及不能通一藝，輒罷之，而請者能稱者。〔註24〕

上文乃公孫弘上書勸學，建議設立博士及博士弟子員，只能稱為太學的前身。然而史籍稱漢武帝興「太學」，卻未嘗為之而築舍，不過太學弟子必有受學之處，只是無可考而已。選博士由太常負責，據《後漢書·和帝紀》卷四註說：

武帝時，置博士弟子，太常擇人年十八以上，儀狀端正者補焉。

昭帝增員滿百人。宣帝倍之，元帝更設員千人，成帝更增員三千人。〔註25〕

上文指出西漢時博士弟子員不斷增加，實與太學無異。據呂思勉《秦漢史》考證，漢之太學學舍首見於史冊是王莽（前45〜23）時為學者所築〔註26〕。西漢末動亂，至東漢光武帝時建太學在洛陽開陽門外。〔註27〕東漢順帝時更修黌宇，構造二百四十房、八千八百五十室〔註28〕，可見規模相當大。太學到東漢末時，人數多達三萬人，可見當時的盛況。太學員額激增，形成了勢力，引來黨錮之禍，但也可看到教育漸得到普及。

漢代不只有中央官學，還有地方官學，呂思勉考證郡國之學始在武帝時。據《漢書》卷八十九〈循吏傳〉說：

〔註24〕《漢書》，頁3593〜3594。

〔註25〕《後漢書》，頁187。

〔註26〕呂思勉《秦漢史》：「漢武雖未嘗為學者築舍，必有受學之處，此所謂太學，當指其地言之，特其所在不可考耳。」香港：太平書局，1962年9月，頁715〜716。據《漢書》卷九十九〈王莽傳上〉：「是歲莽奏起明堂辟雍，靈臺，為學者築舍萬區，作市，常滿倉，制度甚盛，立《樂經》，益博士員，經各五人。」頁4069。

〔註27〕《後漢書》卷一〈光武帝紀〉：「初起太學。車駕還宮，幸太學，賜博士弟子各有差。」註：陸機《洛陽記》曰：「太學在洛陽城故開陽門外，去宮八里，講堂長十丈，廣三丈。」，頁40。

〔註28〕《後漢書》卷一〈光武帝紀〉，頁717。

　　文翁，廬江舒人也，少好學，通《春秋》，以郡縣吏察舉。景帝末為
蜀郡守，仁愛，好教化。見蜀地辟陋有蠻夷風，文翁欲誘進之，乃
選郡縣小吏開敏有材者張叔等十餘人親自飾厲，遣詣京師，受業博
士，或學律令。減省少府用度，買刀布蜀物，齎計吏以遺博士。數
歲，蜀生皆成就還歸。文翁以為右職，用次察舉，官有至郡守刺史
者。又修起學官於成都市中。招下縣子弟，以為學官子弟，為除更
繇。高者以補郡縣吏，次為孝弟力田。常選學官僮子，使在便坐受
事。每出行縣，益從學官諸生明經飾行者與俱。使傳教令，出入閨
閣。縣邑吏民，見而榮之。數年，爭欲為學官弟子，富人至出錢以
求之。繇是大化，蜀地學於京師者比齊、魯焉。至武帝時，乃令天
下郡國皆立學校官，自文翁為之始云。文翁終於蜀，吏民為立祠堂，
歲時祭祀不絕。至今巴蜀好文雅，文翁之化也。〔註29〕

據以上文所言，文翁（前187～前110）始為地方置官學，武帝時便下令天下
建郡學。故此漢代不只有中央官學，還有地方郡學。以二千多年前的社會來
說，學校制度算是相當完備。追求學問者多，文化必盛，然而卻出現如上一
節所說的迷信狀況，這極可能與教育有關。

　　呂思勉認為漢代的儒學，流於破碎，徒存形式，精意日漓，令魏晉時佛
老蓋於儒學之上。〔註30〕徐復觀先生《中國經學史的基礎》認為，武帝立五
經博士，是將過去的「博學」變為「專經」，過去是自由解釋，到了這時，便
成了權威。〔註31〕據《漢書》卷八十八〈儒林傳〉說：

　　（趙）賓持論巧慧，《易》家不能難，皆非古法也，云受孟喜，喜為
名之後。後賓死，莫能持其說，喜因不肯仞，以此不見信。喜舉孝
廉為郎，曲臺署長病免，為丞相掾。博士缺，眾人薦喜，上聞喜改
師法，遂不用喜。〔註32〕

據上文所言之事看，師法何等重要，不師法便不受用，表示古經的解釋權只
屬於少數人，當不許有獨創見解，因而形成了學術的局限性。《漢書》卷八十
八〈儒林傳〉有這樣的嘆息：

〔註29〕《漢書》卷八十九，頁3625～3626。
〔註30〕呂思勉《秦漢史》，頁747。
〔註31〕徐復觀《中國經學史的基礎》，臺北：臺灣學生書局，1990年7月，頁76。
〔註32〕《漢書》，頁3599。

> 贊曰：自武帝立五經博士，開弟子員，設科射策，勸以官祿，訖於
> 元始，百有餘年。傳業者寖盛，支葉蕃滋。一經說至百萬言，大師
> 眾至千餘人，蓋祿利之路然也。〔註33〕

經師保利祿之位，便有家法之說，家法多只傳於同宗族子弟，漸有所謂累世
經學，累世公卿的情況，學術自然隨之而墮落，所謂「一經說至百萬言」，訓
詁之說已到了極為瑣屑枝蔓，呂思勉評為破碎。表面上官方獎勵學術，更誘
之利祿，事實上是扼殺學術，導致魏晉時儒學走向式微。

漢末宦官與外戚相繼亂政，聚在京城數萬計的太學生，因各經的章句繁瑣，
博士也倚席不講〔註34〕，無心學習。據《後漢書》卷三十二〈樊宏傳〉說：

> 今學者蓋少，遠方尤甚，博士倚席不講，儒者競論浮麗，忘蹇蹇之
> 忠，習謏謏之辭。文吏則去法律而學詆欺，銳錐刀之鋒，斷刑辟之
> 重，德陋俗薄，以致苛刻。〔註35〕

上文言，樊宏（前1～51）的同族曾孫樊準（？～118）上疏請重儒學，那時
正是和帝（79～106）時，東漢的中期，社會相對安定，但已出現博士倚席不
講，儒者競論浮麗情況，太學生當然無心上課，轉而議政。東漢末年太學生
人數眾多，與朝中官員議政甚為熱烈，後有所謂太學清議，在宦官與外戚鬥
爭中，學生成了犧牲品，於是有黨錮之獄。這場人禍，對學術上的影響是儒
學進一步受到打擊，學術轉向清談玄學，也成就了佛教的進一步在中華大地
上擴散和鞏固。

三國時的太學，學生虛浮者多，浮華之風更甚於前。據《三國志》卷十
三《魏志·鍾繇、華歆、王朗傳》註引《魏略·序》說：

> 從初平之元（190），至建安之末，天下分崩，人懷苟且。綱紀既衰，
> 儒道尤甚。至黃初元年（220）之後，新主乃復，始掃除太學之灰炭，
> 補舊石碑之缺壞，備博學之員錄，依漢甲乙以考課。申告州郡：有欲
> 學者，皆遣詣太學。太學始開，有弟子數百人。至太和、青龍中，中
> 外多事人懷避就。雖性非解學，多求詣太學，太學諸生有千數。而諸
> 博士率皆麄疏，無以教弟子。弟子本亦避役，竟無能習學。冬來春去，

〔註33〕《漢書》，頁3620～3621。
〔註34〕參考錢穆《國史大綱》上冊，第十章，上海：國立編譯館，1947年10月，
　　　　頁127。
〔註35〕《後漢書》，頁1126。

歲歲如是。又雖有精者，而臺閣舉格太高；加不念統其大義，而問字
指、墨、法、注之間；百人同試，度者未十。是以志學之士，遂復陵
遲，而末求浮虛者各競逐也。正始中，有詔議圜丘，普延學士。是時
郎官及司徒領吏二萬餘人，雖復分布，見在京師者，尚且萬人，而應
書與議者，畧無幾人。又是時朝堂公卿以下四百餘人，其能操筆者未
有十人。多皆相從飽食而退。嗟夫！學業沉隕，乃至於此。是以私心
常區區貴乎數公者，各處荒亂之際，而能守志彌敦者也。〔註36〕

據上文，三國曹魏父子也十分獎勵學術，建太學，甚至州郡等皆設學，可惜
博士多為粗疏之士，不學無術，入學者人數眾多，但成才的少之又少。東漢
末黃巾亂，雖未滅漢室，然而造就了羣雄割據，董卓（？～192）起兵作亂後，
中原羣雄互相攻伐，死傷枕藉，人心迷失，對現世感到不安。曹魏雖著重學
術，畢竟人心慌亂，無心向學者多，求學於太學者，不過是為避亂和求暫時
的溫飽，諸博士教學也粗疏，在京師求學者達萬人，能應書與議者略無幾人，
可說經學已墮落。一般民眾，對宗教求慰藉甚殷，這是魏晉所流行玄學的因
由，道教與佛教漸得進一步推廣，正好給與佛教好的機會發展。魏晉時，黃
河為胡人所佔，胡人統治者奉佛者多，大建寺院和和佛窟，使佛教發展更為
迅速，大有超越道教之勢。這時來華的高僧也不少，著名的有：康僧會（？～
280）、支謙（生卒年不詳）、鳩摩羅什、竺佛圖澄（233～349）……等。〔註37〕
不少是學問淵博的大德高僧，吸引大批追隨者。

第三節　佛寺和精舍的關係

近世人們皆知，精舍是佛門地方，但漢代精舍是私人講學的地方，後來
卻與佛寺拉上了關係，後更作為佛寺的代稱。這一轉變可說是私家講學與佛
教關係的重要之處。本節主要分兩部分來說，首先是說精舍最初的用途，第
二是說從私人講學之地演變成佛門之地的過程。

（一）精舍最初的用途

上一節提到漢代學制尚算完備，除了中央的太學外，還有地方的郡學，
但五經博士之設並不能滿足真正追求學問的人，於是有私人講學的情況。私

〔註36〕《三國志》，頁 420～421。
〔註37〕參考〔梁〕釋慧皎《高僧傳》

人講學由來已久，春秋時，孔子是表表者。西漢時也有私家講學的記載。據《漢書》卷七十一〈疏廣傳〉（？～前45）說：

> 疏廣字仲翁，東海蘭陵人也。少好學，明《春秋》，家居教授，學者自遠方至。〔註38〕

又《漢書》卷六十七〈云敞傳〉（生卒年不詳）載：

> 云敞師事同縣吳章……初，章為當世名儒，教授尤盛，弟子千餘人。〔註39〕

以上兩條史料是載西漢末年之事，私人講學已相當盛，家居講學或是築廬舍作講學讀書之所，在史書中不難發現，這些廬舍，曾稱作精廬或精舍。前節提到景帝時蜀郡守文翁，在武帝未立郡學前，由富人出錢，於蜀地起學官，讓郡地子弟入學。據《華陽國志》卷三說：

> 翁立文學精舍講堂，作石室一作玉室，在城南。永初後堂遇火，太守陳留高聯更修立，又增造二石室，州奪郡文學為州學。〔註40〕

文翁為西漢景帝時人，可見精舍是漢代講學之地。至東漢時，找到關於精舍史料更多，許多精舍同時大多用作私家講學之地。《東觀漢記》卷十四〈承宮傳〉（？～76）說：

> 承宮，宮字少子，琅邪姑幕人。少孤，年八歲，為人牧豕。鄉里徐子盛明《春秋經》，授諸生數百人。宮過其廬下，見諸生講誦，好之，因其豬而聽經，豬主怪其不還，行索，見宮欲笞之。門下生共禁止，因留精舍門下，樵薪，執苦數年，遂通經。〔註41〕

《後漢書》卷七十九〈儒林包咸傳〉說：

> 包咸字子良，會稽曲阿人也。少為諸生，受業長安，師事博士右師細君，習《魯詩》、《論語》。王莽末，去歸鄉里，於東海界為赤眉賊所得，遂見拘執。十餘日，咸晨夜誦經自若，賊異而遣之。因住東海，立精舍講授，光武即位，乃歸鄉里。〔註42〕

〔註38〕《漢書》，頁3039。

〔註39〕《漢書》，頁2927。

〔註40〕〔晉〕常璩，劉琳校注《華陽國志校注》，成都：巴蜀書社，1984年7月，頁214。

〔註41〕〔漢〕劉珍《東觀漢記校注》吳樹平校注，北京：中華書局，2008年11月，頁541～542。

〔註42〕《後漢書》，頁2570。

又《後漢書》卷六十七〈黨錮劉淑傳〉（前6～65）載：

> 劉淑字仲承，河間樂成人也。祖父稱，司隸校尉。淑少學明《五經》，遂隱居，立精舍講授，諸生常數百人。〔註43〕

又同卷〈檀敷傳〉（生卒年不詳）：

> 檀敷字文有，山陽瑕丘人也。少為諸生，家貧而志清，不受鄉里施惠。舉孝廉，連辟公府，皆不就。立精舍教授，遠方至者常數百人。〔註44〕

又《後漢書》卷五十三〈姜肱傳〉（97～173）說：

> 姜肱字伯淮，彭城廣戚人也。家世名族。……肱博通五經，兼明星緯，士之遠來就學者三千餘人。……夜於道遇盜……肱託以它辭，終不言盜。盜聞而感悔，後乃就精廬也求見徵君。〔註45〕

這些精廬即精舍，可說是書院的濫觴，是私人授課之地，不受政府的限制，官學有其局限性，私人授課重點側在自由講學，追隨者也是自由而來，目的在學習，不是為功名利祿。私人講學不但開了重學術的風氣，此風更漸漸地散在民間各地，讓一般平民都重視學問，重視對知識的追求，且延續下去。

（二）精舍成為佛教清修場所的過程

漢代，精舍本是私人講學的地方，但後來成了佛寺的地方，據《資治通鑑》卷九十八〈孝宗穆皇帝永和四年（348）〉胡三省註云：

> 佛精舍，佛寺也，僧徒專精修行之地，故謂之精舍，事物紀原曰：漢明帝於東都門外立精舍以處攝摩騰竺法蘭。〔註46〕

按胡註，精舍是僧徒專精修行之地，很明顯是佛教清修場所，而《法苑珠林》卷十二說：

> 明帝甚加賞接，於城西門外別立精舍，以處之，漢地有沙門之始也。又漢明帝遠召摩騰法師，來至雒陽，於城西雍門外立白馬寺，是漢地伽藍之始也。〔註47〕

《法苑珠林》的說法和《資治通監》胡註相同，但前面說過精舍是私人講學

〔註43〕《後漢書》，頁2190。

〔註44〕《後漢書》，頁2215。

〔註45〕《後漢書》，頁1749。

〔註46〕〔宋〕司馬光《資治通鑑》，北京：中華書局，1987年4月，頁3082。

〔註47〕〔唐〕釋道世《法苑珠林校注》〈千佛篇第五〉，北京：中華書局，2003年12月，頁437～438。

之地，明顯和引文兩者的說法不同，胡註所言，相信是跟從了《法苑珠林》的說法。在前文提到漢明帝雖有佛教傳入，但只限於少數的貴族如楚王英等接受，未作大規模流行，最多是把佛教教主當作道教其中一位神祇看待而已，對於攝摩騰竺法蘭譯經一事，自不可信，因此立精舍以處攝摩騰竺法蘭，也不可信。《法苑珠林》為唐代釋氏作品，當然會趨向相信漢明帝為摩騰法師立精舍於城西門外。〔註48〕

精舍除了用作私人講學之地，也是個人修習場所，據《三國志》卷一〈魏書・武帝紀〉註：

> 《魏武故事》載公（曹操）十二月己亥令曰：孤始舉孝廉，年少……
>
> 於譙東五十里築精舍，欲秋夏讀書。〔註49〕

曹操（155～220）微時築精舍苦讀，這情況十分像唐代士子習業山林。然而精舍也有作為道士修煉之所，據《後漢書》卷三十下〈襄楷傳〉註引《江表傳》說：

> 時有道士琅邪于吉，先寓居東方，來吳會，立精舍，燒香讀道書，
>
> 制作符水以療病，吳會心多事之。〔註50〕

漢末到魏晉此大亂時，築精舍清修不管是道士或士子，是避世隱居的方式。據《世說新語》卷下之上〈棲逸〉第十八說：

> 康僧淵在豫章，去郭數十里，立精舍，旁連嶺，帶長川，芳林列於
>
> 軒庭，清流激於堂宇，乃閒居研講，希心理味，庾公諸人多往看之，
>
> 觀其運用吐納，風流轉佳，加已處之怡然，亦有以自得，聲名乃興，
>
> 後不堪遂出。〔註51〕

漢末到晉，是大亂之時，道家思想流行，民間信奉道教也甚多，追求清修，可望修煉成仙，據《晉書》卷八十〈許邁傳〉說：

> 許邁，字叔玄，一名映，丹陽句容人也。家世士族，而邁少恬靜，
>
> 不慕仕進。未弱冠，嘗造郭璞，璞為之筮，遇泰之大畜，其上六爻
>
> 發，璞謂曰：「君元吉自天，宜學升遐之道。」時南海太守，鮑靚隱

〔註48〕漢明帝立精舍建馬白寺的說法，也見於南朝，梁朝釋慧皎《高僧傳》卷一〈漢雒陽白馬寺攝摩騰〉，釋道世《法苑珠林》同是佛教典籍，自然也採用這說法。

〔註49〕〔晉〕陳壽《三國志》，頁32。

〔註50〕《後漢書》，頁1084。

〔註51〕〔南朝・宋〕劉義慶《世說新語》，香港：中華書局香港分局，1982年4月，頁164。

> 跡潛遁，人莫知之。邁乃往候之，探其至要，父母尚存，未忍違親。
> 謂餘杭縣懸霤山近延陵之茅山，是洞庭西門，潛通五嶽，陳安世、茅
> 季偉常所遊處，於是立精舍於懸霤，而往來茅嶺之洞室，放絕世務，
> 以尋僊館，朔望時節還家定省而已。〔註52〕

許邁（生卒年不詳）要修道，但不忍遠離父母，於是立精舍在家附近修道，以便朔望時回家省親，可見精舍是用作清修場所。晉以後，據《晉書》卷九〈武帝紀〉說：

> 六年春，正月，帝初奉佛法，立精舍於殿內，引諸沙門以居之。丁
> 酉，以尚書謝石為尚書僕射，初置督運御史官。〔註53〕

上文晉武帝（236～290）在殿內立精舍，接引佛門人居住。據前文論述，佛教初傳入時須倚仗道教，而立精舍清修相信也是效法道教而來。又據《文選》卷二十二謝靈運（385～433）詩〈石壁精舍還湖中作〉題解：

> 精舍今讀書齋是也，謝靈運游名山，志曰：湖三面悉高山枕水，渚
> 山溪澗凡有五，處南第一谷，今在所謂石壁精舍。〔註54〕

又《文選》卷二十一郭（璞）景純（276～324）遊仙詩其中一句「青谿千餘仞，中有一道士」註釋：

> 庾仲雍荊州記曰：臨沮縣有青谿山，山東有泉，泉側有道士精舍，
> 郭景純嘗作臨沮縣，故遊仙詩嗟青谿之美。〔註55〕

魏晉六朝時代，精舍個人習業之地漸成道士修煉之所，而佛教僧人在晉武帝之後，也漸作為僧人清修之地。據《魏書》卷八十三上〈馮熙傳〉（438～495）說：

> 馮熙，字晉昌，長樂信都人，文明太后之兄也。……熙為政不能
> 仁厚，而信佛法，自出家財在諸州鎮建佛圖精舍，合七十二處，
> 寫一十六部一切經，延致名德沙門，日與講論，精勤不倦，所費
> 亦不貲。〔註56〕

北魏是佛教興盛時代，佛寺林立，精舍便成為佛寺之地。據《洛陽伽藍記》卷一〈城內·景林寺〉說：

> 景林寺，在開陽門內御道東。講殿疊起，房廡連屬，丹檻炫日，繡

〔註52〕〔唐〕房玄齡《晉書》，北京：中華書局，1974年11月，頁3106～3107。
〔註53〕《晉書》，頁231。
〔註54〕〔南朝·梁〕蕭統《昭明文選》，香港：廣智書局，缺出版年份，頁230。
〔註55〕〔南朝·梁〕蕭統《昭明文選》，頁218。
〔註56〕《魏書》，頁1818。

枏迎風，實為勝地。寺西有園，多饒奇果。春鳥秋蟬，鳴聲相續。

中有禪房一所，內置祇洹精舍，形製雖小，巧構難比。〔註57〕

六朝後精舍成了佛寺的地方，人們已忘記其本來的用途，精舍用途的轉變，也可看到佛教傳入後，文化在相互影響下的改變。

精舍的用途，在漢時是私家講學之地，漢末天下大亂後，士子除了私家講學外，還用作避世隱居之所，並用來自行修習苦讀之地，道教則用作清修之地。初傳入的佛教，精舍正好配合佛家出世之觀，自然也仿效道教用作清修之地。三國之後，佛教得到統治者的信仰，因而得到重視，佛寺內建置精舍，也愈來愈普遍。私家講學本是秉承了先秦時孔子私家講學之風，而精舍便是私家講學的場地，到了漢末天下大亂後，儒學式微，道教與玄學流行，道教追求神仙思想，便築精舍清修，也有築精舍自修苦讀，這正好與唐代士子讀書山林情況相同。佛教的傳入，精舍已成了僧人清修之地，精舍用途的改變正是佛教傳入影響私學的明顯例證。唐代士子習業山林，不少寄住在佛寺，從唐詩中所見，不少提到精舍，如《全唐詩》卷二百七十四戴叔倫（732～789）〈精舍對雨〉說：

空門寂寂澹吾身，溪雨微微洗客塵。臥向白雲晴未盡，任他黃鳥醉芳春。

又如同書卷一百九十二韋應物（737～791）〈精舍納涼〉：

山景寂已晦，野寺變蒼蒼。夕風吹高殿，露葉散林光。清鐘始戒夜，幽禽尚歸翔。誰復掩扉臥，不詠南軒涼。

可見精舍已成了佛寺的一部分，或佛寺的代表。關於這方面的情況，在以後的章節中會有較詳細的討論。

第四節　佛教的影響力增加與私學的關係

佛教在東漢時傳入，最初是倚仗著漢末迷信思想及道家玄學思想的流行，漸得到民間及知識份子的信仰，後更得到統治者的重視。五胡亂後，黃河流域大片土地盡入外族之手，晉室偏安江南。當時胡人好佛自不待說，南方的政權也受佛教影響，梁武帝（464～549）更篤信佛教，曾數度捨身出家，佛教勢力進一步擴張。這一節主要是說及佛教影響力漸增時，士人漸受其影響轉而在講學方面的改變。本節分四方面討論：（一）六朝時佛教勢力擴大的情況，

〔註57〕〔北魏〕楊衒之《洛陽伽藍記》，頁65。

包括統治階層、士人及一般民眾；（二）佛教勢力漸大時，怎樣影響到教育，尤其在私學方面；但反過來說，中國傳統教育也影響到佛教教育的發展；（三）佛教到隋唐時，其勢力更大，經濟實力擴張，影響到社會各階層，其經濟能力更足以提供給習業山林的士子；（四）說及唐代習業山林的情況，重點是述說書院及佛教相互影響下的私學教育。

（一）六朝時佛教的影響力

　　從漢末到南朝的陳朝，佛教勢力倍增，正如本章第一節所論，漢代盛行陰陽五行之說，一般民眾迷信方士讖緯之術，道教因此而流行，佛教藉此而傳入，三國時，有僧人名康僧會（往南方。據《高僧傳》卷一〈譯經上〉說：

> 康僧會，其先康居人，世居天竺，其父因商賈移於交趾，會年十餘歲，二親並終，至孝服出家。……僧會欲使道振江左，興立圖寺，乃杖錫東遊，以吳赤烏十年（248）初達建鄴……會置舍利於鐵砧磓上，使力者擊之，於是砧磓俱陷，舍利無損。（孫）權大歡服，即為建塔，以始有佛寺，故號建初寺，因名其地為佛陀里。由是江左大法遂興。〔註58〕

三國時，佛教已傳到長江流域以南地區，一方面中原動亂，不管是僧侶或是一般民眾四處避亂，與康僧會同時的僧人支謙，也是因避亂而到吳地。據《高僧傳》載，支謙被孫權（182～252）拜為博士。〔註59〕晉時武帝在宮中建精舍（上節已有提及），晉的名士如嵇康（約223～約263）、庾亮（289～340）、阮修（270～311）等與僧人有交往，關於這方面，將在以後的章節中詳論。五胡亂起，佛教更盛，據湯用彤論，五胡之禍，民生凋敝，民眾求福更為殷切〔註60〕，更易為統治者所接受，如符堅（338～385）禮待釋道安（312～385）〔註61〕、石勒（274～333）信任於佛圖澄（232～243）〔註62〕；北魏時，鮮

〔註58〕〔梁〕釋慧皎《高僧傳》〈魏吳建業建初寺康僧會〉，頁15～16。

〔註59〕〔梁〕釋慧皎《高僧傳》〈魏吳建業建初寺康僧會〉，頁15～16。

〔註60〕湯用彤《漢魏兩晉南北朝佛史》第八章〈釋道安〉，頁129。

〔註61〕參考《晉書》卷一百十四〈符堅傳〉：「命沙門道安同輦。……謂安曰：朕將與公南遊吳越，整六師而巡狩，諡虞陵於疑嶺，瞻禹穴於會稽，泛長江，臨滄海，不亦樂乎。」，頁2913。

〔註62〕〔北魏〕崔鴻《十六國春秋》卷十一〈後趙〉：「獲天竺沙門佛圖澄，以其有道術，進之于勒，試之有效，甚尊重之。」，北京：商務印書館，1958年6月，頁79～80。

卑人拓跋氏更加隆佛。據《魏書》卷一百一十四〈釋老志〉說：

> 魏有天下，至於禪讓，佛經流通，大集中國，凡有四百一十五部，
> 合一千九百一十九卷。正光已後，天下多虞，王役尤甚，於是所在
> 編民，相與入道，假慕沙門，實避調役，猥濫之極，自中國之有佛
> 法，未之有也。略而計之，僧尼大眾二百萬矣，其寺三萬有餘。流
> 弊不歸，一至於此，識者所以歎息也。〔註63〕

據上文，僧尼達二百萬，佛寺三萬餘所，可想佛教之盛。《魏書》所言是北魏
時的情況，據《洛陽伽藍記》所言，晉永嘉有寺四十二所，到北魏時，洛陽則
有寺一千餘所，兩條史料均可引證佛教興盛的情況。

江左梁朝佛教也很盛，據《南史》卷七十〈循吏郭祖深傳〉說：

> 時帝（梁武帝）大弘釋典，將以易俗，故（郭）祖深尤言其事，條
> 以為：都下佛寺五百餘所，窮極宏麗。僧尼十餘萬，資產豐沃。所
> 在郡縣，不可勝言。道人又有白徒，尼則皆畜養女，皆不貫人籍，
> 天下戶口幾亡其半。而僧尼多非法，養女皆服羅紈，其蠹俗傷法，
> 抑由於此。請精加檢括。若無道行，四十以下，皆使還俗附農。罷
> 白徒養女，聽畜奴婢。婢唯著青布衣，僧尼皆令蔬食。如此，則法
> 興俗盛，國富人殷。不然，恐方來處處成寺，家家剃落，尺土一人，
> 非復國有。〔註64〕

據上文，郭祖深（生卒年不詳）言只在都下的佛寺已達五百餘所，僧尼十餘
萬，那些僧尼皆畜養女，使編戶減少，影響稅收。相信是當時真實的景況，非
向壁虛構。《南史‧武帝紀》也提到梁武帝曾封僧人為王，曾捨身出家〔註65〕，
可見隆佛之盛。魏晉南北朝是佛教極為隆盛之時，建寺甚多，令佛教影響力
遠在道教之上。對後來隋唐社會的文化發展，造成極深遠的影響，當中包括
教育。

（二）六朝時的私學與佛教

前節已提到私學在漢代相當多，其中精舍是用作私學的場所，後來精舍

〔註63〕〔北齊〕魏收《魏書》〈釋老志〉，北京：中華書局，1974 年 6 月，頁 3048。
〔註64〕〔唐〕李延壽《南史》，北京：中華書局，1975 年 6 月，頁 1721～1722。
〔註65〕參考《南史》卷七：「武帝普通六年二月辛巳改封法僧為宋王。」，頁 204。又
同卷：「帝升光嚴殿講堂，坐師子，講金字三慧經，捨身。夏四月，庚午，羣
臣以錢一億萬，奉贖皇帝菩薩，僧眾默許。」，頁 206。

成了僧人清修之地。魏晉南北朝時，私學仍不絕，據《晉書》卷八十八〈李密傳〉（224～287）說：

> 李密，字令伯，犍為武陽人也。……有暇則講學忘疲，而師事譙周，周之門人方之游夏。〔註66〕

《三國志》卷二十一《魏志・劉劭傳》（424～453）說：

> 劉劭，字孔才，廣平邯鄲人也。……正始中，執經講學，賜爵關內侯，凡所撰述，《法論》、《人物志》之類百餘篇。〔註67〕

魏晉時為士族門第的年代，門第重視家學，不少私學是家學，據《魏書》卷九十一〈江式傳〉（？～523）說：

> 江式，字法安，陳留濟陽人。六世祖瓊（生卒年不詳），字孟琚，晉馮翊太守，善蟲篆、詁訓。永嘉大亂，瓊棄官投軌，子孫因居涼土，世傳家業。祖彊（生卒年不詳），字文威，太延五年（439），涼州平，內徙代京。上書三十餘法，各有體例，又獻經史諸子千餘卷，由是擢拜中書博士。卒，贈敦煌太守。父紹興（生卒年不詳），高允奏為祕書郎，掌國史二十餘年，以謹厚稱。卒於趙郡太守。式少專家學。數年之中，常夢兩人時相教授，及寤，每有記識。〔註68〕

《南史》卷七十六〈馬樞傳〉（522～581）

> 梁邵陵王綸（507～551）為南徐州刺史，素聞其名，引為學士。綸時自講《大品經》，令樞講《維摩》、《老子》、《周易》，同日發題，道俗聽者二千人，王欲極觀優劣，乃謂眾曰：「與馬學士論義，必使屈服，不得空立。」客主於是數家學者，各起問端。樞乃依次剖判，開其宗旨，然後枝分派別，轉變無窮，論者拱默聽受而已，綸甚嘉之。〔註69〕

以上數條史料，皆說明了私家講學也十分興盛。上文更說明了私學所講不限於道家，也有佛教經典。佛教興盛，名士投於名僧門下學佛，私學又漸擴散到佛門去。魏晉時名僧輩出，這些名僧不只教導佛教義理，還涉及儒家和道家之說的講論。據《南史》卷七十五〈隱逸・周續之傳〉說：

〔註66〕《晉書》，頁2275。
〔註67〕《三國志》，頁617。
〔註68〕《魏書》，頁1960。
〔註69〕《南史》，頁1906。

> 周續之，字道祖，鴈門廣武人也。……入廬山事沙門釋慧遠。時彭
> 城劉遺人遁迹廬山，陶深明（《宋書‧隱逸》〈周續之傳〉謂陶淵明）
> 亦不應徵命，謂之尋陽三隱。〔註70〕

周續之（377～423）是俗家人，求學於慧遠（334～416），相信慧遠並非只授以佛學，還授以儒家經典。據《宋書》卷九十三〈隱逸〉說：

> 雷次宗，字仲倫，豫章南昌人也。少入廬山事沙門釋慧遠，篤志好
> 學，尤明三禮、毛詩，隱退不交世務。〔註71〕

慧遠歸隱廬山，三十餘年不出山，即使是帝王請其出山，他仍以沙門不敬王者為由，不願出山見王。他孤高潔行得到名士的敬重，求學者甚眾。據《廣弘明集》卷二十三〈廬山慧遠法師〉說：

> 昔釋安公，振風於關右，法師嗣沫流于江左，聞風而悅，四海同歸，
> 爾乃懷仁。山林隱居求志，於是眾僧雲集，勤修淨行，同法餐風栖
> 遲道門。可謂五百之季仰紹舍衛之風，廬山之畏俯傳靈鷲之旨，洋
> 洋乎未曾聞也。〔註72〕

自始佛教教育漸盛，據《高僧傳》卷二記載了長安的鳩摩羅什弟子眾多的情況：

> 卑摩未知被逼之事，因問什曰：「汝於漢地，大有重緣，受法弟子，
> 可有幾人？」什答云：「漢境經律未備，新經及諸論等，多是什所
> 傳出，三千徒眾，皆從什受法，但什累業障深，故不受師教耳。」
> 〔註73〕

上文言羅什弟子有三千之眾，可見當時盛況。魏晉時代，教育方面，除門第家學教育外，還有私家講學，以及相當重要的是佛教教育。魏晉時，佛教得到統治者的支持，基本上不愁經濟，發展教育更有助傳教，而且當時著名的大德高僧學問淵博，如慧遠這類僧人，不只在佛學上鑽研甚深，對儒、道兩家思想也很有研究，因此他能以儒、釋、道理論教授子弟，及後更影響到隋唐。隋唐的佛學不只沒有倒退，反而有更大發展，將在下一節討論。

〔註70〕《南史》，頁1865。
〔註71〕〔梁〕沈約《宋書》，北京：中華書局，1974年10月，頁2292。
〔註72〕〔唐〕釋道宣《廣弘明集》〈僧行篇〉，臺北：臺灣中華書局據常州天寧寺本
　　　　校刊，臺北：中華書局，1966年。
〔註73〕《高僧傳》，頁53～54。

（三）隋唐時的佛教影響力

北周時武帝（543～578）曾滅佛，隋文帝（541～604）登基後即大興佛教。據《法苑珠林》卷一百〈興福部〉說：

> 開皇三年（583），周朝廢寺，咸乃與立之，名山之下各為立寺。一百餘州立舍利塔，度僧尼二十三萬人，立寺三千七百九十二所，寫經四十六藏，一十三萬二千八十六卷，修故經三千八百五十三部，造像十萬六千五百八十軀，自餘別造不可具知之矣。〔註74〕

據上文，隋朝開國之初已興造佛寺，建佛塔，規模之大，與北魏比較，有過之而無不及，可見其隆佛之盛。唐君主自稱為老子之後，特重道教，但對佛教卻未減重視，尤以武后（624～705）為甚，據《舊唐書》卷六〈則天皇后紀〉說：

> 皇受命之事制，頒於天下令，諸州各置大雲寺，總度僧千人。……令釋教在道法之上，僧尼處道士女冠之前。〔註75〕

武后曾在感業寺為尼，對佛教特別禮遇。到玄宗（685～762），他一方面重視道教，同時也重佛教。據《佛祖歷代通載》卷十三說：

> 癸巳，西蕃寇圍涼州，帝命三藏不空祈陰兵救之，空誦仁王密語數番，有神介冑而至，帝親見之，問曰：「神謂誰？」空曰：「北方毘沙門天王長子也。」空誦密語遣之，數日涼州捷報，有神兵至，咸武雄盛，賊畏懼卷甲而去。帝悅詔天下，軍壘皆立毘沙門天王祠。〔註76〕

以上所言，頗為荒誕，但也可看到玄宗的迷信。據湯用彤《隋唐佛教史稿》的研究，玄宗相當重視佛教。唐代寺院經濟勢力雄厚，寺領有大片莊園，如大象寺，莊園達七所，有果園、草舍、坊店舍等等。〔註77〕又例如少林寺，柏谷屯地一百頃，有水碾等。〔註78〕唐武宗（814～846）時，進行大規模滅佛，據《唐會要》卷四十七〈議釋教上〉說：

〔註74〕〔唐〕釋道世《法苑珠林校注》，頁2893。
〔註75〕〔後晉〕劉昫《舊唐書》，北京：中華書局，1986年5月，頁121
〔註76〕〔元〕釋常念《佛祖歷代通載》卷十三，《四庫全書》電子版，迪志文化出版，2012年。
〔註77〕〔清〕王昶《金石萃編》卷一一三，臺北：國風出版社，1964年7月，頁2108。
〔註78〕裴漼〈少林寺碑〉載於〔清〕董誥《全唐文》卷二七九，北京：中華書局，1987年2月，頁2834。

> 天下拆寺四千六百餘所，還俗僧尼二千六萬餘人，收充兩稅戶，
> 坼招提蘭若四萬餘所，收膏腴上田數千萬頃，收奴婢為兩稅戶十
> 五萬人，隸僧尼屬主客，顯明外國之教，勒大秦穆袄二萬餘人還
> 俗。〔註79〕

據上文，被拆毀的佛寺有四千六百餘所，迫令還俗的僧尼竟達二千多萬人，
還有數千萬頃農田、及數十萬的奴婢，可見佛寺勢力之大、寺院之多。僧尼
並非編戶，直接影響了稅收。從另一方面看，當時佛教影響之大，甚或威脅
唐之管治。武宗駕崩後，不久又復營寺院，佛教又恢復過來，這情況延續到
宋代。

（四）讀書山林風氣與佛教的關係

據嚴耕望先生〈唐人習業山林寺院之風尚〉的研究，唐人習業在佛寺較
多，他更說：「其實南北名山無不佛寺林立。」〔註80〕。（見附錄一）前段提
到，隋唐佛教甚為興盛，經濟勢力雄厚，且高僧輩出，如天台宗的智顗大師
（539～598）、三論宗吉藏大師（549～623）、法相宗的玄奘法師（602～664）、
華嚴宗的賢首法師（643～712）、禪宗的慧能法師（638～713）等，這都是當
世名僧，弟子眾多。〔註81〕唐代士人多與僧人結交，關於唐代士大夫與佛教
僧人交往的情況，會在以後的章節中有討論。

佛教自魏晉開始已相當重視教育，有所謂寺學，如敦煌寺學，這些寺學
生，所學不乏有儒家經典。除了敦煌寺學外，還有三吳、兩浙、廬濤、楚衡、
荊襄、沂兗、淮揚、羅浮、蜀中、閩莆、終南、京畿、嵩山、都畿、中條山等
寺學。〔註82〕佛寺環境清幽，且藏書豐富，為貧寒士子提供了很好的習業之
地。

現舉一些史例說明士子就學於寺院的情況。據《全唐文》卷七二四李騭
（生卒年不詳）〈題惠山寺詩序〉說：

> 太和五年四月，予自江東將西歸溵陽，路出錫邑，因肄業於惠山寺。

〔註79〕〔唐〕王溥《唐會要》，北京：中華書局，1955 年 6 月，頁 841。
〔註80〕嚴耕望〈唐人習業山林寺院之風尚〉，《嚴耕望史學論文選集》，臺北：聯經出
版，1991 年 5 月，頁 311。
〔註81〕參考湯用彤《隋唐佛教史稿》，北京：中華書局，1988 年 3 月，頁 103～190。
〔註82〕參考嚴耕望〈唐人習業山林寺院之風尚〉，頁 276～277。張弓《漢唐佛寺文
化》，北京：中國社會科學院，1997 年，頁 967。

居三歲，其所諷念《左氏春秋》、《詩》、《易》及司馬遷、班固、屈原《離騷》、《莊周》、《韓非》書記及著歌數百篇，其詩凡言山中事者，悉記之於屋壁，文則不載。〔註83〕

又《全唐文》卷三三七顏真卿（709～785）〈泛愛寺重修記〉說：

予不信佛法，而好居佛寺，喜與學佛者語，人視之若酷信。佛法者然，而實不然也。予未仕時，讀書講學，恒在福山。邑之寺有類福山者，無有無予蹟也。始僦居，則凡海印、萬福、天寧諸寺，無有無予蹟者。既仕於崑，時授徒於東寺，待客於西寺。每至姑蘇，恒止竹堂，目予實信其法，故為張侈其事，以惑沙泯，則非知予者矣。〔註84〕

又《全唐文》卷七九一趙璘（生卒年不詳）〈書戒珠寺〉說：

……陳太建初有天竺徒聰門逾顥，辯博神異。……其後二百七十餘年，學人懷表猶病正位未廣，繕治益嚴。又十年，值會昌廢毀之數，獻文皇帝君天下。大中初，復許郡府量立寺宇。而越州得其五，昌安在詔中。六年六月，又別以戒珠為名。……今則崇構真就矣，學者或去或沒，獨懷表齒且耄，精悟如初，可歎乎！余長慶中始冠，將為進士生，寓此肄業，時懷表已名字眾人中。及開成繕治始休工，余以前讎校秘書遊越，與懷表復相遇，蘄余為記，逮今二十二換四時矣。〔註85〕

以上所舉數條史料是士子在寺學肄業之例，如顏真卿不信佛，卻喜與佛學語，當時士子喜與佛門中人交往是很普遍的。據上列的例子，可見寺院在私學中所起的作用。根據嚴耕望先生〈唐人習業山林寺之風尚〉所述，當時大批士子是借用寺院清淨的環境、豐富的藏書，自行苦讀，寺院無形中提供了學習的地方，對這些自行苦修的士人幫助很大。大量的詩文記述這些讀書人在寺院苦讀的情況，其中唐宰相王播未登第前寄住於寺院，有關飯後鐘故事，最為代表。〔註86〕由此可知佛教在隋唐時對私學的影響。

〔註83〕《全唐文》，頁7453。

〔註84〕《全唐文》，頁349。

〔註85〕《全唐文》，頁8288。

〔註86〕〔宋〕計有功《唐詩記事》卷四五〈王播〉，香港：中華書局，1972年4月，頁688～689。

小結

佛教於東漢時傳入，有人認為東漢明帝時傳入，已證明是不實之說，但與明帝同時的楚王英卻曾為浮屠戒祭祀，可見佛教自明帝時傳入並非向壁虛構，只是並非如一般史書所言漢明帝夢見金人，更遣使到天竺，請天竺僧返洛陽，繼而為他們建造白馬寺那樣荒誕之說。佛教初傳入時，人們多以道教的神祇之一來祭祀，那時還未廣泛流傳。漢武帝重視儒學，更設立五經博士，重視儒學已成為漢代的主流，且得統治階層的重視，及至東漢，此制度沒有改變，按道理應是儒學興盛之時，佛學難有立足之地。東漢雖經王莽之亂，總體是承襲著西漢各項制度，何以在東漢末時佛教漸趨流行？究其原因，上溯至西漢武帝時所採用董仲舒之言，董之理論並非純儒家，而是以陰陽五行之說配以法家思想。漢代的儒學，重訓詁，並非從義理上研究。漢代儒學思想，也多從陰陽五行之說，統治階層流行讖緯之術，這近乎迷信的思想方式，再配合黃老思想，成了道教，而佛教便借此傳教。漢末到魏晉，天下大亂，人心迷失，當代名士流行清談玄學，而當時的僧人，多能研習老莊道家哲學思想，吸引了當時的士大夫，使佛教發展一日千里，加上統治者的信奉，其勢力更在道教之上。

漢代本有官學，中央有太學，地方有郡學，但官學局限性很大，多只從經學的訓詁上鑽研，「一經說百萬言」，流於細碎支離。漢代經學重家法，非家法得不到認可，更和利祿拉上了關係，出現了累世經學，累世公卿的情況，經學難有突破，儒學漸走向式微，取而代之是清談與玄學，這便是讓佛學進入士大夫研究領域的原因。漢代的精舍本是的私家講學的地方，漢末天下大亂，一些有志於學的士子，自築精舍來苦讀，猶如唐以後的書院。另一方面，道教流行，道士也築精舍修煉，當時人們把佛教作道教來看，影響到僧人也仿傚道教築精舍清修。統治者因信奉佛教關係，也因之而築精舍給僧人靜修譯經之用，後來卻成為僧人清修之所，精舍更成為佛寺的另一名稱，近世一般人已忘記精舍的原本用途。精舍用途上的轉變，正好代表了私家講學對佛教的影響，同時也影響了日後世人對精舍的概念，說明了佛教影響力之大及深遠。

佛教發展到魏晉南北朝甚為興盛，一方面得到君主的信奉，另方面外來的僧人不少甚有學問。當時君主甚為隆佛，民間信眾也極多，出家為僧的人數以萬計，寺院也數以千計，一些統治階層經常到的佛寺，寺院建築極為豪

華，期間雖有滅佛的情況，但時間不長，很快又恢復過來。隋唐以後，佛教發展不但沒有停頓，且更為隆盛，名僧輩出，宗派林立。佛寺經濟強大，領地極大，藏書甚多，為唐代士子提供了良好的讀書環境，不少佛寺提供寺學，許多士子寄住在寺院中，自行修習，成了唐代習業山林的風尚，而此風漸漸演變成為後來的書院。

　　精舍於漢代是私人講學之地，隋唐以後便成了書院，基於上述種種原因，書院和佛教有著割不斷的關係。漢人的學術思想雖以儒學為主，實則內行陰陽五行之術。儒學經典的講授，以訓詁為重，不從義理上研習，是使儒學走向式微。唐代是詩歌文學的年代，儒學不見有任何突破。佛教義理則進一步得到闡明和發揚。魏晉時的僧人多能熟習玄學，因此道家思想早在魏晉時已和佛學有融合的情況。唐代寺學很多兼及儒學，所以在唐末時，儒、釋、道已有融合的趨勢。宋代的理學正是儒、釋、道融合的表現，而宋代的書院是理學發揚的地方，不同理學學派有不同的書院作為講學基地。魏晉南北朝到宋代，儒、釋、道三家思想既有融合，也有紛爭，因此下一章主要在分析儒釋的紛爭與融合的過程，從而帶動到書院的興起。

第三章　儒家思想與佛學的紛爭及融合

　　前章提到佛教傳入後從依賴道教，至後來獨立傳教的過程。佛教初傳入時，只少數人信奉；後發展成一大宗教，名僧輩出，更得到統治者的支持，經濟實力大增。至唐代時，更成為士子習業山林主要地方。這一章是說及佛學理論與儒家思想的融合與紛爭過程，降及宋代，儒釋的繼續融合，以至理學的產生。書院制的建立，不離理學的發展，書院是理學發表的平台，也是發展成不同學派之地，因而影響到書院得以蓬勃發展。南宋書院建立大大超前了北宋，及後的元、明、清三代書院建置更遍及全國，乃至窮鄉僻壤，不管有多遠，總找到一至兩所書院，可見書院的普及；同時也標誌著教育的普及，更超越了官學教育。書院吸收了佛教的叢林制度後，宋代時便能建立完善的書院制度，為書院奠下良好基礎。這章主要談及儒學與佛學的紛爭和融合過程中，產生了理學；更從理學四大派所屬的地域，分析與佛教的關係。

第一節　魏晉時的佛學與儒學

　　上章提到在東漢末年，外戚、宦官的鬥爭，引致黨錮之禍，儒學受到打擊，佛教借助道教勢力漸漸盛行。三國時，曹魏不重佛道，卻重刑名。據《晉書》卷四十七〈傅玄傳〉說：

> 上疏曰：「臣聞先王之臨天下也，明其大教，長其義節；道化隆於上，清議行於下，上下相奉，人懷義心。亡秦蕩滅先王之制，以法術相

御，而義心亡矣。近者魏武好法術，而天下貴刑名；魏文慕通達，

而天下賤守節。其後綱維不攝，而虛無放誕之論盈於朝野，使天下

無復清議，而亡秦之病復發於今。」〔註1〕

據上文，傅玄（217～278）說及三國曹魏父子，重刑名，好法術。湯用彤也認
為三國時曹魏父子斥方士，又云梵唄始於曹植（192～232）的《魚山七聲》
〔註2〕，正史不載有造梵契之事〔註3〕，可見曹魏父子並非相信佛教，其所作
《辯道論》不過是斥方士而已。〔註4〕漢代行察舉制，所謂孝廉，沒有量度的
標準，多傾向於社會輿論，久而久之便出現只重虛名、徒具形式的孝子廉吏，
經學只重細碎的訓詁，儒學經典只重訓詁和章句解釋，使經學流於支離，影
響到儒學漸走向式微。然而儒學在魏、晉、南北朝時是否出現斷層？郝虹的
《魏晉儒學新論》認為，魏、晉、南北朝的法律是儒家所制定，是逐漸將儒家
提倡的「禮」滲入法典，到唐時便集大成，因此是將儒學從經典研究走進政
治實踐中。〔註5〕儒學是否走入政治實踐中要再深入研究，而學術界中的儒學
又如何？

「玄學」一詞大約最早見於史書是南朝的劉宋，據《宋書》卷九十三〈隱
逸・雷次宗傳〉：

元嘉十五年，徵次宗至京師，開館於雞籠山，聚徒教授，置生百餘

人。會稽朱膺之、潁川庾蔚之並以儒學，監總諸生。時國子學未立，

上留心藝術，使丹陽尹何尚之立玄學，太子率更令何承天立史學，

司徒參軍謝元立文學，凡四學並建。〔註6〕

上文所述的四學：儒學、玄學、史學、文學，可見劉宋時，儒學未廢，只是加
上玄學而已。曹魏時，儒學仍居正統的地位，據《三國志》卷十三〈王肅傳〉

〔註1〕〔唐〕房玄齡《晉書》，北京：中華書局，1974年11月，頁1317～1318。

〔註2〕曹植〈辯道論〉註：「植每讀佛經，輒流連嗟翫以為至道宗極也。遂製轉讀七
聲降曲折之響，故世之諷誦，咸憲章焉。嘗遊魚山，聞空中梵天之贊，乃摹
而傳于後。」載於《廣弘明集》卷五，《四庫全書》1048冊，上海：上海古籍
出版，1987年，頁284。

〔註3〕《三國志》、《魏書・釋老志》均沒有載陳思王曹植遊魚山聽空中梵樂而摹寫
出音律之事。

〔註4〕參考湯用彤《漢魏兩晉南北佛教史》第六章，頁86～87。

〔註5〕參考郝虹《魏晉儒學新論》第二章，北京：中國社會科學出版社，2011年3
月，頁78～79。

〔註6〕〔梁〕沈約《宋書》卷九十三〈雷宗次傳〉，北京：中華書局，1974年10月，
頁2293～2294。

的註說：

> 《魏略》，其序曰：從初平之元，至建安之末，天下分崩，人懷苟且，
> 綱紀既衰，儒道尤甚。至黃初元年之後，新主乃復，始掃除太學之
> 灰炭，補舊石碑之缺壞，備博士之員錄，依漢甲乙以考課。申告州
> 郡，有欲學者，皆遣詣太學。太學始開，有弟子數百人。至太和、
> 青龍中，中外多事，人懷避就。雖性非解學，多求詣太學，太學諸
> 生有千數，而諸博士率皆麁疎，無以教弟子。〔註7〕

曹魏復興太學，當以儒學為主。建安時代，荊州乃文士薈萃之地，當曹操據
有荊州後，欲招賢納士，網羅荊州名士北上。當時荊州的名士，紛紛投到鄴
城去。據《三國志》卷二十一〈魏書・王粲傳〉說：

> 方今袁紹起河北，杖大眾，志兼天下，然好賢而不能用，故奇士去
> 之。劉表雍容荊楚，坐觀時變，自以為西伯可規。士之避亂荊州者，
> 皆海內之儁傑也，表不知所任，故國危而無輔。明公定冀州之日，
> 下車即繕其甲卒，收其豪傑而用之，以橫行天下；及平江、漢，引
> 其賢儁而置之列位，使海內回心，望風而願治，文武並用，英雄畢
> 力，此三王之舉也。〔註8〕

據上文，漢末中原混戰，位處較南的荊州，政局相對安定，吸引了不少士人
避亂荊州，加上地方官的重視教育，培養了一批名士，成了「荊州學派」。其
特點是從古文經學派中，自創出重視義理的方式研究儒家經典〔註9〕，以王粲
（177～217）、宋衷（生卒年不詳）、王肅（195～256）等為代表。被稱為玄學
家鼻祖的王弼（226～249），與荊州學派有關，據《三國志》卷二十八《魏書・
鍾會傳》中所附的〈王弼傳〉：

> 王弼，並知名弼，好論儒道，辭才逸辯，注《易》及《老子》，為尚
> 書郎年二十餘卒。〔註10〕

又註云：

〔註7〕〔西晉〕陳壽《三國志》，北京：中華書局，1982 年 7 月。頁 420。
〔註8〕〔西晉〕陳壽《三國志》，頁 589。
〔註9〕參考馬良懷、徐華《玄學與長江文化》，武漢：湖北教育出版社，2004 年 3 月，
　　　頁 191～201。而湯用彤《魏晉玄學》也認為荊州之士踔地不羈，守故之習薄，
　　　創新之意厚，喜張異議，反浮華破碎章句，與玄理大有契合。臺北：佛光出
　　　版社，2001 年，頁 108。
〔註10〕《三國志》，頁 795。

《博物記》曰：初，王粲與族兄凱俱避地荊州，劉表欲以女妻粲，而嫌其形陋而用率，以凱有風貌，乃以妻凱，凱生業，業即劉表外孫也。蔡邕有書近萬卷，末年載數車與粲，粲亡後，相國掾魏諷謀反，粲子與焉，既被誅，邕所與書悉入業，業字長緒，位至謁者僕射。子宏，字正宗，司隸校尉，宏，弼之兄也，魏氏春秋曰，文帝既誅粲，二子以業嗣粲。〔註11〕

據上文內容來推說，王弼乃業（生卒年不詳）之子、宏（？～284）之弟，王粲為弼的祖父凱（生卒年不詳）之族兄，史書雖無說明王弼曾住荊州，但卻和荊州學派甚有淵源，王弼好論儒道，可見此論非虛。王弼曾注《老子》及《周易》。據牟宗三先生對王弼注《易》有這樣的評價：

王弼之功績即在扭轉此實質之心靈而為虛靈之玄思，扭轉圖畫式的氣化宇宙論而為純玄理之形上學。此在思想上為大進步也。而經過四百年之漢易傳統而躍起，則尤見殊特。故云其能復活先秦儒道兩家固有之精微義理也。〔註12〕

據牟先生所言，王弼是復活先秦儒家精微義理，他對後來的儒家思想起了重要的作用。玄學以道家思想為主，即所謂三玄：《老子》、《莊子》和《周易》，當中的《周易》卻是儒家經典之一。湯用彤認為王弼是援儒入道。〔註13〕郝虹則認為王弼是援道入儒，用道家思想為儒學張目。〔註14〕不管是援儒入道，還是援道入儒，儒道融合是趨勢。而馬良懷、徐華合著的《玄學與長江文化》，認為玄學的產生正是曹魏的正始年代，是何晏（約195～249）、王弼等人在儒學經典《周易》、《論語》上以道家「得意以忘言」之法對經典重新解說，為儒道兩家學說進行溝通。〔註15〕當時玄學之風甚盛，當世名士皆以玄學為主，《世說新語》卷二〈文學〉第十二「裴成公作《崇有論》」註：

晉諸公贊曰：自魏太常夏侯玄，步兵校尉阮籍等，皆著《道德論》。於時侍中樂廣、吏部郎劉漢亦體道而言約。尚書令王夷甫講理而才

〔註11〕《三國志》，頁796。
〔註12〕牟宗三先生《才性與玄理》第四章，臺北：學生書局，1989年10月，頁114。
〔註13〕參考湯用彤《魏晉玄學》《湯用彤全集》之6，湯氏有以下之話：「王弼貴虛無，然其所推尊之理想人格為孔子，而非老子。」又言：「聖人體無，老子是有，顯於人格上有所軒輊。聖人所說在於訓俗，老書所談，乃萬物所資。則陽尊儒聖，而實陰崇道述。」臺北：佛光山版社，2001年3月，頁114。
〔註14〕參考郝虹《魏晉儒學新論》第五章，頁144。
〔註15〕參考馬良懷、徐華《玄學與長江文化》，頁60。

虛，散騎常侍戴奧以學道為業，後進庾敳之徒皆希慕簡曠。頠疾世
俗尚虛無之理，故著《崇有》二論以折之。才博喻廣，學者不能究。
後樂廣與頠清閒，欲說理，而頠辭喻豐博，廣自以體虛無，笑而不
復言。」《惠帝起居注》曰：「頠著二論以規虛誕之弊，文詞精富，
為世名論。」〔註16〕

據以上資料看，玄學從漢代的天人合一的思想，轉而向自然道體的探討，是
當時的顯學。湯用彤認為，**魏晉玄學應該是宋明理學的源頭**。〔註17〕當時社
會流行清談，據《世說新語》卷二〈文學〉：

裴散騎娶王太尉女，婚後三日，諸婿大會，當時名士王裴子弟悉集，
郭子玄在坐，挑與裴談，子玄才甚豐贍，始數交未快，郭陳張甚盛。
裴徐理前語，理致甚微，四坐咨嗟稱快，王亦以為奇，謂諸人曰：
「君輩勿為爾，將受困寡人女婿。」〔註18〕

又：

殷中軍為庾公長史，下都，王丞相為之集，桓公、王長史、王藍田、
謝鎮西並在，丞相自起解帳，帶長塵尾，語殷曰：「身今日當與君共
談析理，既共清言，遂達三更，丞相與殷共相往反，其餘諸賢，略
無所關，既彼我相盡。」丞相乃歎曰：「向來乃語竟未知理源所歸，
至於辭喻不相負正始之音。」正當爾耳，明旦桓宣武語人曰：「昨夜
聽殷王清言甚佳。」〔註19〕

上文的清言即清談，據以上兩條史料看，當時清談多是名士，《世說新語》有
相當多篇章記載名士清談的情況，他們帶長塵尾即塵拂，互有對談，甚致通
宵達旦。所談的內容無非是玄理。湯用彤提到佛學乃玄學支流，據《世說》所
載，當時的僧人也善於談玄，如《世說》卷二〈文學〉：

有北來道人好才理，與林公相遇於瓦官寺講小品，于時竺法深孫興
公悉共聽，此道人語，屢設疑難，林公辯答清析，辭氣俱爽，此道
人每輒摧屈，孫問深公，上人當是逆風家，向來何以都不言，深公
笑而不答，林公曰：「白旃檀非不馥，焉能逆風。」深公得此義，夷

〔註16〕〔南朝・宋〕劉義慶《世說新語》，香港：中華書局香港分局，1982年4月，
　　　　頁47～48。
〔註17〕參考湯用彤《魏晉玄學》，《湯用彤全集》之6，頁409。
〔註18〕《世說新語》，頁49。
〔註19〕《世說新語》，頁50。

然不屑。〔註20〕

上文所言之林公乃僧人支道林（314～366），是東晉名僧，對玄理有深入研究，《世說》卷二〈文學〉僧人支道林曾論《莊子·逍遙篇》：

> 《莊子·逍遙篇》，舊是難處，諸名賢所可鑽味而不拔理於郭向之外，支道林在馬白寺中，將馮太常共語，因及〈逍遙〉，支卓然標新理於二家之表，立異義於眾賢之外，皆是諸名賢尋味之所不得，後遂用支理。〔註21〕

據湯用彤《魏晉玄學》研究，當時佛家受玄學影響，他舉出佛門名僧受玄學不同派別影響的情況，如受王弼派影響有道安（310～385）、竺法深（286～374）、僧肇（384～414）、慧遠、竺道生（355～434）；受向秀（生卒年不詳）影響有支遁（314～366）、郗超（336～378）。南北朝時，南北兩學派對立，到隋唐歸於統一。〔註22〕漢末經學式微，黨錮之禍後，清談風起，從名教的拘謹與束縛中解放出來，反趨於研究道法自然之理，老莊之學大盛，對儒學經典重新認識，並重新注解，如王弼、何晏注《論語》、《周易》，向秀注《周易》，郭象（約252～312）注《論語》。〔註23〕佛家也漸脫離道教迷信色彩，從玄理上解佛學經典。據《世說》卷六〈假譎〉：

> 愍度道人始欲過江，與一傖道人為侶，謀曰：「用舊義往江東，恐不辦得食。」便共立心無義，既而此道人不成渡，愍度果講義積年。後有傖人來，先道人寄語云：「為我致意愍度，無義那可立？治此計權救饑爾，無為遂負如來也。」〔註24〕

上文中「無義那可立」的註釋云：

> 舊義者曰：種智有是，而能圓照，然則萬累斯盡，謂之空無，常住不變，謂之妙有。而無義者曰：種智之體，豁如太虛，虛而能知，無而能應，居宗至極，其唯無乎。〔註25〕

〔註20〕《世說新語》，頁52。

〔註21〕《世說新語》，頁52～53。

〔註22〕參考湯用彤《魏晉玄學》，頁412。

〔註23〕湯用彤《魏晉玄學》〈言意之辨〉：玄學中人於儒學不但未嘗廢棄，而且多有著作。何、王之於《周易》、《論語》，向秀之《易》，郭象之《論語》，固悉當代之名作也。頁38。

〔註24〕《世說新語》註釋：愍度名德，沙門題目曰：支愍度才鑒清出，孫綽愍度贊曰：支度彬彬，好是拔新。頁213。

〔註25〕同註24。

明顯地，愍度（277～343）是透過玄理解釋佛理。釋道安〈毗奈耶序〉說：

> 經流秦土，有自來矣。隨天竺沙門所持來經，遇而便出于十二部。
> 《毗日羅》（《方等》）部最多。以斯邦人《老》、《莊》教行，與《方
> 等》兼忘相似，故因風易行也。〔註26〕

釋道安說故「因風易行」，此風正是《老》、《莊》思想盛行。

　　漢末時，只有少數士大夫信奉佛教。永嘉亂後，南北分裂，不管是南或
北，不同的統治者對佛教大力扶持，佛教勢力漸大，當世名士，與僧侶往來
不絕。《世說》所載甚多，舉其中數篇，如卷二〈文學〉說：

> 康僧淵初過江，未有知者，恆周旋市肆，乞索以自營，忽往殷淵源
> 許，值盛有賓客，殷使坐，麤與寒溫，遂及義理，語言辭旨，曾無
> 愧色，領略麤舉，一往參詣，由是知之。〔註27〕

又：

> 僧意在瓦官寺中，王苟子來，與共語，便使其唱理，意謂王曰：「聖
> 人有情不？」王曰：「無。」重問曰：「聖人如柱邪？」王曰：「如籌
> 筭，雖無情，運之者有情。」僧意云：「誰運聖人邪？」苟子不得答
> 而去。〔註28〕

又卷四〈賞譽〉下：

> 王右軍（王羲之）道謝萬石，在林澤中，為自道上，歎林公（支道
> 林）器朗神雋，道祖士少風領毛骨，恐沒世不復見如此人，道劉真
> 長（劉惔）（生卒年不詳）標雲柯而不扶疏。〔註29〕

又：

> 初法汰（竺法汰）北來未知名，王領軍（王洽）供養之，每與周旋行，
> 來往名勝許，輒與俱，不得汰，便停車不行，因此名遂重。〔註30〕

〔註26〕馬懷良、徐華《玄學與長江文化》引釋道安〈毗奈耶序〉，《大正藏》卷二十
　　　四，頁367。

〔註27〕〔南朝‧宋〕劉義慶《世說新語》，頁56。

〔註28〕〔南朝‧宋〕劉義慶《世說新語》，頁58。

〔註29〕〔南朝‧宋〕劉義慶《世說新語》註云：支遁別傳曰：遁任心獨往，風期高
　　　亮。頁117。

〔註30〕〔南朝‧宋〕劉義慶《世說新語》，註云：車頻秦書曰：釋道安為慕容晉所掠，
　　　欲投襄陽，行至新野集眾議曰：「今曹凶年，不依國主，則法事難舉。」乃分
　　　僧眾使竺法汰詣揚州，曰：「彼多君子，上勝可投。」法汰遂渡江，至揚土焉。
　　　頁120。

以上數條史料所列的僧人有共同特點，他們都是有學問，得到名士的尊重，甚至仰慕，因此使佛教能進一步傳播。至於迷信色彩濃厚的道教，漸得不到士人的信奉，更談不上具研究價值。由此看來，佛教已脫離道教，自成系統。

　　表面上，魏晉是道家玄理之學極盛的時代，儒學沉寂了，正如前段所言，儒學是透過玄學的探討返回了先秦時代的儒學，不再從訓詁上鑽研，而是從義理上研究。當時的高僧，並非只懂佛理，他們大多玄佛皆精，更有不少兼通儒學。據《高僧傳》卷一〈支兼〉說：

> 康僧會，其先康居人，世居天竺，其父因商賈移于交趾。會年十餘歲，二親並終，至孝服畢出家。勵行甚峻，為人弘雅，有識量，篤至好學。明解三藏，博覽六經，天文圖緯，多所綜涉，辯於樞機，頗屬文翰。……漢獻帝末亂，避地于吳。孫權聞其才慧，召見悅之，拜為博士，使輔導東宮，與韋曜諸人共盡匡益。〔註31〕

又卷五〈釋道安〉：

> 釋道安，姓衛氏，常山扶柳人也。家世英儒，早失覆蔭，為外兄孔氏所養。年七歲讀書，再覽能誦，鄉隣嗟異。至年十二出家。……至年四十五，復還冀部，住受都寺，徒眾數百，常宣法化。……安外涉群書，善為文章。長安中，衣冠子弟為詩賦者，皆依附致譽。〔註32〕

又卷六〈釋慧遠〉：

> 釋慧遠，本姓賈氏，雁門婁煩人也。弱而好書，珪璋秀發，年十三隨舅令狐氏遊學許洛。故少為諸生，博綜六經，尤善莊老。性度弘博，風覽朗拔，雖宿儒英達，莫不服其深致。年二十一，欲渡江東，就范宣子共契嘉遁。值石虎已死，中原寇亂，南路阻塞，志不獲從。時沙門釋道安立寺於太行恒山，弘贊像法，聲甚著聞，遠遂往歸之。一面盡敬，以為真吾師也。〔註33〕

以上數條所提及的僧人，學問兼通儒釋道。不過從義理上相通儒釋兩家思想的，便不得不提竺道生。據《高僧傳》卷七〈竺道生〉說：

> 竺道生，本姓魏，鉅鹿人，寓居彭城。家世仕族，父為廣戚令，鄉

〔註31〕〔梁〕釋慧皎《高僧傳》，北京：中華書局，1997年10月，頁14～15。
〔註32〕〔梁〕釋慧皎《高僧傳》卷五，頁177～181。
〔註33〕〔梁〕釋慧皎《高僧傳》卷六，頁211。

里稱為善人。生幼而穎悟，聰哲若神，其父知非凡器，愛而異之。
後值沙門竺法汰，遂改俗歸依，伏膺受業。……後與慧叡、慧嚴同
遊長安，從什公受業。……又六卷泥洹先至京師，生剖析經理，洞
入幽微，迺說阿闡提人皆得成佛。于時大本未傳，孤明先發，獨見
忤眾。於是舊學以為邪說，譏憤滋甚，遂顯大眾，擯而遣之。生於
大眾中正容誓曰：「若我所說反於經義者，請於現身即表厲疾；若與
實相不相違背者，願捨壽之時，據師子座。」言竟拂衣而遊。〔註34〕

上文提到闡提人皆得成佛〔註35〕，意謂人皆有佛性。據《孟子》卷六〈告子
下〉：

曹交問曰：「人皆可以為堯舜，有諸？」孟子曰：「然。」……「徐
行後長者謂之弟，疾行先長者謂之不弟。夫徐行者，豈人所不能哉？
所不為也。堯舜之道，孝弟而已矣。子服堯之服，誦堯之言，行堯
之行，是堯而已矣。子服桀之服，誦桀之言，行桀之行，是桀而已
矣。」〔註36〕

孟子（前372～前289）謂人皆可以為堯舜，與竺道生謂闡提人可以成佛，重
點同樣是平等，眾生萬物有成聖成佛的內在元素，只要透過修行，即孟子所
謂誦堯之言，行堯之行，便能成堯；同樣的道理，透過修行也能成佛；這是儒
學與佛學互通之處。據湯用彤研究，竺道生與儒學相近之處還有頓悟之義。
據《廣弘明集》卷十八謝靈運（385～433）〈與諸道人辨宗論〉說：

同遊諸道人，並業心神道，求解言外。余枕疾務寡，頗多暇日。聊
伸由來之意，庶定求宗之悟。釋氏之論，聖道雖遠，積學能至，累
盡鑒生，不應漸悟。孔氏之論，聖道既妙，雖顏殆庶，體無鑒周，
理歸一極。有新論道士，以為寂鑒微妙，不容階級，積學無限，何
為自絕？今去釋氏之漸悟，而取其能。至去孔氏之殆庶，而取其一
極。一極異漸悟，能至非殆庶。故理之所去，雖合各取。然其離孔、

〔註34〕〔梁〕釋慧皎《高僧傳》卷六，頁255～256。

〔註35〕據湯用彤《漢魏兩晉南北朝佛史》第十六章：「夫一闡提者，《經》謂其『病
即諸佛世尊所不能治。何以故？如世死屍，醫不能治』。（北本卷九）譬如掘
地刈草，砍樹，斬截死屍，罵詈鞭撻，無有罪報。」（頁438）。換言之，闡提
人不能成佛是斷盡善根的人。

〔註36〕〔宋〕朱熹《四書集註·孟子》，臺北：文化圖書公司，1984年8月，頁362
～363。

釋矣。余謂二談救物之言，道家之唱，得意之說，敢以折中自許。

竊謂新論為然。聊答下意，遄有所悟。〔註37〕

湯用彤認為，南朝玄風極盛時，儒、釋、道三家都認為理歸一極。謝靈運的辯論在定「求宗之悟」即頓漸之辨。儒學與佛學從表象看來是互不相干，實是互相影響。佛學傳入中國後，與儒學相接觸，受儒家思想影響，漸與印度本土的佛教不同，形成了獨特的漢傳佛教。

第二節　唐代士大夫的奉佛與排佛

玄學流行於魏晉南北朝時，是漢代經學式微後採用道家玄理的思考方式，從義理辨析重新解釋儒學部分經典。佛學也借助玄學的盛行，用玄理的方式了解佛典，並以清談玄學方式宣揚佛教。佛學與儒學以曲線方式互相影響，並繼續發展。唐代以後，佛教得到進一步發展，極盛之時，更衍生不同的宗派。在這種情況下，士大夫和佛教僧侶來往甚密，影響甚大，當中有奉信的，也有抗拒的。

（一）唐代士大夫奉佛情況

隋唐佛教大盛之時，佛寺林立，遍及全國，當時不論一般平民或士大夫，多多少少與佛教有關，文人士子更與僧侶往來頻密，據郭紹林《唐代士大夫與佛教》的統計，《全唐詩》與佛教有關的詩大約五千二百多首，當中包括遊覽寺院、研讀佛經、和僧侶交往唱酬等詩句，《全唐詩》共收錄四萬八千九百多首詩，佔《全唐詩》十分一以上。〔註38〕而從《全唐文》找到與佛教的文章也相當多，例如為佛寺題字、撰寫碑文、為佛經作序、送別僧人等等。〔註39〕由以上資料證明唐代的文人士子與佛教僧侶不單交往頻繁，更影響到他們的日常生活及信仰。王維（692～761）便是典型的例子，據《舊唐書》卷百九

〔註37〕〔唐〕釋道宣《廣弘明集》，臺北：佛光出版社，1998 年，頁 182。

〔註38〕郭紹林《唐代士大夫與佛教》，臺北：文史哲出版社，1993 年 9 月，頁 271。

〔註39〕〔清〕董誥《全唐文》找到的有關與佛教的文章相當多，現略舉一些：卷三三八顏真卿〈撫州寶應寺翻經臺記〉，頁 3421，卷三四八李白〈崇明寺佛頂尊勝陁羅尼幢頌〉，頁 3527，卷三六一王大悅〈雲居寺門右石浮圖銘并序〉，頁 3663，卷三七六任華〈薦福寺後院辛嶼尉洛郊序〉，頁 3822，卷五七九柳宗元〈送方及師序〉，頁 5852，卷六〇六劉禹錫〈夔州始興寺移鐵像記〉頁 6117，卷六三八李翱〈題峽山寺〉及〈題靈鷲寺〉頁 6445，卷六九四李紳〈壽州法華院石經堂記〉，頁 7124。北京：中華書局，1987 年 2 月。

十下〈文苑〉說：

> 王維，字摩詰，太原祁人。……維弟兄俱奉佛，居常蔬食，不茹葷
> 血，晚年長齋，不衣文綵。得宋之問藍田別墅，在輞口，輞水周於
> 舍下，別漲竹洲花塢，與道友裴迪浮舟往來，彈琴賦詩，嘯詠終日。
> 嘗聚其田園所為詩，號《輞川集》。在京師日飯十數名僧，以玄談為
> 樂。齋中無所有，唯茶鐺、藥臼、經案、繩床而已。退朝之後，焚
> 香獨坐，以禪誦為事。妻亡不再娶，三十年孤居一室，屏絕塵累。
> 乾元二年七月卒。臨終之際，以縟在鳳翔，忽索筆作別縟書，又與
> 平生親故作別書數幅，多敦屬朋友奉佛脩心之旨，捨筆而絕。〔註40〕

只看王維字「摩詰」，已知他是佛教徒。他日常起居奉佛、蔬食，喪妻三十年
孤居，平日淡薄清修，以禪誦為業，儼如一位清修的出家人，更在家接待僧
人。

　　據張國剛《佛學與隋唐社會》研究，那些奉佛的唐代士大夫，除了日常
設齋念佛，誦經抄經，更會供接僧人、舍宅為寺、親身傳教等。〔註41〕據《酉
陽雜俎》續集卷五〈寺塔記上〉說：

> 寺之制度，鐘樓在東，唯此寺緣李右座林甫宅在東，故建鐘樓於西。
> 寺內有郭令珷瑁鞭及郭令王夫人七寶帳。寺主元竟，多識釋門故事，
> 云李右座每至生日，常轉請此寺僧就宅設齋，有僧乙嘗嘆佛，施鞍
> 一具，賣之，材直七萬。〔註42〕

李林甫（683～753）在自己生日時，設齋宴請僧人是慣常之事，可見其奉佛
的程度。又《太平廣記》卷三百三十〈僧儀光〉說：

> 青龍寺禪師儀光，行業至高。開元十五年，有朝士妻喪，請之至家
> 修福，師住其家數日，居於廡前，大申供養。〔註43〕

朝士喪妻，請禪師至家，為死者求福，相信已成為唐人的習俗。白居易（772
～864）也曾招待僧人至其家，據《全唐詩》卷四百五十九〈招山僧〉：

> 能入城中乞食否，莫辭塵土汚袈裟，欲知住處東城下，遠竹泉聲是

〔註40〕〔後晉〕劉昫《舊唐書》，北京：中華書局，1986年5月，頁5052～5053。

〔註41〕參考張國剛《佛學與隋唐社會》，石家莊：河北人民出版社，2002年8月，
　　　　頁292～293。

〔註42〕〔唐〕段成式《酉陽雜俎》，《叢書集成簡編》，臺北：臺灣商務印書館，1966
　　　　年3月，頁220。

〔註43〕〔宋〕李昉《太平廣記》第七冊，北京：中華書局，1994年4月，頁2625。

白家。〔註44〕

當時不只邀請僧人至家，更多的是投宿於寺院，《全唐詩》中找到這樣的詩相當多，如卷二百二十六杜甫（712～770）〈和裴迪登新津寺寄王侍郎〉：

何限倚山木，吟詩秋葉黃，蟬聲集古寺，鳥影度寒塘，風物悲遊子，
登臨憶侍郎，老夫貪佛日，隨意宿僧房。〔註45〕

又如卷三百五十一柳宗元（773～819）〈晨詣超師院讀禪經〉：

汲井漱寒齒，清心拂塵服，閒持貝葉書，步出東齋讀，真源了無取，
妄跡世所逐，遺言冀可冥，繕性何由熟，道人庭宇靜，苔色連深竹，
日出霧露餘，青松如膏沐，澹然離言說，悟悅心自足。〔註46〕

也有立志弘揚佛法為業，據《太平廣記》卷一百一十二〈牛騰〉說：

唐牛騰，字思遠，唐朝散大夫，郟城令，棄官從好，精心釋教，從
其志者終身。〔註47〕

此外，柳宗元有對佛學研究的文章，《全唐文》卷五七九柳宗元〈送元舉歸幽泉寺序〉說：

佛之道，大而多容，凡有志乎物外而恥制於世者，則思入焉。故有
貌而不心名而異行，剛狷以離偶，紆舒以縱獨，其狀類不一，而皆
童髮毀服以遊於世，其孰能知之。今所謂元舉者，其視瞻容體，未
必盡思跡佛。〔註48〕

柳宗元認為一般世人未必明白佛教大道，要深入了解才能明白。白居易也有議論佛教的文章，如《全唐文》卷六七一〈議釋教僧尼〉說：

儒、道、釋之教鼎立於天下矣。降及近代，釋氏尤甚焉。臣伏覩其
教，大抵以禪定為根，以慈忍為本；以報應為枝，以齋戒為葉。夫
然亦可誘掖人心輔助王化。〔註49〕

可見白居易認同佛教導人向善，但文章的後半段則反對統治者引入外來宗教。在下一節會引述文章的後半段。

　　士大夫與僧人交往多不勝數，《全唐詩》有關與僧人交往的詩句甚多，即

〔註44〕〔清〕彭定求編《全唐詩》，北京：中華書局，1985 年 1 月，頁 5240。
〔註45〕《全唐詩》，頁 2436。
〔註46〕《全唐詩》，頁 3929。
〔註47〕《太平廣記》，頁 778。
〔註48〕《全唐文》，頁 5853。
〔註49〕《全唐文》，頁 6852。

使是反對佛教的韓愈（768～824）也與僧人交往，從他的詩句及文章中找到他和僧侶交往的情況，如《全唐詩》卷三三七韓愈〈送惠師〉：

> 惠師浮屠者，乃是不羈人，十五愛山水，超然謝朋親。脫冠翦頭髮，
> 飛步遺蹤塵。……自來連州寺，曾未造城闉。〔註50〕

又《全唐文》卷五五六韓愈〈送浮屠令縱西遊序〉：

> 其行異，其情同，君子與其進可也；令縱，釋氏之秀者，又善為文，
> 浮游徜徉，跡接天下。〔註51〕

韓愈的學生李翱（774～836）反佛立場鮮明，他曾寫《去佛齋論》〔註52〕，更進一步發揮老師韓愈的理論寫了〈復性書〉〔註53〕。他反佛的理論將會稍後詳談，不過他曾在佛寺題字如《題峽山寺》：

> 翱為兒童時，聞山遊者說，峽山寺難為儔，遠地嘗以為無因能來，
> 及茲獲遊。周歷五峯，然後知峽山之名有以然也。〔註54〕

可見不論是奉佛還是反佛的士大夫，和佛教脫離不了關係。

（二）排佛思想的產生

據湯用彤《隋唐佛教史稿》所載，隋文帝（541～606）統一天下後，便大力興建佛寺，又下詔度千人，建造舍利塔；煬帝（569～618）經營東都洛陽，城內不少壯麗的寺院。唐高祖（566～635）時，立寺造像，設齋行道。〔註55〕當時的太史令傅奕（555～639）曾上疏除去佛教。據《舊唐書》卷七十九〈傅奕傳〉說：

> 曰佛在西域，言妖路遠。漢譯胡書，恣其假託。故使不忠不孝，削
> 髮而揖君親；遊手遊食，易服以逃租賦。演其妖書，述其邪法，偽
> 啟三塗，謬張六道，恐嚇愚夫，詐欺庸品。凡百黎庶，通識者稀，
> 不察根源，信其矯詐。乃追既往之罪。虛規將來之福。布施一錢，
> 希萬倍之報。持齋一日，冀百日之糧。遂使愚迷，妄求功德，不憚
> 科禁，輕犯憲章。其有造作惡逆，身墜刑網，方乃獄中禮佛，口誦
> 佛經，晝夜忘疲，規免其罪。且生死壽夭，由於自然，刑德威福，

〔註50〕《全唐詩》，頁3374。
〔註51〕《全唐文》，頁5627。
〔註52〕《全唐文》卷六三六，頁6424。
〔註53〕《全唐文》卷六三七，頁6433。
〔註54〕《全唐文》卷六三八，頁6445。
〔註55〕參考湯用彤《隋唐佛教史稿》，北京：中華書局，1988年3月，4～10。

關之人主。乃謂貧富貴賤，功業所招，而愚僧矯詐，皆云由佛，竊

人主之權，擅造化之力。其為害政，良可悲矣！〔註56〕

據上文，傅奕這番言論是以儒家立場來反對佛教，儒家重視現世的人倫之理，三綱五常之法，佛教則重視來生業報，與儒學相違背。傅奕的反佛，可說是唐代最初反佛的士大夫。李唐起兵於太原，社會門第不及中原的王、崔、盧、李、鄭等世家，為奪得民心歸附，便假託老子為其祖先，名義上重視道教。太宗（598～649）登位後，以同樣態度看待佛教，更在貞觀十一年（637）下詔道士女冠可在僧尼之前。〔註57〕

高宗（628～683）登基後，武后（624～705）漸掌權。武后曾在感業寺為尼，為了突顯與太宗時的不同，便對佛教十分重視，修建相當多具規模的寺院，又下詔釋教在道法之上。〔註58〕引起朝中大臣反佛之聲，當時反佛的士大夫有狄仁傑（630～700），據《全唐文》卷一六九〈諫造大像疏〉說：

臣聞為政之本，必先人事。陛下矜群生迷謬，溺喪無歸，欲令像教兼行，覿相生善，非為塔廟必欲崇奢，豈令僧尼皆須檀施，得棳尚捨，而況其餘。今之伽藍，制過宮闕，窮奢極壯。……物不天來，終須地出，不捐百姓，將何以求？生之有時，用之無度。編戶所奉，恒苦不充，痛切肌膚，不辭箠楚。……里陌動有經坊，闤闠亦立精舍，化誘所急，切於官徵，法事所須，嚴於制勅，膏腴美業，倍取其多；水磑莊園，數亦非少，逃丁避罪，併集法門，無名之僧，凡有幾萬，都下檢括，已得數千。且一夫不耕，猶受其弊，浮食者眾，又劫人財，臣每思維，實所悲痛。〔註59〕

狄仁傑所說的重點在於經濟，認為過度建寺塔會損百姓的生計，佛寺精舍，佔用了很多山林池澤的資源，增加了大批不用納稅的僧人，影響生產，嚴重影響經濟。據湯用彤《隋唐佛教史稿》，武后朝除了狄仁傑反佛外，還有張廷圭（？～734）、蘇瓌（639～710）等。中宗（656～710）朝有韋嗣立（660～

〔註56〕〔後晉〕劉昫《舊唐書》，北京：中華書局，1975年5月，頁2715。

〔註57〕《全唐文》卷六〈令道士在僧前詔〉，頁73。

〔註58〕參考張國剛《佛學與隋唐社會》，頁142～143。據《資治通鑑》卷二百五：「初，明堂既成，太后命僧懷義作夾紵大像，其小指中猶容數十人，於明堂北構天堂以貯之。堂始構，為風所摧，更構之，日役萬人，采木江嶺，數年之間，所費萬億計，府藏為之耗損。」北京：中華書局，1987年4月，頁6498。說明了武后耗費於建佛寺，造佛像。

〔註59〕《全唐文》，頁1727。

719)、桓彥範（653～706）、李乂（647～714）、辛替否（生卒年不詳）、宋務光（生卒年不詳）、呂元泰（生卒年不詳）。睿宗（662～716）朝有裴漼（？～736）。〔註60〕玄宗（685～762）朝的姚崇（651～721）便對玄宗進諫，反對造寺度僧。據《全唐文》卷二零六〈諫造寺度僧奏〉說：

> 佛不在外，求之在心，圖澄最賢，無益於全趙。羅什多藝，不救
> 於前秦。何充、符融，皆遭敗滅，齊襄、梁武，未免災殃。但發
> 心慈悲，行事利益，使蒼生安樂，即是佛身，何用安度奸人，令
> 壞正法。〔註61〕

姚崇認為即使有大德高僧也於國家無益，不能挽救被滅的命運。又認為救蒼生不用成為僧人，反之會讓人們借僧人身份來做違法的事。德宗（742～805）時，據《全唐文》卷四四五彭偃〈刪汰僧道議〉說：

> 佛之立教，清淨無為，若以色即是邪法，開示悟入，唯有一門，所
> 三乘之人，比之外道，況今出家者，皆是無識下劣之流，縱其戒行
> 高潔，在於王者，已無用矣！況是苟避征徭，於殺盜婬穢，無所不
> 犯者乎。……今天下僧道，不耕而食，不織而衣，廣作危言險語，
> 以惑愚者，一僧衣食，歲計約三萬有餘，五丁所出，不能致此，舉
> 一僧以計天下，其費可知。〔註62〕

彭氏認為佛教未能移風易俗，教化人民，反令民心迷惑，他指出僧人於國無益，又從經濟角度計出每位僧人每年用度達三萬餘，同時又不事生產，其耗費可想而知。而裴垍（？～811）更有進一步闡述僧人影響傳統禮法，據《全唐文》卷六一六〈汰僧道議〉說：

> 衣者蠶桑也，食者耕農也，男女者繼祖之重也，而二教悉禁，國家
> 者令，又從而助之，是以夷狄不經法，反制中夏禮義之俗也。〔註63〕

裴垍的言論，不離儒家的傳統禮法，尤其針對出家的僧侶，一方面未能傳宗接代，另一方面未能增加勞動力，繼而減低整體社會的生產力，影響民生。但他未指出在家信佛的居士或其他信眾，實與一般平民百姓沒分別。那些反佛士大夫，也未能從佛教教義去批評佛教，力度不足。到了韓愈，他以道統

〔註60〕湯用彤《隋唐佛教史稿》，頁33～34。
〔註61〕《全唐文》，頁2080。
〔註62〕《全唐文》，頁4545。
〔註63〕《全唐文》，頁6222。

反佛，他對佛教義理更深入地研究，闡述理論時能借鑑佛教方式，以儒學義理反佛，為儒學開啟了新的研究方向。韓愈〈原道〉重點在提醒世人，佛道二家非真正的道統，真正道統是儒，《全唐文》卷五五八韓愈〈原道〉說：

> 周道衰，孔子沒，火於秦，黃老於漢，佛於晉魏梁隋之間。其言道
> 德仁義者，不入於楊，則入於墨，不入於老則入於佛，入於彼必出
> 於此，入者主之，出者奴之，入者附之，出者汙之。噫！〔註64〕

據上文，明顯的說佛道二家不是道統，〈原道〉更引用當時較少人研究的《大學》倡導「誠意」、「正心」之說。〔註65〕他的學生李翱（774～836）反佛立場同樣鮮明，《全唐文》卷六三四李翱〈再請停率修寺觀錢狀〉說：

> 自仲尼既歿，異學塞途，孟子辭而闢之，然後廓如也。佛法害人，
> 甚於楊墨，論心術雖不異於中土。考教亦實有蠹於生靈，浸溺人
> 情，莫此之甚。為人上者，所宜抑焉，閣下去年考策，其論釋氏
> 之害於人者，尚列為高等。冀感悟聖明，豈不欲發明化源，抑絕
> 小道。〔註66〕

李翱認為佛家之害更甚於楊朱及墨子之說，更會蠹生靈，溺人情。可見他批評佛教甚為嚴厲。他的另一篇文章更認為佛教為夷狄，擾亂中國傳統禮法。據《全唐文》卷六三六〈去佛齋論〉說：

> 佛法之染流於中國也，六百餘年矣！始於漢浸淫於魏、晉、宋之間，
> 而瀾漫於梁蕭氏，尊奉之以及於茲。蓋後漢氏無辨而排之者，遂使
> 夷狄之術，行於中華。故吉凶之禮謬亂。其不盡為戎狄禮也，無幾
> 矣！……捨聖人之道，則禍於將來也無窮矣！佛法之所言者，列禦
> 寇、莊周所言矣。其餘則皆戎狄之道也。使佛生於中國，則其為作
> 也必異於是，況驅中國之人舉行其術也。君臣、父子、夫婦、兄弟、
> 朋友，存有所養，死有所歸，生物有道，費之有節。自伏羲至仲尼，
> 雖百代聖人，不能革也。……所謂君臣、父子、夫婦、兄弟、朋友，
> 而養之以道德仁義之謂也，患力不足而已。向使天下之人，力足盡
> 修身壽國之術，六七十歲之後，雖享百年者亦盡矣。……感之者溺

〔註64〕《全唐文》，頁5648。
〔註65〕韓愈在《原道》篇中引用了《大學》：「古之欲明明德於天下者，先治其國；
　　　欲治其國者，先齊其家；欲齊其家者，先修其身；欲修其身者，先正其心；
　　　欲正其心者，先誠其意。」《全唐文》，頁5648。
〔註66〕《全唐文》，頁6405。

於其教，而排之者不知其心，雖辨而當，不能使其徒無譁而勸來者，
故其術若彼熾也。〔註67〕

李翱重視儒家道統，認為若棄傳統儒家之道溺於佛教義理，會帶來無窮後患。
他又批評那些排佛的人，不能明白其要義便批評，因此未能阻止佛教的蔓延。
李翱吸納佛學研究義理的方式，引用《孟子》及《中庸》等寫了〈復性書〉，
建立儒家的心性論。據《全唐文》卷六三七〈復性書〉上說：

人之所以為聖人者，性也。人之所以惑其性者，情也。喜怒哀懼愛
惡欲，七者皆情之所為也，情既昏，性斯匿矣，非性之過也。……
聖人者，人之先覺者也。覺則明，否則惑，惑則昏，明與昏謂之不
同，明與昏性本無有，則同與不同二皆離矣。夫明者所以對昏，昏
既滅，明亦不立矣。是故誠者，聖人之性之也。寂然不動，廣大清
明，照乎天地，感而遂通天下之故，行止語默，無不處於極也。……
道者至誠而不息也，至誠而不息則虛，虛而不息則明，明而不息則
照天地而無遺，非他也，此盡性命之道也。〔註68〕

李氏指出，明則覺，惑與昏，明與昏性本無有，故滅昏則明便不立，是相待，
沒所謂明與昏。寂靜空虛則人之性便顯現，便能復性，能照天地而無遺。以
上的話甚近於佛家用語，據禪宗的《六祖壇經》：

六祖曰：「道無明暗，明暗是代謝之義，明明無盡，亦是有盡。」相
待立名，故《淨名經》云：「法無有比，無相待故。」簡曰：「明喻
智慧，暗喻煩惱；修道之人，倘不以智慧照破煩惱，無始生死，憑
何出離？」師曰：「煩惱即菩提，無二無別。若以智慧煩惱者，此是
二乘見解，羊鹿等機。上智大根，悉不如是。」簡曰：「何謂大乘見
解？」師曰：「明與無明，凡夫見二；智者了達其性無二。無二之性，
即是實性。實性者：處凡愚而不減，在聖賢而不增；住煩惱而不亂，
居禪定而不寂；不斷不常，不來不去，不在中間及其內外。不生不
滅，性相如如，常住不遷，名之曰道。〔註69〕

《壇經》的所謂明暗，明代表智慧，暗代表煩惱，同樣是相待，無暗便無明，

〔註67〕《全唐文》，頁 6424～6425。
〔註68〕《全唐文》，頁 4633～6434。
〔註69〕〔唐〕釋惠能《六祖壇經》卷九〈宣召〉，臺北：佛光出版社，1979 年，4 月，
　　　　頁 189。

即是實性，即不生不滅，即謂之道。從〈復性書〉和《壇經》的兩段文字看，不難發現陳述方式相當接近。張國剛認為李翱「出入佛老」吸佛補儒，為儒學開闢了新路徑。〔註70〕李翱這篇《復性書》正是開啟了宋代的理學。

第三節　儒佛融合與理學的產生

　　唐代韓愈及李翱反佛旗幟鮮明，更有不少論著強調儒家道統的重要，不要忘記自身的文化本質，更不能因外來的佛教義理吸引而放棄儒家道統。李翱雖是反佛，但他卻和僧侶交往，為佛寺題字等。李翱以研佛的方式研究儒家經典如《中庸》、《孟子》等，寫成了〈復性書〉三篇。李翱的研究確是為儒學開啟了新的路徑，宋代的士大夫便順著這路徑研究儒學，形成了理學。李翱以佛反佛的方式相當有效，宋代的士大夫大多都以此方式排拒佛教、駁斥道教。正因要反佛拒道，便需要深入研究佛道理論，因此宋代儒士對佛道理論十分了解，本以佛道來反佛道，反而令儒釋道三教更為融合。由此推論佛教興盛的地方，作為理學發表的平台—書院因此而特別多。宋代理學發展出不同學派，不同學派在所屬書院講學。江南的湖湘學派和閩派，與黃河流域的關派和洛派，從地理上的分野是如何？其思想體系與地理有沒有關聯？佛教與這些學派從地理上有何關聯？下面試從地理上分析佛教與宋代理學四大派的關係，四大派是：濂、洛、關、閩。

（一）佛學與理學的關係

　　周邦道在熊琬著《宋代理學與佛學之探討》序言中說：

> 初信理學家之闢佛，繼而疑焉，次而察焉，終而求其會同媾合焉。
> 〔註71〕

換言之，理學家之所以開展理學研究，本來是重新研究儒家義理來闢佛，以佛學方式表述儒家哲理，所謂以佛闢佛，但最終卻令儒佛融合。據朱漢民《湖湘學派史論》認為，宋代理學是採取了佛道的思辨方式，發展出一套精緻慎密的哲學理論，主要在研究「天人合一」的問題。〔註72〕所謂採取佛道的思

〔註70〕張國剛《佛學與隋唐社會》，頁312。

〔註71〕熊琬《宋代理學與佛學之探討》，周邦道所寫序言一，臺北：文津出版社，1985年4月，頁1。

〔註72〕參考朱漢民《湖湘學派史論》，長沙：湖南大學出版社，2004年2月，頁1～3。

辨方式，當是吸收佛學的精細辨析方式。

理學的奠基者當然是「濂學」的周敦頤（1017～1073）。據《宋元學案》卷十一〈濂溪學案〉說：

> 周敦頤，字茂叔，道州營道人，……父輔成，為賀州桂嶺縣令。母鄭氏，少孤，養於舅龍圖閣學士鄭向家。……熙寧初，用趙公及呂正獻公著薦，轉虞部郎中，廣東轉運判官，提點本路刑獄。雖荒崖絕島，人跡所不到者，衝瘴而往，以洗冤抑。以疾乞知南康軍，因家廬山蓮花峯下，取營道故居濂溪名之。……卒年五十七歲，熙寧六年七日也。葬江州德化縣之清泉社。……（註）攷朱竹君家藏本則編為九卷，凡遺書、雜著二卷，圖譜著二卷，諸儒議論及誌傳五卷。〔註73〕

周敦頤（濂溪）知康南軍時，家在廬山蓮花峯下。廬山在魏晉時已是佛寺精舍集中地，名僧慧遠在此地歸隱三十年，培養大批學生，而五代時南唐也在此地設廬山國學，儒與佛在地理上已有融合的條件。據《宋元學案·濂溪學案》說：

> 一陰一陽之謂道，繼之者善也，成之者性也，元亨誠之通，利貞誠之復；大哉易也，性命之源乎。……誠無為，幾善惡，德愛曰仁，宜曰義，理曰禮，通曰智，守曰信。性安焉安之謂聖，復焉執之謂賢，發微不可見，充周不窮之謂之神。寂然不動者誠也，感而遂通者神也，動而未形有無之間者幾也，誠精故明，神應故妙，幾微故幽，誠神幾曰聖人。〔註74〕

濂溪提出性與天道的問題，是繼李翱的〈復性書〉進一步闡述性本乎天道，能順之而為，便可達聖之境。更進一步說：寂然不動者誠也，感而遂通者神也，著重個人修為，透過寂靜便能與天地萬物感通。《華嚴經》中有：

> 非識所能識，亦非心境界。其性本清淨，開示諸群生。〔註75〕

唐代僧人澄觀（737～838）為以上的一段偈作了注釋：

> 知即心體，了別即非真知。故非識所識，瞥起亦非真知，故非心

〔註73〕〔清〕黃宗羲《宋元學案》，北京：中華書局，2011 年 11 月，頁 481～482。

〔註74〕陳叔諒、李心莊《重編宋元學案》卷九，臺北：國立編譯館出版，1986 年 4 月，頁 128。

〔註75〕《八十華嚴》一三（大正十，頁 69 上）引自木村清孝著，李惠英譯《中國華嚴思想史》，臺北：東大圖書，2011 年 5 月，頁 192。

　　境界。心體離念，即非有念可無，故云「性本清淨」。眾生等有，或翳不知。故佛開示，皆令悟入。即體之用，故問之以知，即用之體，故答以性淨。知之一字，眾妙之門，若能虛己而會，便契佛境。〔註76〕

澄觀的解釋是心體，心體與性體本同，能感悟便可與佛境契合。「性本清淨」與「性本乎天道」似有相通之處。

　　張載（1020～1077）是「關學」的開拓者，他與「洛學」同時，洛學在洛陽，而他則在關中。據《重編宋元學案》卷十二說：

　　張載字子厚，世居大梁，……以僑寓為鳳翔郿縣橫渠鎮人。……謁范文正公，公知其遠器，責之曰：「儒者自有名教可樂，可事於兵？」手《中庸》一編授焉，遂翻然志於道。已求諸釋老，乃反求之六經。……會弟御史戩爭新法，為安石所怒，遂託疾歸。橫渠終日危坐一室，左右簡編，俯讀仰思，冥心妙契，雖中夜必取燭疾書。……循古禮為倡教童子以灑埽應對，女子未嫁者，使觀祭祀納酒漿，以養遜弟就成德。……於是關中風俗一變而至於古。〔註77〕

橫渠之學影響著關中地區，關中地區大寺林立，對張載不無影響。何況張載早年是研究釋老之學。據《張子全書》卷二〈正蒙〉說：

　　太虛無形，氣之本體；其聚其散，變化之客形爾。至靜無感，性之淵源；有識有知，物交之客感爾，客感客形，與無感無形，惟盡性者一之。天地之氣，雖聚散攻取百塗，然其為理也順而不妄。氣之為物，散入無形，適得吾體；聚為有象，不失吾常。太虛不能無氣，氣不能不聚而為萬物，萬物不能不散而為太虛。……聚亦吾體，散亦吾體，知死之不亡者，可與言性矣。……氣之聚散於太虛，猶冰凝釋於水，知太虛即氣，則無無。故聖人語性與天道之極，盡於參伍之神變易而已。諸子淺妄，有有無之分，非窮理之學者也。……由太虛，有天之名，由氣化，有道之名，合虛與氣，有性之名；合性與知覺，有心之名。〔註78〕

〔註76〕《八十華嚴》一三，頁193。

〔註77〕《重編宋元學案》，頁170～171。

〔註78〕〔宋〕張載《張子全書》，國學基本叢書，臺北：商務印書館，1968年3月，頁22～24。

張載所說的氣，有聚有散，聚則成萬物，散則入於無形，而太虛是氣的本體。太虛之說似佛家的空，而氣之說則似佛家的緣，佛家所說緣備則生，緣離則滅。其太虛本是無形，而氣則在太虛中聚散，萬像就是這樣形成，《中觀四諦品》〈第二十四〉說：

> 以有空義故，一切法得成，若無空義者，一切則不成。〔註79〕

張載的太虛義與空義本不同，佛家的空義是自我對現世間的了悟，因了悟而保住了一切法。而張載的太虛是說道的本體，性與天道合。據牟宗三先生《心體與性體》一書附錄所說張載的「氣」是「氣之超越體」，是創生的性體、心體、神體、誠體，與佛家所言的「空」意義不同〔註80〕，但其表述方式卻很相似。

　　南宋的朱熹是理學的集成者，他的學說影響後世甚巨。朱熹字元晦，徽州婺源人，年十八登進士第，曾在白鹿洞書院、嶽麓書院、紫陽書院等講學，著術甚豐。熊琬在《宋代理學與佛學的探討》中引了朱子的話和佛家語作比較〔註81〕，如引《大學明德集注》：

> 心之全體湛然靈明，萬理具足，無一毫私慾之間。虛靈不昧，以具
> 眾理而應萬事。

又引《孟子‧盡心》集注：

> 心者，人之神明，所以具眾理而應萬事。

又引《華嚴經》：

> 一心者，一念之心也。心性周徧，虛徹靈通，散之則應萬事，斂之
> 而成一念，是故若善若惡，若聖若凡，無不皆由此心。以本具萬法，
> 而能成立眾事。經云：「三界無別法，唯是一心作」是也。

熊琬引述朱熹有關心學的言論，是注釋《大學》及《孟子》之說，《孟子》所說的盡心是由性善論引伸出來，而《大學》之道所指的明德、親民、止於至善，須從修身正心開始，說明朱熹的儒學與佛學有相通之處。然而熊琬又引朱熹〈答張敬夫〉《大全卷三十》說：

> 釋氏……豈不見此心，豈不識此心，而卒不可與入堯舜之道者，正
> 為不見天理，而專認此心為主宰，……前輩有言，「聖人本天，釋氏

〔註79〕牟宗三《心體與性體》第一冊附錄，臺北：中正書局，1985年5月，頁573。
〔註80〕牟宗三《心體與性體》，頁571。
〔註81〕參考熊琬《宋代理學與佛學之探討》，頁180～181。

本心」，蓋謂此也。〔註82〕

儒家所言的心從修養功夫來說，是要達到至高的道德境界，此所謂聖人本天，與佛家所言的心是念，即所謂悟，以觀空證空而得解脫，此所謂釋氏本心。儒釋二家根本義不相同，但言辭很相近。牟宗三先生說：

> 人皆謂宋明儒受佛老之影響，是陽儒陰釋，儒釋混雜。實質宋明儒對於佛老了解實粗略，受其影響蓋甚小。彼等自有儒家義理智慧之規範。而魏晉玄學之弘揚道家，其影響於佛教之吸收卻極大。兩晉南北朝之佛教大德非不讀中國書者。如其說宋明儒受佛老之影響，因而儒釋混雜，不如說佛教大德受儒道義理智慧風範之影響，故特喜言如來藏自性清淨心者而創性宗（真常心宗）以超過印度原有之空宗與有宗。最後實亦無所謂誰受誰之影響，只是中華民族智慧心靈之一般傾向，隨其所宗信而到處表現耳。象山陽明固是孟子靈魂之再現，即竺道生慧能亦是孟子靈魂之再現佛家。〔註83〕

據牟宗三先生所言，魏晉以來儒佛兩家已混雜，沒有所謂誰影響誰。然而自韓愈以後，已出現儒家為道統的思潮，排佛思想甚盛，而宋代理學也由此而生，正如牟宗三先生所言竺道生、慧能是孟子靈魂之再現佛家，是佛學從中華文化中吸收養份，配合儒家精神展現了漢傳佛教的特色，而理學則吸收佛學的思辨方式，展現了精細而慎密的理學精神。

（二）佛教與理學四大派在地理上的關係

上一節言，義理上討論宋代理學與佛學的關係，以下則從地理上分析宋代理學與佛教的關係。宋代理學一般來說，重要的有濂、洛、關、閩四派，除了閩派是屬於南宋朝外，其餘三派都在北宋。洛派和關派在黃河流域，而濂派和閩派則在長江流域，閩派代表人是朱熹，為南宋時人。南宋時，黃河流域為金人管治，理學在長江流域發達是理所當然的事。值得探討是濂、洛、關三派，其中洛派與關派是在黃河流域，只有濂派在長江流域，以下逐一討論這四派所處的位置與佛教的關係。

濂派

濂派的代表是周敦頤，周敦頤本是道州人，位處今天湖南道縣，原本他是

〔註82〕熊琬《宋代理學與佛學之探討》，頁182。
〔註83〕牟宗三《心體與性體》之附錄，臺北：正中書局，1989年5月，頁579。

長江流域以南的人，但卻是理學的奠基者。〔註84〕他知康南軍時，築室在廬山蓮花山下，門前有小溪，以故鄉濂溪名之，《宋元學案》卷十一〈濂溪學案〉說：

> 廬山之麓有溪焉，發源於蓮花峯下，潔清紺寒，合於溢江。先生濯纓而樂之，築書堂其上，名之曰濂溪，志鄉閭在目中也。〔註85〕

換言之，周敦頤學說的發揚，與位處於人傑地靈的廬山有關。自魏晉以來廬山已是文化發達之地，魏晉時慧遠已在這裏建寺傳教，教授弟子多人，而這裏也是寺院林立之處；據《廬山志》記載在宋或以前建的著名佛寺有十七所之多〔註86〕，包括魏晉時名僧慧遠歸隱的東林寺，可見慧遠的影響至宋元之後，在宋代這裏佛教更為興盛。廬山下的九江縣城南八理也是正是周敦頤故居，更築書堂讀書，廣收學生，其後建成濂溪書院。〔註87〕周敦頤曾在此地當官，他到此地後已很喜愛這裏的環境，受佛教所感染，他那篇著名的《愛蓮說》，強調自己獨愛蓮花，據說蓮花是代表佛教，這位儒學名家也愛蓮花，可見他也愛研習佛學。有另一說法，周敦頤之愛連花也可能只欣賞蓮花之美，未必和佛教有關。不過蔣義斌認為周敦頤好友是僧人佛印，他曾與佛印結青松社，由此可見佛教對他甚有影響。〔註88〕他是湖南人，南方多山林池澤，這樣的山水環境或許影響他對佛道自然出世理論特別喜愛，因此他主力研究《易傳》與《中庸》，著了《太極圖說》和《通書》。據《宋元學案》卷十一〈濂溪學案〉的黃百家（黃宗羲之子）案語說：

> 後儒之言無者，多引《中庸》「無聲無臭」為言，不知《中庸》所云，僅言聲之無也，臭之無，非竟云無也。若論此心，可以格鬼神，貫金石，豈無也哉。儒、釋之辨，在於此。〔註89〕

〔註84〕據《宋元學案》卷十一〈濂溪學案〉說：百家（黃百家）謹案：孔、孟而後，漢儒止有傳經之學，性道微言之絕久矣。元公崛起，二程嗣之，又復橫渠諸大儒輩出，聖學大昌。故安定、徂徠卓乎有儒者之矩範，然僅可謂有開之必先。若論闡發心性義理之精微，端數元公之破暗也。頁482。

〔註85〕〔清〕黃宗羲《宋元學案》，頁481。

〔註86〕參考杜潔祥主編《中國佛寺史志彙刊》第二輯《廬山志》卷二，臺北：明文書局，1980年10月，頁185～215。

〔註87〕《中國佛寺史志彙刊》第二輯《廬山志》卷二，頁186。

〔註88〕蔣義斌《宋儒與佛教》說：周敦頤愛蓮不一定是受佛教影響，可能是由生生不已的生意處，賦予儒學含意。然而作者說周敦頤很少排佛之論。周敦頤的僧人好友佛印，曾與周敦頤在廬山結青松社，以追比慧遠在廬山結蓮社。由此可見周敦頤與佛教有關聯。臺北：大東圖書，1997年9月，頁90。

〔註89〕黃宗羲《宋元學案》，頁484。

所謂無臭之辨，是儒釋二家思想取向的不同，但周敦頤卻用了佛學的研究方式研究儒家思想，為理學奠下堅實的基礎。

洛派

洛派代表是程顥、程頤兄弟。據《宋元學案》的「濂溪學案表」，周敦頤的弟子中包括洛派的程顥（1032～1085）、程頤（1033～1107）兄弟二人。〔註90〕據《宋史》卷四百二十七〈道學一‧程顥傳〉說：

> 程顥，字伯淳，世居中山，後從開封徙河南。……父珦，……太中大夫。……自十五六時，與弟頤聞汝南周敦頤論學，遂厭科舉之習，慨然有求道之志，泛濫於諸家，出入於老、釋者幾十年，返求諸《六經》而後得之。秦、漢以來，未有臻斯理者。教人自致知至於知止，誠意至於平天下，洒掃應對至於窮理盡性，循循有序。〔註91〕

又《宋史》卷四百二十七〈程頤傳〉：

> 程頤，字正叔，年十八，上書闕下，欲天子黜世俗之論，以王道為心。游太學，見胡瑗，問諸生以顏子所好何學，頤因答曰：「學以至聖人之道也……。」張載稱其兄弟從十四五時，便脫然欲學聖人，故卒得孔孟不傳之學，以為諸儒倡。其言之旨，若布帛菽粟然，知德者尤尊崇之。〔註92〕

周敦頤本為南方人，程顥、程頤（以下稱二程）之父程珦，為濂溪講友〔註93〕，二程十五六歲時從父命受學於周敦頤。但二程受學於周敦頤是少年時，其學說自成系統，尤其是程頤，與周敦頤極不相同。據《宋元學案》卷十一〈濂溪學案〉說：

> 祖望謹案：濂溪之門，二程子少嘗遊焉。其後伊洛所得，實不由於濂溪，是在高弟滎陽、呂公已明言之，其孫紫微又申言之，汪玉山亦然。今觀二程子終身不甚推濂溪，並未得與馬、邵之列，可以見二呂之言不誣也。晦翁、南軒始確然以為二程子所出，自是後世宗之，而疑者亦踵相接焉。然雖疑之，而皆未嘗攷及二呂之言以為證，

〔註90〕黃宗羲《宋元學案》，頁479～480。
〔註91〕〔元〕脫脫《宋史》，北京：中華書局，1977年11月，頁12713～12717。
〔註92〕〔元〕脫脫《宋史》，頁12718～12720。
〔註93〕《宋元學案》卷十二，頁527。

則終無據。予謂濂溪誠人聖人之室，而二程子未嘗傳其學，則必欲

溝而合之，良無庸矣。〔註94〕

全祖望（1705～1755）認為，二程之學是自成一家，只是朱熹、張栻（1133～1180）等以為二程之學問是由周敦頤而來，而二程只是少年時從父命求學於周敦頤，並非自願。據《宋史》載二程父程珦為安南通判時，對周敦頤極為欣賞，視其貌非常人，聽其語知其為學之道，便與之為友，於是命兩兒子往問學於周。〔註95〕明顯地，程珦對周敦頤的欣賞，並非因對其學問有深入的了解，而是基於其外貌與言行。全祖望也認為二程不過是年少時的老師，非是周敦頤的真正門人〔註96〕，因此洛學是自成一派。須知二程是黃河流域的人，與南方的周敦頤思想上是有別的，全祖望認為程顥學問近於顏回。黃河流域為文化發源地，此地區的人多忠於文化根源，憂患意識甚濃。《宋元學案》卷十三〈明道學案上〉說：

天地之用，皆我之用。孟子言「萬物皆備于我」，須「反身而誠」，

乃大為樂。若反身未誠，則猶是二物有對，以己合彼，終未有之，

又安得樂！〔註97〕

對天地萬物有情，待之以誠，那種關懷普天下的情懷，正是憂患意識的表現，所謂先天下之憂而憂，後天下之樂而樂，那種仁者情操，也是程顥思想的重點。而程頤則進一步發揮孟子性善之理，《宋元學案》卷十五〈伊川學案〉說：

一人之心即天地之心，一物之理即萬物之理，一日之運即一歲之

運。〔註98〕

二人發揮各異，但宗旨同一。朱熹說：

明道宏大，伊川親切。大程夫子當識其明快中和處，小程夫子當識

其初年之嚴毅，晚年又濟以寬平處。〔註99〕

二程是河南人，河南洛陽在魏晉時已是佛寺林立之地，據《洛陽伽藍記》載，北魏時洛陽佛寺多而宏大，洛陽為佛教重地，河南嵩山附近更是寺院林立之

〔註94〕《宋元學案》卷十一，頁480。
〔註95〕《宋史》卷四百二十七，頁12712。
〔註96〕《宋元學案》卷十二，頁526。
〔註97〕《宋元學案》，頁540。
〔註98〕《宋元學案》，頁591。
〔註99〕《宋元學案》，卷十六黃宗羲引朱熹之言，頁652。

地，據《中國佛寺史志彙刊》載嵩山附近有四十七所寺院，有建於漢明帝時的大法王寺、建於北魏時的少林寺，可見河南是佛教興盛的地方。〔註100〕程顥更研究佛老幾十年，佛教教義對他思想定必有所影響。程顥在〈識仁篇〉中曾說「仁者，渾然與物同體」。劉宗周（蕺山）（1578～1645）認為程顥所指「仁」是從日常的生活中參悟出來。〔註101〕所謂渾然與物同體，仁的存在是從個人力行中領悟得出，與禪學的「故知一切法，盡在自身心中」〔註102〕，從日常生活中悟道的意思相近。而程頤則拒佛，甚至排佛，據《宋元學案》卷十五〈伊川學案〉說：

> 學佛者多要忘是非，是非安可忘得？自許多道理，何事忘為！夫事外無心，心外無事。世人只被為物所役，便覺苦事多。若物各付物，便投物也。世人只為一齊在那惑迷暗海中，拘滯執泥坑裏，便事轉動不得，沒著身處。〔註103〕

據上文，程頤認為學佛者是忘是非，忘是非者當忘更多大道理。程頤明顯是反佛，但用語卻近佛家，如「事外無心，心外無事」，「物各付物，便投物也」等句，禪味很濃。《壇經》說：

> 若自心邪迷，妄念顛倒，外善知識，即有教授，救不得。〔註104〕

據《宋元學案》所載，程頤屏除佛教的一切〔註105〕，但附近環境則佛教興盛，雖說反佛，所用的語言不離佛家，這種所謂以佛擊佛的方式，卻反過來受佛教影響。

關派

古來有說「關中自古多豪傑」，過往周文王、武王、秦、漢、唐立國之地，但不容忽視關學在北宋理學同樣重要。上節提到張載在關中地進行教化，改變自中晚唐至宋初間尚武的情況，風俗為之一變至尚古。錢穆先生《國史大綱》中說，自安史亂後，河西隴右沒於吐蕃，五代至宋，河隴為西夏所據，關中無復昔日繁華，禮樂文化驟衰。〔註106〕據《宋元學案》，二程為張載外兄弟

〔註100〕《中國佛寺史志彙刊》第二輯，第二十三冊，頁35。
〔註101〕參考《宋元學案》卷十三〈明道學案〉上，頁540。
〔註102〕參考張國剛《佛學與隋唐社會》，頁67。
〔註103〕《宋元學案》，頁635。
〔註104〕張晶《禪與唐宋詩學》，北京：新星出版社，2010年6月，頁121。
〔註105〕《宋元學案》卷十五，頁635。
〔註106〕錢穆《國史大綱》，上海：商務印書館，1947年10月，頁363。

之子〔註107〕，二程實為張載的表姪，是張載的晚輩，故說關學出於洛學是不盡不實，而全祖望也認為橫渠先生勇于造道，換言之是獨創，不過同樣是研究孔孟儒家之道。〔註108〕《宋元學案》張載為高平門人，然而看張載生平找不到從高平求學的敘述。據呂大臨《橫渠先生行狀》說：

> 少孤自立，無所不學。與邠人焦寅游，寅喜談兵，先生說其言。當康定用兵時，年十八，慨然以功名自許，上書謁范文正公。公一見知其遠器，欲成就之，乃責之曰：「儒者自有名教，何事於兵！」因勸讀《中庸》先生讀其書，雖愛之，猶未以為足也，於是又訪諸釋、老之書，累年盡究其說，知無所得反而求之《六經》。嘉祐初，見洛陽程伯淳、正叔、昆弟於京師共語道學之要，先生渙然自信，曰：「吾道自足，何事旁求？」乃盡棄異學，淳如也，閒起從仕，日益久學，益明。〔註109〕

張載先學兵法，謁范仲淹（989～1052）後便轉向了儒學兼及佛、老，可見張載是無所不學。他上書謁范仲淹，屬於高平門人的范仲淹勸他讀書，不等於是受學於范仲淹，把張載定為高平門人不過是全祖望「追溯」出來。〔註110〕上文提到張載曾與程顥、程頤兄弟共語道學，而張載更棄前學，日益久，學益明，說來似說張載之學受二程之影響，同書同卷〈橫渠遺事〉條：

> 呂（大臨）與叔（程頤）作橫渠行狀，有見二程盡棄其學之語，尹子言之先生曰：表叔平生議論，謂頤兄弟有同處則可，若謂學於頤兄弟，則無是事。頃年屬與叔刪去，不謂尚存斯言，幾於無忌憚矣！〔註111〕

上文中說明張載受二程影響，其實不是，「吾道自足，何事旁求？」這句話才是真確的，換言之是張載從書本上自學得來。上節提到關學採取了艱深難明的論述方式，實參考自佛家。關中佛教興盛由來已久，只是長安一地，唐初至天寶其間，包括隋代時保留下的七十二所寺院，總計有一百二十七所，還未包括無寺額的小佛堂。安史亂後至武宗滅佛前長安城還十所新建的佛寺，

〔註107〕《宋元學案》卷十七，頁662。
〔註108〕《宋元學案》卷十七，頁662。
〔註109〕引自朱熹《伊洛淵源錄》卷六呂大臨〈橫渠先生行狀〉，《朱子全書外編》，上海：華東師範大學出版社，2010年9月，頁993。
〔註110〕參考陳俊文《張載哲學思想與關學學派》，北京：人民出版社，1986年4月，頁7～8。
〔註111〕陳俊文《張載哲學思想與關學學派》，頁1001。

佛堂有三百餘所。有經過唐武宗於會昌五年（845）滅佛後，長安仍保留二十二所佛寺。〔註112〕至五代的後漢時便有滅佛的疏請：

> 臣近以簡苗外縣，遍歷鄉村緇侶聚居，精舍輝赫，每縣不下二十餘處，求化齋粮，不勝飽餒；寺家耕種又免征稅。〔註113〕

佛教寺院既有田地可種，又可免稅，佛寺增加是自然的事，提請滅佛證明五代後佛寺還不斷增加，影響到稅收。據《宋會要輯稿》真宗天禧五年（1021）僧宗人達三十九萬七千六百一十五人，尼六萬一千二百三十九人。〔註114〕可見宋代佛教沒有減退，反之更為發達。由此推算，關中地區佛寺當不少，隴右地區為西夏所佔據，西夏同樣是以佛教為主的國家，關中地區佛教必定更盛。僑居於鳳翔的張載，愛研究軍事，是受該地區胡化影響，繼而研究釋老，也是受關中地區佛教興盛所影響，及後因受范仲淹引導才研究六經。

閩派

閩學的創始人是朱熹，當時已是南宋，黃河流域為金人所管治。礙於當時的南宋只有長江以南的半壁江山，理學只能在南方盛行；閩學成為理學上一大派，弟子眾多，成為學術主流。朱熹重視道統，反對佛道立場鮮明，孝宗即位，他便上書提醒帝主要回到儒家治道上：

> 陛下毓德之初，親御簡策，不過風誦文辭，吟詠情性，又頗留意於老子、釋氏之書。夫記誦詞藻，非所以探淵源而出治道；虛無寂滅，非所以貫本末而立大中。帝王之學，必先格物致知，以極夫事物之變，使義理所存，纖悉畢照，則自然意誠心正，而可以應天下之務。〔註115〕

北宋時佛教相當興盛，南宋更盛於北宋，單是杭州，佛寺多達四百八十餘所。福建佛寺更是全國之冠。據《淳熙三山寺》卷四說：

> 寺觀所不同，湖南不如江西，江西不如兩浙，兩浙不如閩中。〔註116〕

〔註112〕 參考龔國強《隋唐長安城佛寺研究》，北京：文物出版社，2006年10月，頁75～87。

〔註113〕 〔宋〕王欽若《冊府元龜》卷五百四十七〈諫爭〉，臺北：臺灣中華書局，1967年5月，頁6574～6575。

〔註114〕 〔清〕徐松輯《宋會要輯稿》卷一萬四千七百六〈道釋〉，北京：中華書局，1957年11月，頁7875。

〔註115〕 〔元〕脫脫《宋史》卷四百二十九〈朱熹〉，頁12752。

〔註116〕 顧吉辰《宋代佛教史稿》，鄭州：中州古籍出版社，1993年12月，頁20。

據張表臣（生卒年不詳）《珊瑚鈎詩話》卷二說：

> 近世二浙、福建諸州寺院至千區，福州千八百區，秔稻桑麻，連亘
> 阡陌，而游惰之民竄籍其間者十九，非為落髮修行也，避差役為私
> 計耳。〔註117〕

以上兩條史料中看到閩地佛教興盛的情況，福建諸州寺院至千區。曾是泉州
主簿的朱熹，也曾主管武夷山沖佑觀，朱熹受佛教影響不足為奇。據《宋元
學案》卷四十三，全祖望〈劉胡諸儒學案序錄〉也說：

> 白水、籍溪、屏山三先生，晦翁所嘗師事也。白水師元城，兼師龜
> 山；籍溪師武夷，又與白水同師譙天授；獨屏山不所師。三家之學
> 略同，然似皆不能不雜于禪，故五峯所以規籍溪者甚詳。〔註118〕

如上面所述，朱熹嘗師劉勉之（白水）（1091～1149）、胡憲（籍溪）（1086
～1162）、劉子翬（屏山）（1101～1147）三位，然而他們的學問不能不雜于
禪，由此推算，朱熹也雜有禪的成分，《宋儒學案》卷四十八〈晦翁學案〉
說：

> 百家謹案：為學也，主敬以立其本，窮理以致知，反躬以踐其實。
> 而博極羣書，自經史著述而外，凡夫諸子、佛、老、天文、地理之
> 學，無下涉獵而講究也。其為間世之鉅儒，復何言哉！〔註119〕

據《朱子語類》卷八，朱熹曾說：

> 佛家有三門曰教、曰律、曰禪家不立文字，只直截要識心見性。律
> 本法甚嚴，毫髮有罪，如不許飲水，纔飲水便有罪過。如今小院號
> 為律院，乃不律之尤者也！教自有三項：曰天臺教、曰慈恩教、曰
> 延壽教，延壽教南方無傳，有此文字，無能通者，其學近禪，故禪
> 家以此為得。天臺教專理會講解。慈恩教亦只是講解。吾儒若見得
> 道理透，就自己心上理會得本領，便自兼得禪底，講說辨討，便自
> 兼得教底，動由規矩，便自兼得律底。〔註120〕

熊琬認為朱熹生在佛教盛行之時，其師友無不沾佛理，朱熹本是排佛，但在
身處環境的所熏習下，其理論自然地採用了佛家語。且看朱熹早年的詩句：

〔註117〕〔宋〕張表臣《珊瑚鈎詩話》，《叢書集成初編》，長沙：商務印書館，1939
　　　　年12月，頁13。
〔註118〕〔清〕黃宗羲《宋元學案》，頁1395。
〔註119〕〔清〕黃宗羲《宋元學案》，頁1505。
〔註120〕〔宋〕黎靖德編《朱子語類》卷八，臺北：中正書局，1973年12月，頁226。

〈久雨齋居誦經〉

端居獨無事，聊披釋氏書；蹔（暫）釋塵累牽，超然與道俱。門掩
竹林幽，禽鳴山雨餘；了此無為法，身心同晏如。

又：

〈晨登雲際閣〉

晨起踏僧閣，徙倚望平郊；攬巒夏雲曉，蒼茫林影交。暫釋川途念，
憩此煙雲巢；聊欲托僧宇，歲晏結蓬茅。

又：

〈夏日〉二首

夏景已逾半，林陰方澹然；鳴蟬咽餘響，池荷競華鮮。抱痾守窮廬，
釋杯趣幽禪；即此窮日夕，寧為外務牽。

雲臻川谷暝，雨來林景清；齋舍無餘事，涼氣散煩縈。望山懷釋侶，
盥手閱仙經；誰懷出塵意，來此俱無營。〔註121〕

四首詩離不開禪房、僧侶，可見朱熹受佛教的影響是不少。

　　以上所言濂、洛、關、閩宋代理學四大派，受地緣因素影響，各自獨立
成家，然而卻不約而同受佛教所影響。綜觀四大派所屬之地，都是佛教興盛
之地，佛寺林立，當中不少是有學問的高僧。四大派的創始者都是以儒學為
道統，卻用了佛學的研習方式及表述方法，成了精微、慎密的理學。書院是
各派理學發展的平台，各理學家也借助書院發揚自己的學說。宋代書院興盛
與理學有直接關係，但當中不能離開佛教的影響。為了更清楚說明此點，在
附錄（二）列出佛寺在唐五代時的分區表，從分區表中看到濂、洛、關、閩四
派所屬地區在唐五代時是佛寺最多的四個地區。

第四節　宋代書院與理學的關係

　　南北兩宋書院的發展各有不同。五代時，時局紛亂，當時不少文人因時
局艱難而退於山林講學，書院發展不斷擴展，但北宋初，太祖重視教育，大
力興辦教育，官學甚盛，書院發展慢了下來。宋真宗（968～1022）、仁宗（1010
～1063）朝時，理學漸盛，書院也漸多。南宋經金人南侵之役，文人救國心

〔註121〕〔宋〕朱熹《朱子全書》《晦庵先生朱文公文集》卷一，上海：華東師範大
　　　　學出版社，2010年9月，頁232～235。

切，興辦教育，被認為是重要的事，加上理學更為盛行，書院極速擴展。以下分兩部分闡述兩宋書院與理學的關係。

（一）北宋書院發展與理學關係

有關宋代書院的發展，南宋呂祖謙（1137～1181）《白鹿洞書院記》曾有以下一段話：

> 國初，斯民新脫五季鋒鏑之阨，學者尚寡。海內向平，文風日起，儒生往往依山林即閑曠以講授，大率多至數十百人。嵩陽、嶽麓、睢陽及是洞為尤著，天下所謂四書院者也。祖宗尊右儒術，分之官書，命之祿秩，賜之扁榜，所以寵緩之者甚備。當是時，士皆尚質實，下新奇，敦行義而不偷，守訓詁而不鑿，雖學問之淵源統紀或未深究，然「甘受和，白受采」，既有進德之地矣。慶曆、嘉祐之間，豪傑并出，講治益精。至於河南程氏，橫渠張氏，相與倡明正學，然後三代、孔孟之教，始終條理，於是乎可考。熙寧初，明道先生在朝，建白學制教養考察賓興之法，綱條甚悉。不幸王氏之學方興，其議遂格，有志之士未嘗不嘆息於斯焉。建炎再造，典刑文獻寖還舊規，關、洛緒言稍出於毀棄剪滅之餘。晚進小生驟聞其語，不知親師取友以講求用力之實，躐等凌節，忽近慕遠，未能窺程、張之門庭，而先有王氏高自聖賢之病。如是，洞之所傳道義者或鮮矣。然則書院之復，豈苟云哉！此邦之士盍相與緝先儒淳固愨實之餘風，復《大學》離經辨志之始教，由博而約，自下而高，以答揚熙寧開迪樂育之大德，則於賢侯之勸學斯無負矣。〔註122〕

簡述了宋代書院發展的情況。換言之，北宋初年書院並不太普及，當時學者多是「尚質實，下新奇」，至慶曆、嘉祐年間才豪傑並出，濂（周敦頤）、洛（程氏兄弟）、關（張載）相繼而出，那時官學盛行。據《宋史》記載，當時中央有太學，而地方則有州學及縣學，各地貢生能入讀太學上舍，已得賜錢，各州縣有學田維持經濟收益，縣學弟子可免役。〔註123〕當時入讀官學的人相當多，相對來說，書院不及官學的興盛。據鄧洪波《中國書院史》資料，宋代的書院有515所，其中北宋建置71所，南宋則有317所，南宋只有長江以南

〔註122〕〔明〕李夢陽編《白鹿洞書院古志五種》，北京：中華書局出版，1995年11月，頁88～89。
〔註123〕〔元〕脫脫《宋史》，卷一百五十七〈選舉志〉，頁3657～3668。

之地，地方小於北宋，但書院的數量是北宋的 4.5 倍，呂祖謙將此種現象歸罪於王安石，但沒有提到北宋時是十分優待士人，大力興學，能畢業於太學除了仕途有保障外，還有國家的供養。官學興，私家營辦的書院發展較慢，但不代表其發展可以忽視，當中也出現了所謂四大書院。〔註 124〕

北宋時期，君主雖大力發展官學，但同時也鼓勵書院的發展，正如呂祖謙所言，國初儒生往依山林講學，聚徒數十百人。據王應麟（1223～1269）《玉海》卷一百六十七〈宋朝四書院〉說：

> 齊、魯、燕、趙之間，《詩》、《書》、《禮》、《易》、《春秋》、《論語》
> 家名甚盛，則今之書院近之矣。前代庠序之教不脩，士病無所於學，
> 相與擇勝地立精舍，為群居講習之所，為政者就就褒表之，若嶽麓、
> 白鹿洞之類是也。〔註 125〕

宋初時鑑於前代教學不修，士子無所學，有識之士便在山林風景優美之地建精舍，以私家講學方式延續文教風習。宋代君主為了爭取更多文士支持，大力獎勵書院，如賜田、賜額、賜書，又召見著名的山長，封官嘉獎等。〔註 126〕據鄧氏的《中國書院史》的數據，北宋時新建書院以仁宗朝及神宗（1048～1085）朝最多。〔註 127〕前文說慶曆、嘉祐間豪傑並出，周敦頤、程顥、程頤、張載等相繼而出，他們都是理學家，慶曆正是仁宗年號，周敦頤、程氏兄弟等理學家並不是以開設書院作為學問發表的平台，他們多在一些已開辦的書院中講學，例如據《宋周濂溪先生敦頤年譜》說：

> 先生時年四十四，被臺檄按赤水縣簿……先生在合士之從學者甚
> 眾，而尤稱張宗範有文有行，故名其所居之亭曰養心，為之語以示
> 聖學之要，其汲汲於傳道授業也，如此在郡四年，人心悅服。〔註 128〕

所謂傳道授業，多是在書院講學，或是在其居所築書堂講學。據年譜資料，

〔註 124〕據〔宋〕王應麟《玉海》卷一百六七〈嵩陽書院〉：國初，斯民新脫五季鋒鏑之阨，學者尚寡，海內向平，文風日起，儒老往往依山林，即閒曠以講授，大率多至數十百人，嵩陽、嶽麓、睢陽及白鹿洞為尤著，天下所謂四書院者也。《四庫全書》第九百四十七冊，上海：上海古籍出版社，1987 年 8 月，頁 354。

〔註 125〕《四庫全書》第九百四十七冊，頁 352。

〔註 126〕參考鄧洪波《中國書院史》，頁 75。

〔註 127〕鄧洪波《中國書院史》，頁 75。

〔註 128〕〔清〕張伯行《宋周濂溪先生惇頤年譜》，《新編中國名人年譜集成》，臺北：臺灣商務印書館，1978 年，頁 122。

周敦頤曾築書堂於廬山，這些書堂並非是具規模的書院，只是私家講學之地而已。據《江西通志》卷八十一說：

> 濂山書院，在義寧州治東旌陽山麓，宋濂溪周子來分寧時創書院，以延四方游學之士。後人額曰：景濂元季兵燬。明天順三年（1459），知縣羅珉重建。成化十四年（1478），知縣蕭光甫修，知縣用禮易名濂溪書院。〔註129〕

最初周敦頤這所書院，相信不過是私家講學的場所，至明代才修建為濂溪書院。與周敦頤差不多同時的張載〔註130〕，據《宋明理學家年譜》，張載於仁宗嘉祐二年（1057）舉進士，在京師坐虎皮講《易》。〔註131〕四十九歲時曾在武功縣（今陝西省西安城以西）綠野亭講學。〔註132〕可見北宋時的理學家並非如南宋那樣熱衷於開設書院。洛學的程顥、程頤兄弟也是在家中講學。據《宋明理學家年譜》說：

> 先生以親老求閒官，居洛陽殆十餘年，與弟伊川先生講學於家，化行鄉黨，家貧疏食或不繼，而事親務養志，賙瞻族人必盡其力，士之從學者不絕於館，有不遠千里而至者。〔註133〕

這些理學家雖不熱衷開設書院，但他們的學問和風采，吸引了大批追隨者，這些追隨者有部分成為後學，將其學問發揚光大，有部分則開辦書院，邀請同門或別派弟子講學，降及南宋，此風進一步增長。可見北宋書院發展雖不及南宋，但卻為南宋書院發展造就了很好的條件。

（二）南宋書院發展與理學的關係

　　南宋時，官學由盛轉衰，書院數量大增。當時南宋積弱，士人救國心強，便對朝政清議，透過講學，一方面匡正歪風，另一方面把研究心得傳揚開去，因此南宋書院最能表現出與理學各學派的關係。據朱熹《衡州石鼓書院記》說：

〔註129〕〔清〕趙之謙《江西通志》第四冊，臺北：京華書局，1967年12月，頁1788。

〔註130〕據《宋明理學家年譜》，周敦頤生於宋真宗天禧元年（1017），而張載則生於真宗天禧四年（1020）。

〔註131〕于浩輯《宋明理學家年譜》第一冊，北京：北京圖書館出版社，2005年4月。頁44。

〔註132〕于浩輯《宋明理學家年譜》第一冊，頁51。

〔註133〕于浩輯《宋明理學家年譜》第一冊，頁179～180。

> 今郡縣之學官，置博士弟子員，皆未嘗考其德行道藝之素。其所受
> 授，又皆世俗之書，進取之業，使人見利而不見義。士之有志於為
> 己者，蓋羞言之。是以嘗欲別求燕閒清曠之地，以共講其所聞而不
> 可得。〔註134〕

據上文郡縣之學乃官學，未能培養有德行之人，所用之書，都是世俗進取求
利之書，可見官學走向腐敗。南宋半壁江山被金人奪去，加上官學失敗，未
能培養仁人志士，有理想的儒士，便轉向在書院講學，成為一時風氣。北宋
時，濂學的周敦頤、洛學的程顥程頤兄弟曾講學於書院，已有學派與書院結
合之勢。〔註135〕鄧洪波認為最先與理學結合的是湖湘學派的學者，其代表是
胡安國（1074～1138）父子。據《宋元學案》卷三十四，全祖望認為，胡安國
是洛學的大成者，南渡昌洛學，他罷官荊南（今湖南湘潭縣）〔註136〕，與其
子宏（1105～1161）創立碧泉書堂，宏的弟子張栻（1133～1180）也曾在這書
堂講學。〔註137〕胡宏曾在碧泉書院講學時發表《碧泉書院上梁文》：

> 干祿仕以盈庭，鬻詞章而塞路，斯文掃地，邪說滔天，愚弄士夫如
> 偶人，驅役世俗如家隸，政時儒之甚辱，實先聖之憂。今將尋繹五
> 典之精微，決絕三乘之流，遁窮理既資于講習，輔仁式藉于友朋，
> 載卜會文之方，乃堂碧玉之上。……由源逢委自葉，窮根明治亂之
> 所由，豈榮華之或，慕貧者肯甘于藜藿，來共簞瓢，至而未斷其賢。
> 愚惟應誠篤無行，小慧以亂大猷，各敬爾儀，相觀而善，庶幾伊洛
> 之業，可振于無窮，洙泗之風，一回于萬古清朝，大匠告舉，修梁
> 欲見鄙心，聊申善頌。……伏願上梁以後，遠邦朋至，近地風從，
> 襲稷下以紛芳，繼杏壇而蹌濟，雲臺斷棟，來求日㮚之梗楠，天路
> 漸遠，看引風生之駬驪，驅除異習，綱紀聖傳，斯不忝于儒流，因
> 永垂于士式。〔註138〕

胡氏父子基於當時社會情況，大力提倡文教，把洛學加以發揚，其弟子跟從，

〔註134〕 朱熹《朱子全書》二十四冊《晦庵先生朱文公文集》卷79，頁3783。

〔註135〕 參考吳萬居《宋代書院與宋代學術之關係》中的附錄二〈宋代書院師長一覽
表〉，臺北：文史哲出版社，1991年9月，頁342。

〔註136〕 《宋元學案》，頁1171。

〔註137〕 《宋代書院與宋代學術之關係》，頁323～345。

〔註138〕 〔宋〕胡宏《五峰集》卷三〈雜文〉，《四庫全書》第一千一百三十七冊，上
海：上海古籍出版社，1987年8月，頁177。

在荊楚之地建立書院。據鄧洪波的資料，只是湖南一省，在那時已有九所書院復修和創建。胡氏父子之後有張栻，重修嶽麓書院，嶽麓書院更取代了碧泉書院，成了湖湘學派的中心，吸引了大批有志之士求學。

繼湖湘學派士子大建書院外，南宋理學家也紛紛創建書院或在舊有的書院講學，剛才所提的張栻外還有呂祖謙〔註139〕、朱熹等，稱為南宋三賢，都是把書院作為傳播理學基地，尤以朱熹為代表。朱熹所建的書院有位於福建泉州的泉山書院、福建建陽縣的雲谷書院、福建崇安縣的紫陽書院，還有他建議重修的白鹿洞書院。此外他也在嶽麓書院、螺峯書院、石湖書院、滄洲書院、龍山書院、懷玉書院、鵝湖書院講學，學生眾多，其弟子或講學處創建的書院多不勝數，尤以福建為多。位處東南邊的福建，文化因而得到發展，閩學更成為主流之學。到了元代，閩學成了官學，為元、明、清三代科舉考試提供了標準。他建議重建的白鹿洞書院，親筆為白鹿洞書院訂下學規，為書院有學規之始〔註140〕，後成著名學府，與嶽麓書院齊名。

與朱熹理論截然不同的是陸九淵（1139～1193）。陸九淵的心學，同樣得到很多人追隨，當時有所謂朱、陸異同之辯。呂祖謙邀請朱、陸二人對辯，辯論地點為鵝湖寺，後為記念此學界盛事，鵝湖寺也改為鵝湖書院，〔註141〕陸九淵也曾在這書院講學。陸九淵並沒有像朱熹那樣著力於開設書院，但也會在書院講學，包括有懷玉書院、象山書院、鵝湖書院等。〔註142〕陸九淵的學生，卻創建了不少書院，如心齋書院、象山書院、釣臺書院、東湖書院、樓氏精舍等。〔註143〕陸九淵的學生袁燮（1144～1224）和豐有俊合作在南昌縣創辦東湖書院〔註144〕，而袁燮之子袁甫同為陸學門人的楊簡（1141～1226）等把象山精舍改為象山書院，袁甫在〈象山書院記〉有以下的一段話：

> 寧宗皇帝更化之初，與崇正學，尊禮故老，慨念先朝鴻儒碩師，咸
> 錫嘉謚，風厲四方，謂象山陸先生，發明本心之學，有大功于世。
> 教錫名文安，庸示襃美，于是慈湖楊先生，我先人絜齋先生，有位

〔註139〕據吳萬居《宋代書與宋代學術之關係》附錄二：呂祖謙曾講學於麗澤書院、
　　　　拙齋書院、石澗書院。頁 347。
〔註140〕參考朱熹《白鹿洞書院揭示》
〔註141〕〔清〕王懋竑《朱子年譜》卷二註，北京：中華書局，1998 年 10 月，頁 69。
〔註142〕參考吳萬居《宋代書院與宋代學術之關係》，頁 348。
〔註143〕吳萬居《宋代書院與宋代學術之關係》，頁 299～338。
〔註144〕吳萬居《宋代書院與宋代學術之關係》，頁 299。

于朝，直道不阿，交進讜論，寧考動容，稱善天下，學士想聞風采，推攷學問源流所在，而象山先生之道，益大光明。……齋曰：志道明德，居仁由義。精舍曰：儲雲佩玉，又皆象山先生之心畫也。顧瞻之間，已足以生恭敬，消鄙俗。知入德之門，規模信美矣，乃具以本末上之，朝有詔俞之，賜名曰「象山書院」。〔註145〕

據上文，袁甫說到象山先生之道，益大光明，很明顯，他與楊簡改象山精舍為書院目的在吸引更多人習陸學，把陸學發揚光大。當時朱、陸兩派門人爭論不休，而袁甫能夠欣賞到兩派的長處，更批評兩派爭論是不能取為師法。他在《重修白鹿書院記》說：

而所賴以植立不壞，修明無斁者，則必由講學始。蓋道不通行，于萬世不足為道，學者無益于人之家國不足以為學。……休共扶斯道，甫無狀將，指江東且五年建象山書院，于貴溪與白鹿書院，于廬阜豈徒然哉，正欲力辨道誼。功利使士心不昧，所趨以庶幾，實有益于國家耳。……然則南軒、晦菴、象山諸先生講明問辨之學，可無紹而修之者乎。天理人欲之分，南軒、晦菴二先生剖析既甚章明，而喻義喻利之論，象山先生敷闡尤為精。至所以續洙泗之正傳者，日星炳炳，諸先生立身立朝大節，追配昔賢而所以淑諸人者，大要忠君、孝親、誠身、信友，用則澤及天下，不用則無愧俯仰如是而已。言論辨說，特其土苴耳，執言論辨說，以妄窺諸先生之門牆，而于其實德實行，植立修身，有益于人之家國者，乃不能取為師法，則不足為善學矣。〔註146〕

袁氏雖然以陸學為宗，但沒有貶低其他學派的價值，可見他胸襟的寬大，他本是陸學門人，但沒有排斥朱學，還能欣賞到朱學的長處。據鄧洪波的資料，袁氏在鄱陽縣建新的番江書院，在這書院肄業的生徒，會根據他們的性情分送白鹿、象山書院深造，他可說實實在在地體現理學的精神。本文的附錄（二）和（三a），分別列出唐代寺院分區圖，及宋代書院的分布圖及表列，從中可看到佛教、理學與書院數量的關係。

南宋朱熹是閩派宗師，弟子眾多，從南宋書院表中，書院數量比湖南更

〔註145〕〔宋〕袁甫《蒙齋集》卷十三〈象山書院記〉《叢書集成初編》，上海：商務印書館，1936年6月，頁187。
〔註146〕〔宋〕袁甫《蒙齋集》卷十三〈重修白鹿書院記〉。

多，且閩派書院也不限於福建，更廣及其他地區。還有，以呂祖謙為首的金華學派（後來發展成浙東學派），除了麗澤書院外，由他的門人創的書院也不少。張栻與朱熹及呂祖謙同時代，三人合稱南宋三賢，張栻經常在各地院講學，鄧洪波說他的書院「閱歷」最早最豐富。〔註147〕與南宋三賢同時的有陸九淵，據鄧洪波所言「精舍濃縮了儒佛道數百上千年的講學經驗，對精舍的釐定、區分並吸取其養份，正是陸九淵對建置所作的貢獻」〔註148〕。其弟子及再傳弟子也紛紛建書院，使象山書院數量也不少。

小結

　　本章主要講述佛學傳入之後影響著儒學的發展，從融合至紛爭，乃至理學的產生。書院便這過程中得到發展，成為宋以後的一種教育制度。本章從魏晉時的儒學說起，魏晉時正是佛道流行之時，一般論者認為儒學式微，但事實上仍有學者開館聚徒講論儒學，三國時儒學仍居正統地位，太學所學主要是儒學。玄學創始者王弼，他的儒學基礎很好，他注《老子》，注《易》均能看到他援儒入道。那時，尚清談產生很多玄學家，這些玄學家中不少儒學基礎很紮實，其中有著名的「荊州學派」，從古文經學派中，自創出重視義理的方式研究儒家經典，與玄學相契合。

　　佛教自印度傳入，初時佛教寄在道教下，是道教其中一位神祇。自東漢末不斷有從西域來華傳教的大德高僧，如康僧淵、佛圖澄、鳩摩羅什等等，他們學問淵博，品格高尚，深得當時的士大夫所敬仰。他們廣收子弟，翻譯佛經，使佛教漸脫離了道教，其發展更在道教之上。當時玄學盛行，有些高僧大都懂得談玄，玄學是儒家的易學加道家的老莊結合而成。如慧遠、道安等儒學基礎很厚，他們一方面又能談玄，另一方面又能說佛；儒、釋、道三家融合是自然的事，正如牟宗三先生所言，佛教受儒道義理智慧風範之影響。因此佛教一開始便有漢化之勢。

　　隋唐佛教盛於前代，佛寺遍佈全國，僧尼數以萬計。宗派林立，各大派也出現了大德高僧，那些高僧學問基礎好，當然儒學根基也紮實。印度佛經源源不絕流入中土，被翻譯的經書甚多，不少士大夫漸漸接了佛學理論，與

〔註147〕鄧洪波《中國書院史》，頁129。
〔註148〕鄧洪波《中國書院史》，頁129。

僧侶往還頻密，從《全唐詩》找到士大夫與僧人往還的詩句，多不勝數。其中著名的有王維、柳宗元等。佛學似有蓋過儒學之勢，反佛之聲隨之而來，唐初已有人提出排佛，但不成氣候。到了韓愈，以他聲名及著作，歸於道統之聲漸漸壯大。繼而他的學生李翱和應，推及宋代排佛而歸道統之說，理學便在這情況下產生。而這時佛教漢化更甚，禪宗正是漢化後的佛教，對書院甚有影響。

雖云因排佛而生理學，但理學的表述方式、研習方式和論辯方式，均受佛學影響。理學的四大派濂、洛、關、閩，所屬之地，都是佛教興盛之地，佛寺相當多，從地緣因素來推論，四派受佛教影響是自然的事。這些理學家和僧人往來甚密，甚至寄住在寺院內，他們均以佛學表述方式反佛。書院始於唐，成於宋。北宋時，已有規模的書院，北宋官學盛行，再配合科舉，書院發展慢慢起來。南宋時，不論質與量都超越北宋，主因在理學的盛行，各派的門人為了傳揚自身門派學問，紛紛建立書院，書院成了理學發表的平台，加上南宋半壁江山被金人奪去，學者本著救國救民之心，傳道授業為挽救文化維持道統之重要使命，因此紛紛以建立書院為重要的事功。基於以上因素，南宋書院數量遠超過北宋（見附錄三 a，b，c 包括宋代書院分佈圖、北宋書院分省統計表及南宋書院分省統計表），北宋書院合計 3000 所，南宋書院合計29333 所。其中不少是佛寺改建，如嶽麓書院、鵝湖書院等。書院與佛教便是從這曲線下相互結合，相互影響。南宋三賢及其弟子，紛紛建置書院；陸九淵雖對建書院興趣不大，但他能對精舍釐定，吸收精舍的養分，對日後書院制的確立有一定的貢獻。當時的士大夫吸收了佛教禪宗的叢林制度，把原本只有聚徒講學的書院建立完善的制度，其影響包括：書院的祭祀形式、講學形式、學規、管理制度、著書、刻書及藏書以至建築等，不同程度上受佛教所影響，這方面會在第五章及第六章作詳細的論述。

書院與佛教的關係發展，並非是直線而行，時而融合，時而相互排斥。下一章將討論到元、明兩代書院的發展，當中有此消彼長的情況。元代為蒙古人管治，元初對中國文化甚為打壓，停辦了科舉，縱容寺院侵佔書院，文人苦無出路，至元仁宗時才復辦科舉。對書院實行規管，以賜學田方式，控制其經濟來源，加上山長的任命，使書院官學化，更任由佛寺霸佔書院的學田。明代書院建置雖不少，明代書院反之有霸佔寺院田地的情況，書院本與

佛寺有關聯；元、明時，佛寺與書院卻互相爭奪土地，土地影響著彼此的經濟，誰的土地多，誰便有經濟保障，土地是存在的必須條件。同時統治者的取態也是書院與佛寺廢存的關建所在，下一章就這論題作詳細討論。

第四章　元、明書院與佛教彼此的消長

　　書院自宋發展降及元、明，逐步擴大，書院開設已遍及全國各地，遠至邊鎮山區。寺院也發展持續，書院與寺院發展過程中出現紛爭是必然的事。本章首先從佛寺與書院在政治及經濟上不同的境遇來分析，統治者不同的取態，影響了書院與佛教經濟，這反映在田地的資源上。書院自宋以後有學田之設，主要是保證了書院得以營運。寺院自禪宗後創立叢林制，已不再仰賴信眾的供養，而是採取自耕方式，土地便成了寺院基本收入來源。書院與寺院往往因爭奪土地而紛爭。元代時，寺院會因為政府的縱容而奪去書院的學田或是書院用地。明代時也因應地方士人或名士要求而把寺院建成書院，又或是奪去寺院的田地作為學田。本章第一至三節集中說及元、明兩代學田及寺田的由來，繼而談到寺院侵奪書院的情況。明代時，政府一再鼓勵學術，把不少寺院改為書院，從而出現了此消彼長的情況。

　　第四至五節談到，除經濟外，學術的上升與下沉也影響了書院的與佛教的消長。元代儒學沒有因非漢人管治而中斷，至明代時更是人才輩出，反之佛教禪宗獨盛，禪宗那種「直指本心，不立文字」的教學方式使佛教走向世俗化，導致佛教寺僧不少出現腐化情況，也令佛教在學術上的衰微。前文提到書院是理學發表的平台，元代雖由蒙古人管治，但理學並沒有中斷，反令更多士人基於氣節而不仕，退而講學於山林，在山林間開設書院，使書院在逆境中繼續發展，為明代書院興盛而奠下基礎。本章也會討論書院與佛教在學術上的消長情況並分析原因。

第一節　寺田與學田的由來

本節主要是談論寺田及學田的由來，從而帶出寺院與書院的經濟狀況。

（一）寺田

「寺田」由來已久，魏晉時代，由於帝皇的支持，賜田是常有之事，據〈玄中寺碑文〉說：

> 昔大魏六第主孝文帝延興二年，石壁峪鸞祖師初建寺，至承明元年
> 寺方就。至太和八年，本寺崇修大會，感甘露降。厥後帝遷洛陽。
> 至十九年特賜寺莊為夜飯莊子。東至大河北夜叉巖下小河水心大
> 河；南至大橫嶺東昊至龍港塞南武遂溝掌石州分水嶺；西至大河水
> 松嶺西昊小溝子大河北五十嶺分水；北至左掩溝堂後東海眼西海眼
> 為限。〔註1〕

魏晉時代的寺莊多是皇族賜予，僧人若得帝主的賞識，衣食無憂，得享晚年。如晉剡東山竺法潛能逍遙林皋以畢餘年。〔註2〕據黃敏枝引史例證明，如南朝宋孝武帝（363～422）賜錢五十萬給道溫（398～466）建天安寺，宋明帝（439～472）賜錢三十萬並月給錢三萬；又例如後秦桓帝（394～416）弘治十五年（413）施布絹萬給鳩摩羅什（334～413）之師佛陀耶舍等。〔註3〕帝主賜田之舉，歷朝君主皆有發生，視乎君主對佛教信仰程度。君主崇佛者，便慷慨賜田，且佔地甚廣。魏晉時代乃至唐情況頗為普遍，導致佛寺的經濟實力愈來愈強，可以購地建莊園。據黃敏枝所言，佛寺有強大經濟實力的情況，延續至唐以後的朝代。〔註4〕《禪苑清規》卷九〈龜鏡文〉提到寺院的職事中有園頭、磨頭、莊主等，主要是管理寺領莊園，當中包括管理田地、碾磑等。據日僧圓仁（794～864）《入唐求法巡禮行記》卷二說：

〔註1〕黃敏枝《唐代寺院經濟研究》引關野貞、常盤大定《支那佛教史蹟詳解》三冊〈玄中寺碑文〉，頁6。臺北：國立臺灣大學文學院，臺灣大學文史叢刊：33，1971年12月，頁20～21。

〔註2〕〔梁〕釋慧皎《高僧傳》卷四，北京：中華書局，1997年10月，頁157。

〔註3〕據黃敏枝《唐代寺院經濟》引的史料：南北朝時除了鳩摩羅什例子外，南朝宋武帝賜釋道溫錢五十萬貫。宋明帝賜錢三十萬給釋道猛，後並每月錢三萬。宋明帝月給三錢與僧瑾。可見帝主賜錢或田地是很普遍，令寺院經濟龐大起來。頁26～27。

〔註4〕黃敏枝《唐代寺院經濟》，記載唐代寺院經濟已發展到如現代的資本主義的工商業及營利事業，例如無盡藏、長生庫。這些經濟活動均與寺領莊園有關。頁47～48。

寺莊園十五所，於今不少。僧徒本有百來僧，如今隨緣散去，現往
寺者三十向上也。〔註5〕

十五所莊園可說甚多，這大片土地不可能是自行耕作。據姜伯勤《唐五代敦
煌寺戶制度》說早期的僧團是靠乞食維生，後得王族賜田後，便「使人」耕
作；所謂「使人」意思是「淨人」，「為僧作淨」，替僧人作不淨之事，僧人是
修行者，三寶之一，不作不淨之事，那些「使人」便替僧人作淨。大的寺院往
往有田地千畝，這些「使人」便規定為寺院耕作，成為寺院的「僧祇戶」或
「佛圖戶」。〔註6〕畜養奴婢便成常態。據宋王欽若（962～1025）《冊府元龜》
卷五百四十一〈諫諍部〉說：

都下佛寺五百餘所，窮極寵麗，僧尼十餘萬貫，資產沃壤，所在
郡縣不可勝言。道人又有白從，尼則畜養女，皆不貫人籍，天下
戶口，幾亡其半。而僧尼多畜養女，皆服羅紈，其蠹俗傷法抑由
於此。〔註7〕

畜養奴婢最主要是協助耕作，寺戶制度也是基於這原因而產生，這些寺戶源
於替寺僧耕作的佃農。〔註8〕唐末五代時，洪州百丈懷海禪師（749～814），
親自作務，行普請法，上下均力，開創叢林制度。〔註9〕禪寺便採取自給自足
的經濟制度〔註10〕，這便更依賴田地。據《百丈叢林清規證義》（以下稱《義
證》）有詳細資料記載禪寺管理寺田：

監院：執總庶務，如栽培田園，辦糧收租，出納錢米，會計帳簿。

庫頭：專掌支發，收檢一切食用等物，蓋庫司下之任力任勞者也。

磨頭：有乾、有水。乾者，磨米麥等。水者，作豆腐等。

值歲：正理坡務耕種收租等事。

〔註5〕〔唐〕圓仁《入唐求法巡禮行記》，桂林：廣西師範大學出版，2007年12月，
頁83。

〔註6〕姜伯勤《唐五代敦煌寺戶制度》，在吐魯番出土的文書中保留了「使人」的記
載，為寺院耕作，及一些在寺院內的奴婢。北京：中國人民大學出版社，2011
年2月，頁7～9。

〔註7〕〔宋〕王欽若《冊府元龜》第十一冊，臺北：臺灣中華書局，1967年5月，
頁6482。

〔註8〕《唐五代敦煌寺制度》，頁19。

〔註9〕〔宋〕原道撰，顧宏義注譯《新譯景德傳燈錄》卷六，海嘯出版事業有限公
司，2005年5月，頁379～390。

〔註10〕黃敏枝《宋代佛教社會經濟史論集》，臺北：臺灣學生書局，1989年，頁93。

莊主：凡莊田一切事務，俱其專主田界，莊舍、農具悉屬檢點修理。
些小事體，隨時分遣，或關大體，須白常住定奪，收納租例，一以
公平，勿致主佃互虧。

園頭：經理園地，四季栽種，不可荒蕪。〔註11〕

在叢林制度下，有關寺田管理的職事頗多，也很世俗，如出納、收租、管理佃
戶等，可見寺院對寺田的重視程度，同時也看出寺院經濟的多元化。據游彪
《宋代寺院經濟史稿》，宋代寺院除了租賃田地給佃農外，還經營經濟作物，
如茶葉、水果、藥材、養殖蜜蜂、經營碾磑業，油坊、甚至冶金業、紡織業、
文具製造業等。〔註12〕據黃敏枝《宋代佛教社會經濟史論集》研究，宋代寺
院地田地來自：皇室贈田、僧尼捨田入寺、寺院向民間購買、自行開墾、不合
法手段攫取以及租佃等。〔註13〕故宋代後寺田日廣，據宋王禹偁《小畜集》
卷十七〈滁州全椒縣寶林寺重修大殿碑〉說：

聚併闔縣，凡十六院，我皇御極，始賜今額，嘉號寶林，用光布
金。有莊隸屬，桑柔土沃，歲取稼穡，以供香積，靡夏靡冬，僧
來憧憧。〔註14〕

寺田佔據了大量肥沃的土地，影響了民生及國家的稅收。元朝時，不因為非
漢人管治而收斂，相反，佛寺所佔的田地更甚於前代。據明胡粹中《元史續
編》卷十三說：

承天護聖寺田業注：賜山東地土十六萬二千餘頃為永業，戶部奏各
處水旱田禾不收，湖廣、雲南盜賊蜂起，兵費不給，而各位集賽，
冗食甚多，乞賜分揀，帝牽於眾，請令三年後減之。評曰：古者方
里而井，井九百畝，十六萬二千餘頃，為地方百七十里，視古侯伯
兩國矣，不以給民而以資僧寺，是猶剝牛馬以豢虎豹，他日欲耕欲
戰得乎！〔註15〕

一所寺院所占之田地竟達到古代的兩侯國的土地之廣，可見寺田之多。

〔註11〕《百丈叢林清規證義》，香港：法喜精舍，1993 年 12 月，頁 564～680。
〔註12〕游彪《宋代寺院經濟史稿》，保定：河北大學出版社，2003 年 3 月，頁 121～
128，181～187。
〔註13〕黃敏枝《宋代佛教社會經濟史論集》，頁 19～51。
〔註14〕〔宋〕王禹偁《小畜集》，臺北：臺灣商務印書館，1968 年 9 月，頁 234～235
（四庫 1086 冊）。
〔註15〕〔明〕胡粹中《元史續編》第五冊，王雲主編《四庫全書珍本六集》，臺北：
商務印書館，1976 年，頁 15。

（二）學田

本文開始提到學田是書院得以營運的主要經濟來源，學田的由來自五代南唐已開始。據陳舜俞《廬山記》卷三說：

> 南唐昇元中，因洞建學館，置田以給諸生，學者大集，以國子監九
>
> 經李善道為洞主，以主教授，保大中以田錫徵士史盧白。〔註16〕

據上文，南唐先主已在廬山建學，還置田給諸生。廬山國學非書院，卻為書院學田開了先河。宋代繼續以學田方式養士。據宋李燾《續資治通鑑長編》卷九十九〈真宗〉說：

> 判國子監孫奭言：「知兗州日，於文宣王廟建立學舍，以延生徒，自
>
> 後從學者不減數百人，臣雖以俸錢贍之，然常不給。自臣去郡，恐
>
> 漸廢散。伏見密州馬耆山講書、太學助教楊光輔素有經行，望特遷
>
> 一官，令於兗州講書，仍給田十頃以為學糧。」從之。遂以光輔為
>
> 奉禮郎。注：諸州給學田蓋始此。〔註17〕

據上文所述，宋真宗朝比南唐時更進一步擴大學田制。又據《宋史》卷十〈仁宗紀〉說：

> 康定元年（1040）春正月丙辰朔，日有食之。壬戌，賜國子監學田
>
> 五十頃。〔註18〕

仁宗朝又繼承之，南宋時，學田已成定制。學田管理是書院制中重要的一項。據周應合《景定建康志》（以下稱建康志）卷二十九詳細記載明道書院的學田收益、佃戶的田地面積：

> 具虜稍帥府累政撥到田產四千九百八畝三角三十步，註：上元縣徐
>
> 提舉等三戶，佃田七十三畝又三十八畝地，二十一畝一角；江寧縣
>
> 邵仁等一十戶，佃田七十七畝三十八步；句容縣戴日德等四十一
>
> 戶，佃田三百八十六畝二角四十三步地，一十二畝一角二十五步，
>
> 雜產二十六畝二角二十步；溧水縣平登仕等一十四戶，佃田三千五
>
> 百四十二畝四十七步；溧陽縣楊省四等一十八戶，佃田產四百九十
>
> 二畝三十八步。歲入米一千二百六十九石有奇，稻三千六百六十二

〔註16〕〔宋〕陳舜俞《廬山記》，叢書集成初編，長沙：商務印書館，1939 年 12 月，頁 27～28。

〔註17〕〔宋〕李燾《續資治通鑑長編》，北京：中華書局，2004 年 9 月，頁 2303。

〔註18〕〔元〕脫脫《宋史》，北京：中華書局，1977 年 11 月，頁 206。

斤，菽麥一百一十餘石，折租錢一百一十貫七百文，又有白地方廊
錢。〔註19〕

書院經濟來源主要是田租，明顯地不能像寺院那樣多元化，當田產出現了問
題時，書院的經濟便頓時變得困難，因此容易出現了書院田地被侵吞後而要
倒閉的情況。當時學田管理有專人負責，據《建康志》載，書院有錢糧官負責
管理收支。〔註20〕南宋李心傳（1167～1240）《建炎以來繫年要錄》卷一百九
說：

> 權戶部侍郎王俁，申明常平廢弛事件，乞令諸路主管官檢舉約束：
> 一、拘籍戶絕投納抵當財產，及所收租課；二、封樁義倉斛斗；三、
> 出賣坊河渡；四、樁收免役寬剩錢；五、立限召人陳首侵欺冒佃常
> 平田產；六、根，括贍學田租課。已上窠名錢物，自去年正月已後，
> 州縣侵支之數，並立限撥還，自今毋得擅用。從之。〔註21〕

據上文，從陳首侵欺冒學田的佃農事件來看，當時學田是免租的，佃戶只須
繳付費用給書院，以贍養書院的教職員及學生的日常生活。宋末至元初，戰
事頻仍，很多書院遭受破壞，學田混亂，不少已被奪去。直到元統一後，漸注
重文教。據明胡粹中《元史續編》卷一說：

> 立提舉學校注：太祖初平燕京，以金樞密院為宣聖廟，太宗（祖）
> 六年設國子總教及提舉官，至是給六品印，改為大都路學，署曰提
> 舉學校所。至十九年，命諸路皆建學以祀先聖。二十三年詔，江南
> 有學田者復給之。〔註22〕

元朝政府願意歸還學田給書院，歸還後更設法保護不被挪用。據《廟學典禮》
卷一〈都省復還石國秀等所獻四道學田〉說：

> 中書省至元二十年九月十六日，咨該進據，浙東宣慰石國秀等，呈
> 獻江東、江西、浙東、浙西等四道。亡宋時，元撥贍學田產，若令
> 石國秀等，充學產總管府，管領辦鈔三千，定換給各人，宣命不致
> 埋沒等事，為此移咨文，該學校之設，務在養賢，若將學田官為拘

〔註19〕〔宋〕周應合《景定建康志》，清嘉慶六年刊本，臺北：成文出版有限公司，
　　　　1983年3月，頁1171。

〔註20〕〔宋〕周應合《景定建康志》，頁1172。

〔註21〕〔宋〕李心傳《建炎以來繫年要錄》，光緒庚子年廣雅書局刊本，臺北：文海
　　　　出版社，1968年1月，頁3476。

〔註22〕〔明〕胡粹中《元史續編》第一冊，頁12。

收，士類無以奉養，賢才由此而廢。若今各學依舊管領，似為相應
准，此方欲施行間，又據御史臺呈，亦為此事都省議，得江南贍學
田產，所收錢糧，令所在官司，拘收見數，明置簿籍，另行收貯；
如遇修理廟宇，春秋釋奠，朔望祭祀，學官請給住坐生員食供，申
覆有司，照勘端的，依公支用；若有者宿名儒，實無依倚者，亦於
上項錢內，酌量給付養贍，毋令不應。人員中間虛費錢糧，據收支
見在備細數目，每上下半年申報，行省年終類咨，都省照驗所在，
官司亦不得侵支違錯，據合行回咨，請照驗施行。〔註23〕

元朝政府似十分支持書院儒生，學田不用賦稅，更不許其他人包括官員挪用。
據徐梓《元代書院研究》的研究，不是所有學田不用賦稅。〔註24〕元劉岳申
《申齋集》卷五〈白沙書院記〉云：

古者，田皆井授，故黨庠遂序，不聞有田。今文先捐良田入書院內，
歲入租賦於官，使師生廩膳可終歲，此古人所無者一也。近世書院
間有田，而捐田者先有長書院之意，既得一撤……此田與書院相為
無窮，必不見奪於世家，壞於有司，此又其異於近世者，而人皆未
知之。〔註25〕

可見元朝建立後捐獻的學田是要賦稅。又據元虞集（1272～1348）《道園學古
錄》卷八〈藍山書院記〉說：

昔先大父之始，為此也買田以繼師弟子之食，與鄉人之以田來助者，
通計若干畝。純仁與弟顯忠，又以私田若干畝，以增其不足，皆買
諸民田，官仍微其常稅弗除也。〔註26〕

前朝買下的田可不用徵稅，元朝後捐獻的田地便要徵稅。書院唯一的收益來
自學田，元以後捐的田地則要賦稅，意味書院如欲擴充也未能，影響著書院
的發展。

據徐梓《元代書院研究》，書院的學田遠遠不及各路、州、縣的官學學田。

〔註23〕〔元〕佚名《廟學典禮》《四庫全書珍本初集》，上海：商務印書館據文淵閣
　　　　本印行，1934年，頁13～14。
〔註24〕徐梓《元代書院研究》，北京：社會科學文獻出版社，2000年1月，頁109。
〔註25〕〔元〕劉岳申《申齋集》第二冊，王雲主編《四庫全書珍本十二集》，臺北：
　　　　商務印書館，1982年，頁32。
〔註26〕〔元〕虞集《道園學古錄》，中華書局據明刻本校，臺北：中華書局，1966年，
　　　　頁5。

（見附錄四）元代書院學田數量表及元代慶元路各縣儒學學田數量表）根據徐的統計，元代書院學田大都在 1000 畝以下，一般書院要有 500 畝才可維持正常的開銷。書院學田數量表中所列的書院有 64 所，學田在 500 畝以上有 24 所，只佔 37.5%，更有部分書院只得數十畝甚至得十畝。相反路、州、縣學學田相對較充裕，表中所列最少的慈溪縣學也有 405 畝。可見元代書院學田不足影響書院的發展。〔註27〕

第二節　元朝時佛寺侵奪書院的情況

　　書院制度發展到元代，已深入民間社會，其作用不只限在講學上，還有教化、凝聚民眾團結的作用。宋末元初雖是烽煙四起，社會紛亂，有不少有識之士倡議復修書院，賜學田以養儒士。據《廟學典禮》卷四〈正官教官訓誨人材議貢舉撥學田〉說：

> 至元三十一年四月十四日，皇帝登寶位，詔赦內一欵學校之設，所以作成人材，仰各處正官、教官欽依先皇。帝已降聖旨，主領敦勸，嚴加訓誨，務要成材，以備擢用。仍仰中書省議行貢舉之法，其無學田去處，量撥荒閑田土，給贍生徒，所在官司常與存恤。〔註28〕

據上文，元朝政府也能順應當時環境推動書院的建設，把荒廢的土地撥給書院作學田。據《元史》卷八十一〈選舉志〉說：

> 至元十九年夏四月，命雲南諸路皆建學以祀先聖。二十三年（1286）二月，帝御德興府行宮，詔江南學校舊有學田，復給之以養士。二十八年（1291），令江南諸路學及各縣學內設立小學，選老成之士教之，或自願招師，或自受家學于父兄者，亦從其便。其他先儒，過化之地名賢經行之所，與好事之家，出錢粟贍學者，並立為書院。〔註29〕

元代的書院已漸回復到南宋時的數量，但對比於前代，元代書院的增幅大不如前。據白新良《明清書院研究》統計，南宋書院連同各地的書堂、書室、精舍等總計是 500 以上，新建的有 299 所，但南宋國土只有長江以南地區，所

〔註27〕《元代書院研究》，頁 100～107。
〔註28〕《廟學典禮》第二冊，頁 19～20。
〔註29〕〔明〕宋濂《元史》，北京：中華書局，1976 年 4 月，頁 2032。

佔地區遠不及元朝政府。元朝國土幅員是南宋倍數，包括黃河流域地區，書
院總數不過是 402 所，新增的書院也只是 282 所，數量比南宋還少。〔註30〕
元朝政府雖然能出力輔助書院建設，其目的也不過是籠絡人心，減低漢人的
反對力量，因此對書院的控制也比前代嚴密。

　　元朝政府雖輔助書院的建設，但有意無意間縱容寺僧侵吞書院學田，又
或是奪書院地而改寺院。據元黃溍（1277～1357）《文獻集》卷七〈明正書院
田記〉說：

　　　　國朝因之建書院，額設山長員，而茲田之奪於浮屠、老氏者什七八，
　　　　有司漫弗加省也。皇慶初，上新即位，垂意庠序之事，凡田之在學
　　　　官者，冒取有禁，於是總管申侯為閱，累歲之訟牒，而覈其實，悉
　　　　返所侵田；有挾教門檄來爭之者，侯弗為動，乃賂吏瞰侯，在告謬
　　　　為可，疑上其事於宣閫。今山長葉君謹翁白侯，破其計而閫復下于
　　　　郡侯，為徵圖籍，覆按具有本末，田以卒歸。蓋九十年間，祠三徙
　　　　而始有田。不二十年，遽失不守；又三十餘年，廼復葉君念其得之
　　　　難，而保有之不易也，求書于石，以圖永久；溍竊惟三代而降，師
　　　　廢民散，儒失其守，而奪於二氏者，匪直吾疆畎而已，矧夫威恍利
　　　　誘，有甚於二氏者乎。〔註31〕

據上所言，政府雖有法例保護學田不被侵奪，但因佛老等賄賂官員，學田經
年累月還未追回，以致書院失卻經濟支柱，難以維持。以下引數條史料說明
書院被寺院侵奪情況。明胡纘宗（1480～1560）〈重建學道書院記〉載於《吳
都文粹集》卷十三說：

　　　　吳有學道書院尚矣，孔門言子吳人也，封吳公。宋咸淳間，郡守黃
　　　　公鏞奏立書院以祀公，而教育其子孫。故址在郡城西南，隔直錦帆
　　　　涇之上。元初奪於豪僧，至元間山長祖宗震輩改創之。元末復奪於
　　　　僧，國朝又百五十餘年，久不克復，迹益湮晦矣。〔註32〕

以上言學道書院在元代期間兩度被奪，第一次在元初，第二次在至元間（1264

〔註30〕白新良《明清書院研究》中的南宋及元朝書院一覽表，北京：故宮出版社，
　　　　2012 年 7 月，頁 23～61。
〔註31〕〔元〕黃溍《文獻集》，文淵閣本《四庫全書》，上海：上海古籍出版社，1987
　　　　年 6 月，頁 406～407。
〔註32〕〔明〕錢穀《吳都文粹集》，文淵閣本《四庫全書》，上海：上海古籍出版社，
　　　　1987 年 6 月，頁 326。

～1294），乃至久不克復。據《江南通志》卷九十說：

> 淮海書院，初在北固山鳳凰池，宋淳熙中，太常少卿龔基先創建；
> 宋理宗御書四字賜為額。元至元中為甘露寺所併。〔註33〕

同書同卷又云：

> 孔宅書院，在青浦縣北，舊有孔子廟，宋時因其地立書院以養士，
> 元初為寺僧所據，至正時復還書院，置山長主之，里人章弼重修。
> 〔註34〕

同書同卷又云：

> 王守仁記注：東林書院者，宋楊龜山先生講學之所也，龜山沒其地
> 化為僧區。〔註35〕

以上數條史料，都是書院被寺僧所奪的情況，有些在元時能得還復，但有些
要待明朝時才還復。據《浙江通志》卷二十六說：

> 宣公書院注：城東故址遂廢為墟，泰定中，有僧以賄請佃而建庵焉。
> 後至元二年庵災，地復於書院，是歲六月，其僧復創庵如故，山長
> 雖爭之，弗能得也。至正十四年宣徽院判海岱劉公貞為嘉興路總管，
> 至則首治學校之闕，欲新之，而地隘弗稱，乃用推官方君道鑿言，
> 命所司督其僧撤庵歸地，復建書院。〔註36〕

同書同卷又云：

> 安定書院，治湖州府志，淳祐五年，知州蔡節，即城西建元至元間
> 為寺僧所據。延祐中，湖州路總管郝鑑復之，舊有夫子燕居。元統
> 三年山長張蔚修廣之。〔註37〕

上面兩條史料中第一條，是宣公書院被寺僧賄賂官員佔有佃戶而建庵，書院
田產被侵，山長未能爭回，是田產被奪又一例子。據《江西通志》卷八十二
說：

> 懷玉書院……懷玉之名與四大書院相埒，宋末廢。元時改為僧寺，

〔註33〕〔清〕黃之雋《江南通志》第三冊，乾隆二年重修本，臺北：京華書局，1967
　　　　年8月，頁1516。
〔註34〕《江南通志》，頁1514。
〔註35〕《江南通志》，頁1515。
〔註36〕〔清〕沈翼機《浙江通志》第一冊，乾隆元年刊本，臺北：京華書局，1967
　　　　年8月，頁547～548。
〔註37〕〔清〕黃之雋《江南通志》第三冊，頁554。

田併於僧。明成化間僉事方中知縣汪瀅復建書院，清復原田，繼又廢。正德間，提學李夢陽重建，勒石記之，宸濠兵變復為僧踞。嘉靖三十三年，提學王宗沐檄有司改復書院。〔註38〕

據上文，懷玉書院曾與四大書院齊名，元明間也曾屢遭僧寺侵佔，至明嘉靖朝才復原，並復還學田。此外，還有嶽麓書院〔註39〕、白鷺洲書院等。〔註40〕

且看元朝時的佛教，佛寺的營造不亞於前代，據元程文海（1249～1318）《雪樓集》卷七〈涼國敏慧公神道碑〉說：

> 聖壽萬安寺浮圖初成，有奇光燭天，上臨觀大喜，賜京畿良田畝萬五千、耕夫指千、建牛百什器備。十七年建城南寺，二十年建興教寺，二十八年創渾天儀及司天器物；上賓公於私第，為水陸大會四十九日以報，又追寫世祖、順聖二御容，織幀奉安于仁王萬安之別殿；元貞元年建三皇廟于京師，又建萬聖祐國寺于五臺，裕聖臨幸賞白金萬兩。〔註41〕

元朝帝主大力營造佛寺，所賜的良田更甚於前代。又同書卷九〈大護國仁王寺桓產碑〉說：

> 凡徑隸本院若大都等，處者得水地二萬八千六百六十三頃五十一畝有奇，陸地三萬四千四百一十四頃二十三畝有奇，山林河泊湖渡陂塘柴葦魚竹等場二十九，玉石、銀、鐵、銅、鹽、硝鹼、白土、煤炭之地十有五，栗為株萬九千六十一，酒館一隸，河間、襄陽、江淮等處。提舉司提領所者得水地萬三千六百五十一頃，陸地二萬九千八百五頃六十八畝有奇，江淮酒館百有四十，湖泊、津渡六十有一，稅務闌堨各一，內外人戶總三萬七千五十九，實賦役者萬七千九百八十八，殿宇為間百七十五，櫺星門十，房舍為間二千六十五，牛具六百二十八，江淮牛之官者百三十有三。〔註42〕

〔註38〕〔清〕趙之謙《江西通志》第四冊，光緒七年刊本，臺北：京華書局，1967年12月，頁1816。

〔註39〕參考陳谷嘉、鄧洪波《中國書院制度研究》，杭州：浙江教育出版社，1997年8月，頁415。

〔註40〕《中國歷代書院志》第二冊《白鷺洲書院志》卷二，南京：江蘇教育出版社，1995年9月，頁580。

〔註41〕〔元〕程文海《雪樓集》，《圖書集成續編》第二二五冊，臺北：新文豐出版公司，1989年7月，頁75。

〔註42〕〔元〕程文海《雪樓集》，頁98。

根據上文，一所寺院，佔有產業竟有田地、水產、魚場、礦場、酒館、津渡等，規模比現代企業還要大。古代政府有鹽、鐵、酒專賣，而這所寺院已包含了這些專賣物。據任宜敏《中國佛教史·元代》所述，元代的皇家寺院及民間寺院均受到法定保障，幾乎每一朝的帝主都曾下旨任何人不得侵佔寺院任何產業。〔註43〕《元史》卷二百二〈釋老傳〉說：

> 元興，崇尚釋氏，而帝師之盛，尤不可與古昔同語。〔註44〕

據《元史》〈釋老傳〉載，元一朝為帝之師的僧人有八思巴、亦憐真、膽。巴必蘭納識等均為帝師。〔註45〕同書同卷又載：

> 元起朔方，固已崇尚釋教。及得西域，世祖以其地廣而險遠，民獷而好鬬，思有以因其俗而柔其人，乃郡縣土番之地，設官分職，而領之於帝師。乃立宣政院，其為使位居第二者，必以僧為之，出帝師所辟舉，而總其政於內外者，帥臣以下，亦必僧俗並用，而軍民通攝。於是帝師之命，與詔敕並行於西土。百年之間，朝廷所以敬禮而尊信之者，無所不其至。雖帝后妃主，皆因受戒而為之膜拜。
>
> 正衙朝會，百官班列，而帝師亦於坐隅。〔註46〕

僧人成為帝師，享有特權，其地位僅次於皇帝，帝主這樣重視佛教，與書院所得到的待遇有天壤之別。

據鄧洪波《中書院院史》的統計，元代國祚98年，歷八帝，比南宋少50餘年，元代書院共有406所，新建書院有282所，其中以江西為時多有91所，其次是浙江有58所，再其次是福建有31所，各朝中以最後的順宗為最多有71所，其次是開國君主世祖有48所，中段的英宗為最少，只得5所。鄧氏認為元代書院建置總體上是承著南宋之風，書院建置數量是上升。尤以長江以南為主，江西、浙江、福建已有180所書院，佔總約數44%。相對於明代，明代國祚277年，但書院數量是1962所。元代平均數是4.142所，明代平均數是7.083所，明代增長率達171%。（見附錄五a，b，c，d，包括元、明兩代書院分佈及統計圖，元、明兩代書院各朝的統計表，元、明兩代創建人物統計表，及元、明兩代的書院統計表中比較兩朝書院數量與增幅）元代書院

〔註43〕任宜敏《中國佛教史·元代》，北京：人民大學出版社，2005年5月，頁44。
〔註44〕〔明〕宋濂《元史》，頁4517。
〔註45〕〔明〕宋濂《元史》，頁4517～4519。
〔註46〕《元史》，頁4520～4521。

比南宋平均有 2.888 所多，增幅有 143.75%，但南宋只得長江以南也區。元的增幅不及明代。〔註47〕

第三節　元、明朝的佛教政策和書院政策的比較

前節中引了鄧洪波《中國書院史》的數據，元代書院數量比南宋時期是有增長，但元代書院數量的增幅則不及明代，書院與寺院數量的消長主要是取決於統治者的政策。前文主要是說及元朝政府崇佛，對書院則只從政治著眼，出手扶植，目的只是收買人心，雖有學田的賜贈，也不過回復宋以前的田地，新贈田地仍須納稅，也有意無意間縱容寺院霸佔書院的學田及用地。而本節內容，主要是析論明朝政府對佛教的政策及書院政策與前朝的不同，因而產生不同的結果。

（一）元、明兩朝佛教政策的不同

前節提到元朝政府對佛教的政策寬大，帝主十分重視僧人，對寺院的優惠也多。據《佛祖歷代通載》卷二十二說：

> 元世祖皇帝，混一海宇條綱，制度一出，睿思謂以俗制於僧，殊失崇敬，諭天下設立宣政院、僧錄、僧正、都綱司，錫以印信行移各路，主掌教門，護持教法，賴聖天子不匹負佛囑也。〔註48〕

又同書云：

> 詔授浙江等處釋教總統，既至，削玄苛，務從寬大，其人安之，既而改授福建等處總統，以其氣之正數，與同刊乖迕近而不合公，謂天下何事，況教門乎。〔註49〕

元世祖時已設立了宣政院、僧錄司、僧正司、都綱司等管理地方釋教，如上文所言的「主掌教門，護持教法」的僧官制度。據《中國佛教史·元代》宣政院掌釋教僧徒，且看總理全國的政府部門是宣政院。據《元史》卷八十七〈百官志三〉說：

> 宣政院，秩從一品。掌釋教生徒及吐蕃之境而隸治之。遇吐蕃有

〔註47〕鄧洪波《中國書院史》，頁 189～197，261～271。
〔註48〕〔元〕釋覺岸《佛祖歷代通載》卷二十二，《北京圖書古籍珍本叢刊》七十七冊，北京：北京圖書館古籍出版社，1997 年，頁 460。
〔註49〕〔元〕釋覺岸《佛祖歷代通載》卷二十二，頁 461

事，則為分院往鎮，亦別有印。如大征伐則會樞府議。其用人則
自為選。其為選則軍民通攝僧俗並用。至元初，立總制院，而領
以國師。〔註50〕

宣政院秩從一品，可見其官階之高，可看出其重視程度。明朝政府對佛教的
態度迥異，如《明史》卷七十四〈職官志三〉說：

僧錄司，左、右善世二人，正六品，左、右闡教二人，從六品，左、
右講夕經二人，正八品，左、右覺義二人，從八品。〔註51〕……僧、
道錄司掌天下僧道。在外府州縣有僧綱、道紀等司，分掌其事，俱
選精通經典、戒行端潔者為之。

僧錄司總理釋教官秩只是正六品，上文提到俱選精通經典，戒行端潔者為之，
換言之是要透過考核選拔。據《大明會典》卷一百四說：

諭：禮部先令僧道官取勘，禮部同翰林院官禮科給事中及僧道官考
試，能通經典，方准給與。〔註52〕

僧人要通過禮部考試方准給與，很明顯僧道在禮部之下，與元代極不同。據
《明史》卷七十四〈職官志三〉說：

洪武十五年，始置僧錄司、道錄司。僧凡三等：曰禪、曰講、曰教。
道凡二等：曰全真、曰正一。設官不給俸禮部。二十四年清理釋、
道二教，限僧三年一度給牒。凡各府州縣寺觀，但存寬大者一所，
併居之。凡僧道，府不得過四十人，州三十人，縣二十人。民年非
四十以上，女年非五十以上者，不得出家。二十八年令天下僧道赴
京考試給牒，不通經典者黜之。其後釋氏有法王、佛子大國師等封
號，道士有大真人高士等封號，賜銀印蟒玉，加太常卿、禮部尚書
及宮保銜至有封伯爵者，皆一時寵幸，非制也。〔註53〕

據上文載述，不論州府釋、道二教的人數有限制，同時每三年要考試一次才
得度牒，出家年齡上調至男四十，女五十，以防年少出家妨害了國家整體的
生產力，乃至經濟效益。縱然有封號，卻不是可保永遠的定制，只是一時寵
幸，若得不到寵幸，可隨時被奪去榮耀，這明顯看出朱元璋（1328～1398）對

〔註50〕〔明〕宋濂《元史》，頁 2193。
〔註51〕〔清〕張廷玉《明史》，北京：中華書局，1974 年 4 月，頁 1817。
〔註52〕〔明〕李東陽《大明會典》第四冊，臺北：東南書報社，1963 年，9 月，頁
1575。
〔註53〕《明史》，頁 1818。

宗教的控制，也削弱了佛教的力量。太祖曾在皇覺寺為僧，對佛寺日常運作及佛門經典傳授有所了解，因此他便下詔把僧分為三等，曰禪、曰講、曰教，《明太祖實錄》卷一百五十說：

> 乙酉，定天下僧道服色，凡僧有三：曰禪、曰講、曰教，禪僧茶褐常服，青條玉色袈裟；講僧玉色常服，深紅條淺紅袈裟；教僧皂常服，黑條淺紅袈裟；僧官皆如之，惟僧錄司官袈裟綠紋及環皆飾以金。〔註54〕

用服色作來分辨三類僧人，方便官方的識別。對寺院數量也受到控制。據《大明會典》卷一百四說：

> 洪武二十四年，令清理釋、道二教，凡各府州縣寺觀，但存寬大可容眾者一所，併居之，不許雜處於外，違者治以重罪。……又令天下僧道有剏立庵堂寺觀，非舊額者悉毀之。三十五年〔註55〕令清理釋道二教，凡歷代以來及洪武十五年以前寺觀有名額者，不必併歸。新剏者，歸併如舊，永樂十五年，禁僧尼私剏庵院。正統六年，令新剏寺觀曾有賜額者，聽其居住，今後再不許私自剏建。〔註56〕

除了保留了舊有寺庵外，新立的要毀，寺院數量便只能限在一定數量之內，不能進一步增加。除非有賜額，否則不可私自創建寺院。可若有軍事上需要，有些寺田更要把部分田地給邊軍分種。據《明世宗實錄》卷二十五說：

> 戶部尚書孫交覆言，撫言官議是且將三寺地量存供俸，其餘悉召佃種徵其子粒，或即令寺僧就佃與軍民同輸，得旨三寺田土各給寺僧三分之一，其餘召佃起科。〔註57〕

又同書卷八十三云：

> 景泰中令，各寺觀田土每留六十畝為業，餘以給民佃種。此令一行，則不惟奸民不利田土，而不為僧雜小民亦得田土，而不為僧道所兼併矣。夫僧道在，祖宗時防之極周，故處之極善。今法禁廢弛，僧

〔註54〕《明太祖實錄》，臺北：中央研究院歷史語言研究所校印，1966年9月，頁2368。

〔註55〕據《明史》卷五〈成祖紀〉，太祖崩於洪武三十一年，洪武三十一年至三十五是建文帝時，成祖登基後把這四年定為洪武年，故有洪武三十五年，明年是永樂元年，頁75。

〔註56〕《大明會典》，頁1577。

〔註57〕《明世宗實錄》，臺北：中央研究院歷史語言研究所校印，1966年9月，頁0728～0729。

道漸狐蠱惑俗，惟聖明加意，今所司詳議務絕亂源，為遠計號入詔
所司知之。〔註58〕

政府對僧道防範極周，不只限寺院數量、人數，更限田土，使寺院不能如前
朝般佔有大量田地，甚至擁有山林池澤、水產、鑛業等。寺院難以如元代時
擁有大量的莊園農地，寺院經濟無可避免地萎縮。

（二）元、明兩朝書院的政策之不同

上文談到元朝政府縱容寺院侵佔書院學田，導致不少書院無以為計，被
迫停止營運。元朝政府為了加強對書院的監控，在政策上使書院官學化，書
院的山長要由朝廷任命，名雖是養士，實質是加強控制。據《元史・選舉志》
說：

> 凡師儒之命於朝廷者，曰教授，路府上中州置之。命於禮部及行省
> 及宣慰司者，曰學正、山長、學錄、教諭，路州縣及書院置之。路
> 設教授、學正、學錄各一員，散府上中州設教授一員，下州設學正
> 一員，縣設教諭一員，書院設山長一員。中原州縣學正、山長、學
> 錄、教諭，並授禮部付身。各省所屬州縣學正、山長、學錄、教諭，
> 並受行省及宣慰司箚付，凡路府州書院設直學以掌錢穀，從郡守及
> 憲府官試補。……自京學州縣學以及書院，凡生徒之肄業於是者，
> 守令舉薦之，臺憲考覈之，或用為教官，或取為吏屬，往往人材輩
> 出矣。〔註59〕

據上文，州學、縣學的山長由政府所任命並受政府資糧，屬於私學的書院山
長也必須由官方任命，但資糧則要書院從學田收益中支付。〔註60〕書院生徒
更誘之以吏祿，這顯然是書院官學化。自始政府可控制書院，使書院原有的
自由講學風氣受到打擊，這影響甚為深遠。至明、清二朝書院官學化仍然繼
續，雖然建置書院大增，但如南宋那樣成為學派的基地則較難。明萬曆時代
的張居正曾一度打壓書院，書院發展受到打擊，明末的東林黨禍，使東林書
院乃至其他書院受宦官查禁封殺。書院失去了原有自由的學術空間，成為了
除官學外考科舉的訓練場所。

明朝政府對書院政策時有不同，朱元璋統一初期，對書院可說是嚴加壓

〔註58〕《明世宗實錄》，頁1861。
〔註59〕〔明〕宋濂《元史》，頁2032～2033。
〔註60〕徐梓《元代書院研究》，頁109。

抑〔註61〕，書院數量是南宋以來最低。但中葉以後，書院數量漸多，至嘉靖朝更是高峯。據《明太祖實錄》卷二十九說：

> 以崇文治立學，士以冠儒英，重道尊賢，莫先於爾，是用擢居宥密，俾職論思，茲特授以寵章用招國典，尚其勤於獻納，贊我皇綜理人文，以臻至治。〔註62〕

又同書卷七云：

> 命寧越知王府王宗顯開郡學，延儒士葉儀、宋濂為五經師，戴良為學正，吳沈、徐原等為訓導。時喪亂之餘，學校久廢，至是始聞絃誦之聲，無不忻悅。〔註63〕

據上述兩條史料，明太祖並非不重視儒學教育，在卷七提到喪亂後學校久廢，覺得絃誦之聲忻悅，江山尚未太穩固之時已命人開郡學，並招儒士為經師。白新良認為朱元璋是有意地壓抑書院。〔註64〕筆者認為，一朝代的開始當重視教育，教育為國家重要基石，人才是治國的支柱，朱元璋深明這道理，一如過往唐宋時，各朝開國時的君主無不著力於教育，各地的郡學、縣學相繼興辦。當政府重視官學時，私學便會消沉。據《明史》卷六十九〈選舉志一〉說：

> 科舉必由學校，而學校起家可不由科舉，學校有二：曰國學、曰府、州、縣學。府、州、縣學諸生入國學者，乃可得官，不入者不能得也。入國學者，通謂之監生。舉人曰舉監，生員曰貢監。〔註65〕

據上文，明朝開國學時已說明科舉必由學，而學必是官學。又同書同卷說：

> 洪武二年，太祖初建國學，諭中書省臣曰：「學校之教，至元其弊極矣……天下學校未興，宜令郡縣皆立學校，延師儒，授生徒，講論聖道，使人日漸月化，以復先王之舊。」於是大建學校，府設教授，州設學正，縣設教諭，各一。俱設訓導，府四，州三，縣二。生員之數，府學四十人，州，縣以次減十。師生月廩食米，人六斗，有司給以魚肉，學官月俸有差。〔註66〕

〔註61〕參考白新良《明清書院研究》，北京：故宮出版社，2012年7月，頁63。
〔註62〕《明太祖實錄》，頁500。
〔註63〕《明太祖實錄》，頁80。
〔註64〕參考白新良《明清書院研究》，頁66～67。
〔註65〕《明史》，頁1675～1676。
〔註66〕《明史》，頁1686。

上文提到，明太祖初立國有鑒於前朝教育的失敗而大力興學。官學師生更有贍養，可見其對教育的重視，加上科舉的利誘，官學自然興盛。或許朱元璋對自由講學的書院有所顧忌，但翻閱史書，朝代開創之時，政府投放資源在官學上是很自然的事。據明胡謐（生卒年不詳）〈伊洛書院記〉說：

> 國家既內設國學，外設郡學及社學，且專憲臣以董之，其於通祀常教，固皆振舉，而間或廢墜，然諸舊遺書院，以不隸於官，皆蕩然靡存。〔註67〕

據上文，有國學、郡學及學社，這顯然是政府重視官學而輕視私學的結果。

書院發展往往是曲線的，經過明初的沉寂，明中葉又復興起來。據鄧洪波《中國書院史》所載，嘉靖朝新建書院達 550 所，萬曆朝所建書院有 270 所，正德朝所建的書院有 122 所，這三朝新建的書院合共 942 所，明朝國祚二百七十七年，新建書院合共有 1707 所，只是嘉靖、萬曆、正德三朝新建的書院已佔總數 55.2%。〔註68〕這三朝正處於明的中期，這時期正是教育制度出了問題。據清胡鳴玉（生卒年不詳）《訂譌雜錄》卷七〈八股文緣起〉說：

> 今之八股文，或謂始於王荊公，或謂始於明太祖，皆非也。案宋史熙寧四年，罷詩賦及明經諸科，以經義論策試，進士命中書撰大義式頒行，所謂經大義即今時文之祖，然初未定八股格，即明初百餘年，亦未有八股之名，故今日所見先輩八股文，成化以前，若天順、景泰、正統、宣德、洪熙、永樂、建文、洪武百年中無一篇傳也。《日知錄》云：「經義之文流俗謂之八股，蓋始於成化以後。」〔註69〕

據上，可見八股文始於成化後（約 1465～1487），大概是明中葉。據顧炎武（1613～1682）《日知錄》卷十六〈十八房〉說：

> 今制會試用考官二員，總裁同考試官十八員，分閱五經，謂十八房。……有登明列，不知史冊名目，朝代先後字書偏旁者，舉天下而惟十八房之讀，讀之三年五年，而一幸登第，則無知童子儼然與公卿相揖讓，而文武之道棄如弁髦。嗟乎！八股盛而六經微，十八

〔註67〕〔清〕孫灝《河南通志續通志》卷四十三〈學校下〉，光緒八年刊本，臺北：華文書局，1969 年 1 月，頁 899。
〔註68〕鄧洪波《中國書院史》「明代書院分朝統計表」，頁 267～268。
〔註69〕〔清〕胡鳴玉《訂譌雜錄》，臺北：世界書局，2009 年 2 月，頁 73～74。

房興而廿一史廢。〔註70〕

如顧氏所言，不只八股文有害，還有考試制度之害，前文曾引述《明史》卷六十九〈選舉志〉所載，科舉必由學，官學與科舉結合，官學受到科舉所牽制，官學難有所發明，加上考試出現腐敗，情況就更嚴重了。據《明史》卷七十〈選舉志二〉說：

> 弘治十四年，掌國子監謝鐸言：「考官皆御史方面所辟召，職分既卑，聽其指使，以外簾官預定去取，名為防閑，實則關節，而科舉之法壞矣。乞敕兩京大臣，各舉部屬等官素有文望者，每省差二員主考，庶幾前弊可革。」時未能從。……賄買鑽營，懷挾倩代，割卷傳遞，頂名冒籍，惡端百出不可窮究。〔註71〕

弘治時已出現考試腐敗情況，並有官員提出改革，但未成功；後更為腐敗，官學也不振，當難滿足有志之士。據明劉健（1433～1526）〈百泉書院記〉說：

> 吳君伯通，吳君病時流學務枝葉，不根理致嘗白，巡撫李公衍建四書院於河南境內，以祀前賢而勵後進，百泉其一也。〔註72〕

教育與科舉的腐敗與不振，正是這情況下復興書院。據《續文獻通考》卷五十說：

> 初太祖因元之舊，洪武元年立洙泗、尼山二書院，各設山長一人。憲宗成化二十年，命江西貴溪縣重建象山書院。孝宗弘治元年以吏部郎中周木言，修江南常熟縣學道書院。武宗正德元年，江西按察司副使邵寶奏，修德化縣濂溪書院，其時各省皆有書院，弗禁也。〔註73〕

洪武至成化期間開始有帝主重視重建書院，可見政府對書院的政策上是有改變。敖銑（生卒年不詳）〈祭酒敖銑宗室養士田記〉說：

> 嘉靖乙卯，江藩瑞昌王府奉國將軍拱橢者，乃以祿餘所易寺田七十八畝六分移於洞中，以贍諸生。白於巡撫可泉蔡公克廉、巡按御史高公鏞，僉曰：「可。」遂以事授之分巡僉憲李君一瀚，檄南康署縣事任推官讓，遣洞生告於銑曰：「此義舉也。」屬予記之以垂遠。銑

〔註70〕〔清〕顧炎武《日知錄》，上海：上海古籍出版，1985年5月，頁1246～1247。
〔註71〕《明史》，頁1698～1705。
〔註72〕《河南通志續通志》卷四十三〈學校下〉，頁897。
〔註73〕〔清〕高宗敕《續文獻通考》，臺北：新興書局，1958年10月，頁3246。

曰：「嘻！宗室其賢矣乎！夫緇流何為者？世之人往往以田贍之。今
易寺田以養士，其義利之辯蓋不待較而然者。竊聞之，宗室志於學
而好士，天子嘉之，有篤志好學之諭，則其賢夫豈所謂不踐跡者耶！
是故田之入豈為名哉？彼誠欲賴是以報國也。〔註74〕」

明嘉靖朝的王室成員用其餘祿易寺田，給白鹿洞書院以贍養諸生，可見他們
對興辦書院的投入。各地官員、地方鄉紳紛紛創建書院及復修前代書院，即
使太監也有向寺院購買寺田，作為學田給書院。據《白鹿洞志》〈弘治十二年
洞學田記碑陰〉說：

御用監太監董讓，措置銀計一百六十兩，置買本府建昌縣釣臺鄉九

圖泗州寺僧智洪等田，士名、丘段數目，俱載抉契冊。〔註75〕

明代宦官是出名的有權有勢，但也向寺院收購寺田轉送給書院，可證明創建
書院或是復修書院成為了風尚。建置書院需要更多的資源，尤其是學田，更
不時與寺院爭奪，寺院不像過往的朝代受到政府的保護，毀寺建書院時有發
生。下節將詳細析論寺院被書院侵奪情況。

第四節　明代佛寺被書院侵奪情況

據鄧洪波《中國書院史》所述，明代創設、復興、改造書院的人，地方官
佔 52%，民間佔 15.12%，比宋元兩代地方官佔的比例大增。〔註76〕據這些資
料看，明代書院官方色彩甚濃，由於有官員的參與，爭取更多資源興辦書院
就更容易。擁有龐大經濟實力的寺院，當然是興辦書院者要爭奪的對象，加
上有官方的參與，爭取資源上佔了優勢，更重要的原因是明代政府不太支持
佛寺，有意無意間讓書院創辦者奪取寺院的資產或毀寺建書院。以下參考了
丁綱《書院與中國文化》附錄「書院與寺觀關係一覽」〔註77〕，可以見到一
些有關明代毀寺建書院的資料，再翻查地方志，對丁綱的資料稍作補充，並
考證了部分資料，剔除方志找不到的資料，列表如下：

〔註74〕李夢陽《白鹿洞書院古志五種》上冊，《白鹿洞志》卷九，北京：中華書局，
　　　　1995 年 11 月，頁 280。

〔註75〕李夢陽《白鹿洞書院古志五種》上冊，《白鹿洞志》卷九，頁 281。

〔註76〕鄧洪波《中國書院史》，頁 270。

〔註77〕丁綱、劉琪《書院與中國文化》，頁 210～219。

省　別	書院名稱及侵奪佛寺情況	資料來源
河北	1. 瀛洲書院　在承德府治西，舊在城東南，明知縣王遇賓建後，廢移於城北寺中。	《畿輔通志》卷一百一十五。〔註78〕
	2. 崇正書院　在府治西北，舊為天王寺，明嘉靖初知府王騰改建，三十年（1551）知府孫續改名恆陽書院，萬曆改為游擊署，四十年（1561）復建號舍，崇禎十一年（1638）知府范志完改為六諭書院。	同書同卷〔註79〕
山西	1. 麗澤書院　在縣治東北隅，即泗州寺，明嘉靖十三年（1534），分守絲議道吳廷翰改建。	《山西通志》卷三十五〔註80〕
	2. 解梁書院　即廣慈寺，明嘉靖初知州林元叙州判呂柟（1479～1542）撤寺改建。	同書卷三十六〔註81〕
江蘇	1. 忠孝書院　在府城東門外，舊為尼寺，明正德十四年（1519），巡按成英毀之建書院，以祀宋徐績、陸秀夫（1237～1279），設六館以肄多士。	《江南通志》卷九十〔註82〕
	2. 甘泉書院　在府東門外天寧寺東，明嘉靖間，湛若水（1466～1560）講學於此，後御史朱廷立知府易瓚為建書院，御史聞人銓徐九臯知府侯秩增修。	同書同卷〔註83〕
	3. 志學書院　在府治北景德寺後，明嘉靖四十三年（1564）提學耿定向（1542～1597）、知府羅汝芳（1515～1588），建有會講堂左右號舍四十楹，書院西為宛陵精舍。	同書卷〔註84〕頁1521
	4. 崇正書院　在清河縣，明隆慶五年（1571），知縣張性誠以如意庵改建書院，立號舍二十間置齋長二人，領袖諸生，中有講堂，買地為圃以資膏火，天啟間圮。	《江南通志》卷九十〔註85〕頁1517

〔註78〕〔清〕黃彭年《畿輔通志》第七冊，清·宣統二年刊本，臺北：華文書局，1968年12月，頁3744。
〔註79〕〔清〕黃彭年《畿輔通志》第七冊，頁3763。
〔註80〕〔清〕王軒《山西通志》第二冊，清·光緒十八年刊本，臺北：華文書局，1969年5月，頁717。
〔註81〕〔清〕王軒《山西通志》第二冊，頁741。
〔註82〕〔清〕黃之雋《江南通志》第三冊，頁1517。
〔註83〕〔清〕黃之雋《江南通志》第三冊，頁1517。
〔註84〕《江南通志》，頁1521。
〔註85〕《江南通志》，頁1517。

	5. 東林書院　王守仁（1472～1529）記：東林書院者，宋楊（時）龜山先生講學之所也，龜山沒，其地化為僧區，而其學亦遂淪於訓詁詞章者且四百年，成化間（1465～1487），今少司徒泉齋邵先生，以舉子復聚徒講學於其間，生既仕而址復荒，屬於邑之華氏，華氏先生之門人也，以先生之故，其地為書院用。……大明其間，必有溯流以窮源者，亦何淪沒廢置之久，又使某時有司若高君者，以風勵士習為己任，書院必不至於頹圮，又何至化為浮屠之室，而穢蕩為草莽之墟乎，是三者皆宜書之以訓後。	同書卷九十〔註86〕	
	6. 和靖書院　在長州縣界，宋尹焞讀書虎邱庵題齋曰：三畏端平二年胡淳曹豳奏立書院以祀焞後圮，嘉靖初知府胡纘宗以龍興寺改為書院。	同書卷九十〔註87〕	
	7. 金鄉書院　纘宗忝守吳，既復學道書院，爰因佛廬之廢者，復刱金鄉書院，金鄉固子羽之封地也，中為寓公堂，奉子羽像，而嚴事焉復得吳賢之寓……金鄉書院，在西市坊內，國朝嘉靖二年（1523）郡守胡纘宗即永定寺改建，殿堂門廡因舊而改刱焉。	錢穀（1508～1572）《吳都文粹續集》卷十三〔註88〕	
	8. 二泉書院　在無錫惠山寺右，明正德間邵寶建有野橋雲階海天亭　　易臺超然堂。	《江南通志》卷九十〔註89〕頁1516	
浙江	1. 天真書院　嘉靖十五年（1536）丙申巡按浙江監察御史張景提學僉事徐階重修天真精舍立祀田浙江之上，龍山之麓，有曰「天真書院」立祀陽明先生者也，蓋先生嘗遊于斯，既沒，故于斯創精舍，講先生之學，以明先生之道。……今日書院之創，非徒講學，又以明先生之功也。書院始於先生門人、行人薛侃（1486～1545）進士、錢德洪、王畿合同志之資為之，繼而門人僉事，王臣主事，薛僑有事，於浙又增治之，始買田七十餘畝，蒸嘗輔理，歲病不給，侍御張君，按浙迺躋書院而歎曰，先生之	王守仁《王文成全書》卷三十五（附錄四）〔註90〕	

〔註86〕《江南通志》，引王守仁記，頁1515。

〔註87〕《江南通志》，引王守仁記，頁1513。

〔註88〕〔明〕錢穀《吳都文粹集》，文淵閣本《四庫全書》，上海：上海古籍出版社，1987年6月，頁340～341。

〔註89〕《江南通志》，頁1516。

〔註90〕〔明〕王守仁《王文成公全書》，王雲五主編，上海：商務印書館據萬有文庫本印行，1933年12月，頁47。

	學論同、性善先生之功存於社稷皆所宜祀、矧覆澤茲土尤甚惡可忽哉！乃屬提學僉事徐君，階命紹興推官陳讓，以會稽廢寺田八十餘畝為莊屬之書院，又出法臺贖金三百兩，命杭州推官羅大用，及錢塘知縣王釱，買宋人所為衲疇田九十餘畝以益之，於是需足人聚，風聲益樹，而道化行矣。……天真書院本天真天龍淨明三寺地，歲庚寅同門，王子臣、薛子侃、王子畿暨德洪建書院以祀先生。	
	2. 萬松書院 在萬松嶺，宋為報恩寺，元末廢，明弘治十一年（1498）右糸政周木因寺址改建，規制畧如學宮。	《浙江通志》卷二十五〔註91〕
	3. 東萊書院 在慈相寺東，明弘治九年（1496），知縣王良臣復即寺之披雲閣建，嘉靖四年（1525），知縣方日乾重加完繕。	同書卷二十六〔註92〕
	4. 證人書院 《紹興府志》舊為善法寺明，嘉靖間寺廢，知府洪珠改建以祀宋尹和靖先生（968～1028），名古小學劉宗、周重修之率弟子講學於此，額曰：「證人書院」。	同書卷二十七〔註93〕
江西	1. 龍洲書院 在泰和縣治，南澄江上亦名鷺洲書院，宋嘉泰間建甃石為基，創至二十楹，擇春秋補試前列者居之立庠長，周必大有記，謝枋得有跋，後圮於水。明弘治中知縣楊南金改濟渡庵為之，仍額舊名。	《江西通志》卷八十一〔註94〕
	2. 文溪書院 在泰和縣治西二里，宋邑人曾季永藏修於此，紹興間趙師奭記之，久廢。明弘治間（約1488～1505），知縣楊南金改西溪寺為之。	同書卷〔註95〕
	3. 蓮槎書院 在槎燥蓮花寺內，明李材建。	同書卷〔註96〕
	4. 筠陽書院 在府南城朝天坊，宋州學基地，紹興二十二年學徒為廣福寺，明正德八年（1513）知府酈璠改建書院。	同書卷〔註97〕

〔註91〕〔清〕沈翼機《浙江通志》第一冊，頁 537。
〔註92〕〔清〕沈翼機《浙江通志》第一冊，頁 558。
〔註93〕〔清〕沈翼機《浙江通志》第一冊，頁 569。
〔註94〕《江西通志》第四冊，頁 1798。
〔註95〕《江西通志》，頁 1798。
〔註96〕《江西通志》，頁 1786。
〔註97〕《江西通志》，頁 1788。

5. 靜齋書院　在泰和城南龍洲上,明御史陳文鳴建,初為休笑菴。正德間詔毀天下額外寺觀,文鳴因佃是庵為之,既而拓其基,作高漚草堂三間,觀蓮軒、綠野堂、萬卷樓各為廂房以居會學者,羅欽順記。	同書卷〔註98〕
6. 象山書院　在金谿縣西門外二里,明嘉靖間知縣程秀民以西升廢寺改祀象山先生,兩傍翼以號舍棲來學者。	同書卷〔註99〕
7. 雲興書院　在北門外二都,明隆慶二年（1568）,知縣王圻因白雲寺故阯創建。又白雲寺在萬安縣永和鄉,創于唐,寺有紅白二塔,紅者忽一夕飛去,寺後一石穴每日吐鹽以供寺僧,僧鑿穴,遂流沙而鹽絕,後改為書院,朱子來遊榜曰,雲興書社,明洪武間修之。	《江西通志》卷八十一〔註100〕
8. 鍾陵書院　在進賢縣霧嶺,明正德七年（1512）改福勝寺為之。《空同集》:在進賢縣學,背學書院各據崇東南向,而中限以衢始,予毀南嶽廟也。福勝寺僧謂學生陳雲章曰:「請以寺易廟。」陳生曰:「何也？」僧曰:「廟僻而寺臨衢且近市,寺為書院則書院學各據崇相望也,於學便。」陳生以告予,予曰:「可哉易之。」於是徙寺於廟,而以寺為書院,云教諭黃懿訓導談一鳳與陳生等來議書院事,曰夫進賢者故南昌鍾陵鎮也,割為縣書院稱鍾陵書院。	同書卷〔註101〕 又李夢陽（1472～1529）《空同集》卷四十二〈鍾陵書院碑〉〔註102〕
9. 浮洲書院　在浮洲寺,明嘉靖間知府應鳴鳳建。	同書卷〔註103〕
10. 東山書院　宋亡,書院為人所據,而番陽有李榮庭者取復焉,疊山謝公有記,迄我明興而其地又入於寺。弘治間知縣崑山沈時又取復焉。	同書卷〔註104〕

〔註98〕《江西通志》,頁1799。
〔註99〕《江西通志》,頁1810。
〔註100〕《江西通志》,頁1805。
〔註101〕《江西通志》,頁1786。
〔註102〕〔明〕李夢陽《空同集》,四庫明人文集叢刊,上海:上海古籍出版社,1991年12月,頁376。
〔註103〕《江西通志》,頁1824。
〔註104〕《江西通志》,頁1824。

安徽	1. 桐溪書院　在桐城縣西北隅，明嘉靖間知府胡纘宗、知縣沈教移靈泉寺於西，以其地建書院。	《江南通志》卷九十〔註105〕
	2. 皖山書院　在潛山縣舒王臺上，即天寧寺地，明嘉靖間知府胡纘宗，以程、朱二夫子皆嘗至，潛游酢黃榦皆有治績於潛，遂撤寺建書院以祀程朱。	同書卷〔註106〕
	3. 山谷書院　安慶府儒學，舊在正觀門外元末燬於兵。明洪武初，知府趙好德即山谷書院創建在府治之東。在懷寧縣，儒學前。明知府胡纘宗撤佑聖觀之西僧庵為之。	同書卷〔註107〕
	4. 紫陽書院　郡中特建紫陽書院事徽國文公，其地屢遷逓有興廢，其一在縣儒學之右，文公裳衣在焉建自。國初，西向成化庚子郡丞張公改而南向面紫陽山。正德壬申郡守熊公遷廢寺以都形勝，增置堂廡齋舍凡若干楹，為臺為池莫不備具。	同書卷〔註108〕引汪道昆記
	5. 文峯書院　在太平縣治南，明嘉靖中知縣邱振省開福寺建，後知縣劉元凱重修，更名天都書院後圯。萬曆五年（1577），知縣張廷榜重建，後改為公館，知縣潘應化復之，明末復圯。	同書卷〔註109〕
	6. 包公書院　在府城南香花墩上弘治間建。包孝肅公宋之名臣也，其精忠直諫可比漢之汲長孺而過之，視唐魏鄭公出處尤正，其廉節冠一時，趙清獻而下不論也，其載諸宋史者炳，炳與日月爭光，其傳與天地相為，悠久卓乎不可尚已，弟公為廬人仕，於廬者往往以簿書期會，為心求能表章先賢以風後進，則寥乎未之有聞，監察御史陽城，宋君克明來守是邦，未踰年，六事漸舉，百廢具興，謂公乃鄉賢，顧可漫不加之意乎，郡城有河，河之中有洲，舊為浮屠氏所據，太守至，是撤而去之，因相其地庀材陶瓦鳩工事，事南面建屋五間，中坐公之像東西翼，以夾室植竹木於四圍，而環之以牆，前建大門，其地峻疊，石為梯數十級，登焉，題其額曰「包公書院」。	《江南通志》卷四十二〔註110〕

〔註105〕　〔清〕黃之雋《江南通志》第三冊，頁1519。
〔註106〕　〔清〕黃之雋《江南通志》第三冊，頁1519。
〔註107〕　〔清〕黃之雋《江南通志》第三冊，頁1519。
〔註108〕　〔清〕黃之雋《江南通志》第三冊，頁1519～1520。
〔註109〕　〔清〕黃之雋《江南通志》第三冊，頁1520。
〔註110〕　〔清〕黃之雋《江南通志》第三冊，頁802。

	7. 南譙書院　在全椒縣東南二里，明嘉靖中給事戚賢建聚徒講學今圮。縣令及士友畢南山邀入南譙書院書，院舊為尼庵。	同書卷九十〔註111〕 又羅洪先（1504～1564）《念庵文集》卷五〔註112〕
福建	1. 養正書院　地平伽瑜教寺，在烏石山北，明改為養正書院後，復改為提學道書院。金貢亨，臨海人嘉靖時，為福建提學副使，立道南書院，祀程顥、楊時、羅從彥（1072～1135）、朱熹。又擇諸生有志者聚之養正書院。	《福建通志》卷六十二〔註113〕
	2. 考亭書院　在城隍廟東，明正德十六年(1521)知縣龔穎改鳳池庵為鳳山書院祀朱子。	福建通志卷六十三〔註114〕
	3. 崇賢書院　養正書院皆明嘉靖十二年（1533）知縣曹察改廟舍寺宇為之。	同書卷六十五〔註115〕
河南	1. 錦襄書院　在駝岡，舊為尼庵，明嘉靖間提學蕭鳴鳳改建書院。	《河南通志》卷四十三〔註116〕
	2. 輞山書院　在州西，本為清涼寺，屢建屢廢，明嘉靖十年州人張鯤改為輞山書院。	同書卷〔註117〕
	3. 白沙書院　在州西，本名西興國寺，明嘉靖間知州劉魁改置白沙書院。	同書卷〔註118〕
	4. 主靜書院　本永通尼寺，嘉靖間知縣盧學之奉詔改為主靜書院，俾諸生肄業其中。	同書卷〔註119〕
	5. 志學書院　在府城外西關，明成化八年(1472)知府段堅建。改城西所毀尼寺為志學書院，遴郡邑子弟之秀者得五百人羣處其中。	同書卷〔註120〕
	6. 崇正書院　在北城迤東，明弘治中知縣曹豹改高陽寺為崇正書院。	同書卷〔註121〕

〔註111〕《江南通志》，頁 1524。
〔註112〕〔明〕羅洪先《念庵文集》，四庫明人文集叢刊，上海：上海古籍出版社，1993 年 6 月，頁 127。
〔註113〕〔清〕陳壽祺《福建通志》，清·同治十年重刊本，臺北：華文書局，1968 年 10 月，頁 1271。
〔註114〕〔清〕陳壽祺《福建通志》，頁 1300。
〔註115〕〔清〕陳壽祺《福建通志》，頁 1336。
〔註116〕〔清〕孫灝《河南通志續通志》第二冊，頁 896。
〔註117〕〔清〕孫灝《河南通志續通志》第二冊，頁 905。
〔註118〕〔清〕孫灝《河南通志續通志》第二冊，頁 905。
〔註119〕《河南通志續通志》，頁 896。
〔註120〕《河南通志續通志》，頁 902。
〔註121〕《河南通志續通志》，頁 904。

廣西	1. 湘山書院　在湘山寺東堂，曰培桂，明嘉靖九年（1530）督學黃佐建。	《廣西通志》卷一百三十四〔註122〕
	2. 東郭書院　在府城東一里，明嘉靖二十九年（1550）知府王貞吉以千佛堂改建。	同書卷一百三十七〔註123〕
	3. 西郭書院　在府城西一里，明嘉靖二十九年知府王貞吉即崇善寺改建。	同書卷〔註124〕
	4. 中郭書院　在府城南五里，明嘉靖二十九年知府王貞吉因堡平廢寺修建。	同書卷〔註125〕
陝西	1. 芸閣書院　按府志呂氏四賢祠後有芸閣寺，俗呼呂氏庵。弘治中，提學王雲鳳撤佛像匾曰「芸閣書院」。	《陝西通志續志》卷二十七〔註126〕
	2. 文正書院　在北門外二里步壽原巖下，故明德寺也，今故塔存，嘉靖二年改建提學。	同書卷〔註127〕
	3. 岐陽書院　元天曆二年（1329）六月，賜鳳翔岐陽書院額，書院祀周文憲王，仍命設學官，春秋釋奠如孔子廟儀。《元史‧文宗本紀》岐陽書院在府治東，明正德中，知府王江重建。隆慶四年（1570）知府黃翼重修，郡人周易有記。崇禎九年（1636）知府熊應元、鳳翔縣知縣楊大勳增修，《府志》知府王江謁周文憲公祠於岐山，尋太公望遺蹟於寶雞之渭濱，又得召公奭之召亭於岐山縣南，及張獻公子厚祠於湄之橫渠，乃謀諸寮寀及縉紳耆舊相度，于東郭有寺曰寶昌者，地形亢爽，前拱南山，左縈潤水，足為奉神育才之所，遂撤佛宇僧舍之半繚，以周垣中祀周之三公，以橫渠配東西祀名宦鄉賢匾曰「岐陽書院」。	同書卷〔註128〕

〔註122〕〔清〕謝啟昆《廣西通志》，清‧嘉慶五年輯，臺北：文海出版社，1966年6月，頁6641。

〔註123〕〔清〕謝啟昆《廣西通志》，頁6839。

〔註124〕〔清〕謝啟昆《廣西通志》，頁6839。

〔註125〕〔清〕謝啟昆《廣西通志》，頁6840。

〔註126〕〔清〕沈清崖‧吳廷錫《陝西通志續志》，清‧雍正十三年刊本，臺北：華文書局，1969年7月，頁774。

〔註127〕〔清〕沈清崖‧吳廷錫《陝西通志續志》，頁785。

〔註128〕〔清〕沈清崖‧吳廷錫《陝西通志續志》，頁777。

　　據以上表列，侵奪寺院而建書院有：河北 2 所、山西 1 所、江蘇 8 所、浙江 4 所、江西 10 所、安徽 7 所、福建 3 所、河南 6 所、廣西 4 所、陝西 3 所。看來以江淮地區為最多，可推論江淮地區儒學盛，地方官及地方的士紳也較其他地方願意毀寺建書院。據上述資料，洪武朝有 1 所、成化 2 所、隆慶 3 所、弘治 7 所、正德 7 所、嘉靖有 23 所，看來嘉靖朝最多，按比例，這數字與鄧洪波《中國書院史》的統計吻合，也是以嘉靖朝為最多。王守仁也表示，如政府官員以風勵士習為己任，何至化為浮屠之室，而蕩為草莽之墟；於是立志建書院以訓後學。〔註 129〕然而為何是嘉靖朝特別多寺院被侵奪？士人斷不會只在嘉靖朝才立志建書院，其中原因與當時的政治環境有關。據《明史》卷十八〈世宗紀〉說：

> 崇尚道教，享祀弗經，營建繁興，府藏告匱，百餘年富庶治平之業，因之漸替。〔註 130〕

換言之，世宗（1507～1567）是信奉道教的，他對道士十分寵信。據《明史》卷三百七〈佞倖・邵元節傳〉說：

> 世宗嗣位，惑內侍崔文等言，求鬼神事，日事齋醮，諫官屢以為言不納。〔註 131〕

又同書同卷〈陶仲文傳〉云：

> 欲令太子監國，專事靜攝，太僕卿楊最疏諫，杖死，廷臣震慴。大臣爭詔媚取容，神仙禱祀日亟。……御史楊爵、郎中劉魁言及之。給事中周怡陳時事，有「日事禱祠」語。帝大怒，悉下詔獄，拷掠長繫。吏部尚書熊浹諫乩仙，即命削籍。自是中外爭獻符瑞，焚修、齋醮之事，無敢指及之者矣。帝自二十年遭宮婢變，移居西內，日求長生，郊廟不親，朝講盡廢，君臣不相接，獨仲文得時見；見輒賜坐，稱為之師而不名。〔註 132〕

從上文看，世宗是極端地信奉道教，尊道士陶仲文（1475～1560）為帝師。故對佛教當然疏離，甚至反感。據《續文獻通考》卷七十九說：

> 嘉靖十五年五月詔除禁中釋殿燬銷佛骨諸物，時撤大善佛殿，建太

〔註 129〕參考《江南通志》第三冊，卷九十，東林書院條，注附〈王守仁記〉，頁 1515。
〔註 130〕〔清〕張廷玉《明史》，北京：中華書局，1974 年 4 月，頁 250。
〔註 131〕《明史》，頁 7894。
〔註 132〕《明史》，頁 7896。

后宮，禮部尚書夏言，請勅有司以佛骨瘞之中野，帝曰：「朕思此物，
智者以為邪穢，必不欲觀，愚者以為奇異，必欲尊奉，今雖埋之，
將來豈免竊發。」乃焚之於通衢，毀金銀佛像凡一百六十九座，佛
骨佛牙凡一萬三千餘斤。穀山筆塵曰：「嘉靖中，陶仲文邵真以祈禱
用事，請折毀寺院，沙汰僧尼，焚佛骨於大通橋下。」〔註133〕

世宗奉道教而棄佛教，更下令毀佛像、佛骨等，佛教自然地位下降，是奪地
建書院的好時機，當時的士人與地方官紛紛在這時建書院，這解釋了嘉靖
朝特別多寺院被侵奪的原因。書院與佛寺彼此的消長，除了客觀的政治因
素外，還有本身問題。儒學到了明代，王守仁及其弟子大興書院，大有返回
南宋之勢，反觀佛教，禪宗以不立文字為教，無形中令佛教走下坡，漸走向
世俗化。下一節將會討論到佛教與儒學兩者在學術上的興盛與衰落而形成
彼此的消長。

第五節　佛教與儒學的盛衰變化

前節提到佛教與書院發展到元、明時代，由於兩朝政府對二者採取迥然
不同的態度，佛教與書院在經濟上便享有不同的待遇，導致出現此消彼長
的情況，現析論從學術上出現此消彼長的因由。本節主要分兩部分：先析論
元、明兩代佛教在學術方面衰落的原因及情況。第二部分主要是析論儒學
盛衰與書院進一步擴展的關係及情況，重點在分析儒學與佛教彼此盛衰變
化上的關係。

（一）元、明兩代佛教的盛衰變化

唐宋時，士大夫對佛教普遍都欣賞，前文提及連反佛的韓愈、朱熹等與
佛教僧侶來往，或是寄住在寺院中，那時的大德高僧，普遍受社會人士所敬
重。元代時，在蒙古人統治下，佛教所得到前所未有的禮遇。據《元史》卷二
百二〈釋老〉：

釋、老之教，行乎中國也，千數百年，而其盛衰，每繫乎時君之好
惡。是故，佛於晉、宋、梁、陳，黃、老于漢、魏、唐、宋，而其
效可觀矣。元興，崇尚釋氏，帝師之盛，尤不可與古昔同語。維道

〔註133〕〔清〕高宗《續文獻通考》，頁3499。

家方士之流，假禱之說，乘時以起，曾不及其什一焉。〔註134〕

所謂「每繫乎君之好惡」之語，道破千百年來佛教盛衰因由。而元朝佛教的隆盛，也是因統治者所好而已。據《元史》所載的高僧皆是番僧，同時也為帝師〔註135〕，帝師享有種種特權。據《元史》〈釋老〉記載：

> 每帝即位之始，降詔褒護，必敕章佩監絡珠為字以賜，蓋其重之如此。其未至而迎之，則中書大臣馳驛累百騎以往，所過供億送迎。比至京師，則敕大府假法駕半仗，以為前導，詔省、臺、院官以及百司庶府，並服銀鼠質孫。用每歲二月八日迎佛，威儀往迓，且命禮部尚書、郎中專督迎接。及其卒而歸葬舍利，又命百官出郭祭餞。大德九年，專遣平章政事鐵木兒乘傳護送，賻金五百兩、銀千兩、幣帛萬匹、鈔三千錠。皇慶二年，加至賻金五千兩、銀一萬五千兩、錦綺雜綵共一萬七千四。雖其昆弟子姓之往來，有司亦供億無乏。〔註136〕

上文已清楚說明元代為何這重視禮佛，君主即位初更先要隆重地迎接番僧（所謂帝師），上至百官下至平民，每歲要耗費甚巨，相迎供給，地位超然。這樣重視佛教，怪不得是前代所無，然而反令佛教趨向腐化。又同書載：

> 為其徒者，怙勢恣睢，日新月盛，氣焰熏灼，延于四方，為害不可勝言。有楊連真加者，世祖用為江南釋教總統，發掘故宋趙氏諸陵之在錢塘、紹興者及其大臣塚墓凡一百一所；戕殺平民四人；受人獻美女寶物無算；且攘奪盜取財物，計金一千七百兩、銀六千八百兩、玉帶有、玉器大小百一十有一、雜物寶貝百五十有二、大珠五十兩、鈔一十一萬六千二百錠、田二萬三千畝；私庇平民不輸公賦者二萬三千戶。他所藏匿未露者不論也。〔註137〕

據《元史》所載的惡行有盜宋趙氏陵、戕殺平民、姦污婦女、借佛事貪污、受賕鬻官等等惡行，多能以帝師之名而得免於刑責。這樣的情況下，一般重名節的士人多敬而遠之，而好利之徒則積極追隨，佛教難免走世俗化，學術較難得到進一步的發展。據《恕中無慍禪師語錄》卷六說：

〔註134〕〔明〕宋濂《元史》，北京：中華書局，1976年4月，頁4517。
〔註135〕〔明〕宋濂《元史》，頁4517～4524。
〔註136〕《元史》卷二百二，頁4521。
〔註137〕《元史》卷二百二，頁4521。

元崇禮剌麻為帝師，禪剎相望，鐘鼓之聲不絕，豈微也哉。蓋學者
惟見夫位高譽隆，而傾動遐邇者，則嚮風而至，願受法不暇，而不
知得曹溪之正味者殆寡，是不免為有識者之長太息也。〔註138〕

上文說「元崇禮剌麻為帝師」，剌麻即密教。據釋常念（生卒年不詳）《佛祖歷
代通載》卷二十二說：

佛法流於中國久矣，三乘之教風靡九州，其道至焉。唐宋間始聞有
祕密之法，典籍雖猶存，未顯行於世。國初，其道始盛西鄙。統元
中，天子以大薩斯嘉法師有聖人之道，尊為帝師。於是，祕密之法
日麗乎中天，波漸四海。精其法者，皆致重於天朝，敬慕於殊俗，
故佛氏之舊一變於齊魯。〔註139〕

所謂祕密之法即密教，也是密宗。據何劍平〈《元史・禮樂志》中的佛教面具
與元代密教〉所說，密教至元代昌盛達點頂，當時密教在元代流傳五個系統：
傳統密教、印度密教、藏傳密教、西域密教。〔註140〕當時密教的法師為帝師，
地位特別崇高，所以無慍禪師慨嘆位高譽隆，而傾動遐邇，反觀禪宗，得正
味者殆寡。換言之，參學禪宗者是少眾，投向密教者則甚多。為無慍禪師此
話正是當時佛教的寫照。佛教一向以來重視教育，學禪宗者少，明義理者更
少，為吸引更多參學僧侶，接引新進方面無可避免地世俗化。據《了菴清欲
禪師語錄》卷八說：

近日法道陵替，居師位者，出於僥倖，不本宗猷，歆艷浮名，循習
齟齬，務多其類，以為接人，新進後生，一乍入眾，無所知覺，撞
入網中，不能自出。將謂宗門事止於此，政如經鮑魚之肆，不知與
之俱化耳。餘波末流，靡所不至，抑少室之道，廢興有數乎？然而
諸方大剎，星羅棊布，又焉敢謂盡作者以拯淪溺，殆恐魔強法弱，
蔑如之何耳。〔註141〕

據上文提及，了菴禪師慨嘆僧人不能提拔後進，主因在慕浮名，不在本宗派
教義上鑽研，導致沉淪衰落。由於不少禪寺未能引進有為的新進，禪宗便走

〔註138〕《卍續藏經》第一百二十三冊，香港：香港佛教雜誌社，1967 年，頁 442。
〔註139〕〔元〕釋常念《佛祖歷代通載》卷二十二，《四庫全書》1054 冊，上海：上
　　　　海古籍出版，1987 年，頁 765。
〔註140〕何劍平〈《元史・禮樂志》中的佛教面具與元代密教〉載於《佛教與遼金元
　　　　文化──國際學術研討會論文集》，香港：能仁書院，2004 年 11 月，頁 48。
〔註141〕何劍平〈《元史・禮樂志》中的佛教面具與元代密教〉，頁 384。

向衰落。據《佛日普照慧辯楚石禪師六會語錄序》說：

> 近季以來，傳者失真，瀾倒波隨，所趨日下，司法柄之士復輕加印，
> 可致魚目混珍珠，揚眉瞬目之頃，輒曰彼已悟矣，何其易悟哉！人
> 遂詒之，為瓠子之印，非特此也。五家宗要，歷抄而熟記之曰：此
> 為臨濟，此為曹洞、法眼，此為溈仰、雲門。不問傳之絕續，設為
> 活機，如此問者，即如此答，多至十餘轉，語以取辦於口，名之曰
> 傳。公案若是者皆見棄於師者也。今觀師之六會語，小入無內，大
> 入無外，機用真切無愧先德，惟具金剛眼者，有以知余言之有，枉
> 也。余耄矣！厄於索文者繁多，力固拒之此獨樂序之而弗實者，憫
> 魔說之害教，表正傳以勵世也。〔註142〕

禪宗不立文字，唯用口語，宋濂（1310～1381）認為自元季至明初，甚少人能
真正明白前人之言者，此種風氣更延續至明代。

明初時，曾在皇覺寺出家的明太祖，深明寺院的黑暗面，決意整頓佛教，
首先是要僧人考試。據《欽錄集》說：

> 考試天下僧人，能否公同圓議具實奏。〔註143〕

用考試方式讓僧人素質能達標，前文提到太祖把天下佛寺分為三等，「曰禪、
曰講、曰教」，還規限其不同服式以作識別。又同書云：

> 其禪，不立文字必見性者方是本宗。講者，務明諸經音義。教者，
> 演佛利濟之法，消一切見造之業。滌死者宿作之愆，以訓世人。本
> 月二十日本部官欽奉。〔註144〕

這是說，不單要僧人考試以保證其素質，還要規限佛寺的作用及教義。據《欽
錄集》有關規管寺院的條例有多達十五條〔註145〕，其中一條是：

> 今後秀才并諸色人等，無故入寺院坐食僧粥飯者，以罪罪之，註：
> 嗚呼！僧若依朕條例，或居山澤，或守常住，或遊諸方，不干於民，
> 民不妄入，市村官民。欲求僧以聽經，豈不難哉！如此，則善者慕
> 之，詣所在焚香禮請，豈不高明者也，行之歲久，佛道大昌，示之

〔註142〕 〔明〕宋濂《佛日普照慧辯楚石禪師語錄》之序，《中國禪宗大典》第十五
　　　　 冊，北京：國際文化出版公司，1995年2月，頁239～240。
〔註143〕 〔明〕葛寅亮《金陵梵剎志》，《中國佛寺志叢刊》，楊州：江蘇廣陵古籍刻
　　　　 印社，1996年8月，頁212。
〔註144〕 〔明〕葛寅亮《金陵梵剎志》，《中國佛寺志叢刊》，頁212～213。
〔註145〕 〔明〕葛寅亮《金陵梵剎志》，《中國佛寺志叢刊》，頁248～254。

後，官民僧俗人等，敢有妄論垂為者，處以極刑。欽此。〔註146〕

條例規定秀才諸色人等不可無故入寺坐食僧粥飯。明初，太祖只希望到佛寺民眾，皆以參拜為主，不許討論佛學，這措施帶來佛學更深的禍害。宋以前，一般非佛門中人可寄住在佛寺內，甚至在寺院內讀書，從詩詞中屢屢提及佛寺、僧人等便知情況普遍。明代前，名士與僧人交往相當多，名士與僧人常討論學問，這情況對佛學有衝擊作用，令僧人在學問上作更多的思考，無形中使佛學更精進。明代禁秀才寄住佛寺，是阻截了士子與僧人交往的途徑。所謂「不干於民，不妄入市村」，使雙方越走越遠。這情況無助佛理更精進，出色的高僧人更少之又少。據《會稽雲門湛然澄禪師語錄》卷一說：

> 今有一等將個阿彌陀記在懷中，昏沉散亂，打作一團，不分皁白虛度一生，或有強作主宰，半昏半醒，坐得一兩炷香，喚作坐禪得定，或有向方冊中記得名相，謂之通教，或有向古人方便語中，記得兩句，謂之悟道、謂之通宗。如是等有一百二十種癡禪，如永明所論，爾今槩天下莫能逃其所斥，若是真正為生死的，決不入此邪見叢中。〔註147〕

上文指出叢林寺僧，修道不專，昏沉散亂，半睡半醒便說禪定，偶然記起經典的一兩句便說悟道，湛然（1516～1626）這番話，可說是當時叢林寺僧的寫照，可看出叢林寺院僧漸走向墮落，如是者更難吸引有識之士投入佛門中專心修佛。明代姚廣孝（1335～1418）《徑山南石和尚語錄序》云：

> 不數十年，諸大老相繼入滅，禪林中寥寥然，一無所聞，縱有一人半人，號稱善知識者，惟務杜撰僻說，胡喝亂棒，誑嚇里夫巷婦，真野狐種類也。故識者之所哂而不道，祖翁命脉，一髮而已，其可哀乎！間有俊傑之士，深伏草野而不肯出，慮世之涇渭不分，珠璧瓦礫之相混故也。〔註148〕

姚廣孝正是永樂年間人，距離明代開國已有一段日子，禪門卻出現「寥寥然，一無所聞」的情況，間中出現俊傑之士，也歸於山野，隱沒於當世，禪學走下

〔註146〕〔明〕葛寅亮《金陵梵刹志》，《中國佛寺志叢刊》，頁252。
〔註147〕趙曉梅・土登班瑪主編《中國禪宗大典》第十冊，北京：國際文化出版社，1995年，2月，頁650。
〔註148〕《中國禪宗大典》第十五冊，頁525。

坡是無可避免的事。郭朋認為明代佛教「創新者少、因襲者多」。〔註149〕

　　禪學的衰落另一原因是儒學化，失卻了獨立的精神。前章提到儒學受禪宗影響而產生理學，然而理學也影響到禪學。據釋袾宏（1535～1615）《竹窗二筆‧儒佛交非》：

　　　自昔儒者非佛，佛者非儒。予以為佛法初入中國，崇佛者眾，儒者
　　　為世道計，非之未為過。儒既非佛，疑佛者眾，佛者為出世道計，
　　　反非之亦未為過。迨夫傅（奕）、韓（愈）非佛之後，後人又仿效而
　　　非，則過矣！何以故？雲既掩日，不須更作烟霾故。迨夫明教空谷
　　　非儒之後，後人又仿效而非，則過矣！何以故？日既破暗，不須更
　　　作燈火故。覆實而論，則儒與佛不相病而相資。試舉其畧，凡人為
　　　惡，有逃憲典於生前，而恐墮地獄於身後，乃改惡修善，是陰助王
　　　化之所及者佛也。僧之不可以清規約束者，畏刑罰而弗敢肆。是顯
　　　助佛法之所不及者儒也。今僧唯慮佛法不盛，不知佛法太盛，非僧
　　　之福，稍制之抑之，佛法之得久存於世者，正在此也，知此，則不
　　　當兩相非，而當交相贊也。〔註150〕

釋袾宏指出儒佛是相資的，儒、佛不應兩相非，應兩相贊。王煜認為儒家禮法可補助禪林清規的不足，佛法可輔助儒學避談超現實世界，從而對生死輪迴的信仰。〔註151〕上文說到佛法太盛，應稍制抑之，因此倡儒佛相交。儒學與佛學相資正失卻了佛學的獨特性，導致儒釋難辨。據《明儒學案》卷十〈姚江學案〉：

　　　釋氏於天地萬物之理，一切置之度外，更不復講，而止守此明覺；
　　　世儒則恃此明覺，而求理於天地萬物之間，所為絕異。然其歸理於

〔註149〕郭朋《明清佛教》，引笑岩德寶《笑岩集‧北集》卷三〈示經睿二德請益做功夫〉：「初用心，必須出聲，或三個，或五個，或至數回，……或杜口默切，或出聲追審，的要字字分明，不緩不急，如耳親聞，如目親睹，即心即念，即念即疑，心疑莫辨，黑白不分。…當全心力作聲元，咦！那個是我本來面目？」郭朋認為著重念便能做功夫，不過是從「參禪」成了「參話頭」，只是念而不參變作「念話頭」，「念話頭」變成了「口頭禪」，只念不參，如何開悟？參禪變了念禪，反映了禪宗這樣傳承是走向末流的徵兆。福州：新華書店，1982年12月，頁40。
〔註150〕〔明〕釋袾宏《竹窗三筆》，涵芬樓據雲棲法彙本影印，上海：商務印書館，1935年。
〔註151〕王煜〈明末淨土宗池蓮大師雲棲袾宏之佛化儒道及其迫近耆那教與反駁天主教〉，《新亞書院學術年刊》第19期，香港：新亞書院，1977年9月，頁27。

天地萬物，歸明覺於吾心，則一也。向外尋理，終是無源之水，無
根之木，縱使合德本體，上已費轉手，故沿門乞火與合眼，見見暗
相去不遠，點出心之所以為心，不在明覺而在天理，金鏡已墜而復
收，遂使儒釋疆界渺若山河。〔註152〕

上文說釋氏與儒學「歸明覺吾心，則一也」，黃宗羲（1610～1695）認為王守
仁的儒學從本體上理解，與釋氏分別不大，導致儒釋疆界不明。王守仁弟子
眾多，是當時的顯學，他的弟子開設的書院也相當多，受學者更多，影響到
佛教難得到有識之士投身鑽研。明代僧人如釋袾宏等要採取援儒入佛的方式，
以挽救日漸衰落的佛教，從另一方面看，佛教與書院出現了此消彼長的情況。

（二）書院的擴展

元代書院雖有增多，但增長幅度不及南宋。元代書院官學化相當普遍，
然而創建書院者仍以民間為主。據鄧洪波《中國書院史》統計，元代創建的
書院總數是 296 所，官辦有 51 所，僅佔 17.23%，民辦書院有 181 所，佔
61.15%，可見民間仍是書院建設的主要力量。〔註153〕這些民辦的書院有不少
是宋遺民所開辦，宋亡後，有識之士不甘於成為亡國奴，為外族效力，於是
散落民間歸隱講學，延續宋已來的學風。理學不但沒有因朝代改變而中斷，
還在逆境中著力復興書院。前文中提到元代書院被寺院侵奪情況頗嚴重，縱
然有有心辦學的士人，仍有不少因被侵奪而荒廢，書院發展進入寒冬期。

據鄧氏的統計，元代時，長江流域仍是建設書院最多的地區。〔註154〕這
狀況與理學極有關係，南宋只有江南一席之地，理學當然在江南地區興盛，
因此書院建置也多在江南地區，其中以朱熹為代表，朱熹本是安徽婺源人，
活動地從福建到湖南，正是江南地區。朱熹弟子眾多，加上科舉採用了朱熹
的學說作為主要內容。據《元史》卷八十一〈選舉志〉說：

皇慶三年八月，天下郡縣，興其賢者能者，充賦有司。次年二月會
試京師，中選者朕將親策焉，……考試程式，蒙古、色目人，第一
場經問五條，《大學》、《論語》、《孟子》、《中庸》內設問，用朱氏章
句集註。其義理精明，文辭典雅者為中選。第二場策一道，以時務
出題，限五百字以上。漢人、南人，第一場明經經疑二問，《大學》、

〔註152〕〔清〕黃宗羲《明儒學案》，北京：中華書局，1985 年 10 月，頁 182。
〔註153〕鄧洪波《中國書院史》，頁 197。
〔註154〕鄧洪波《中國書院史》，頁 194。

《論語》、《孟子》、《中庸》內出題，並用朱氏章句集註，復以己意結之，限三百字以上。經義一道，各治一經，《詩》以朱氏為主，《尚書》以蔡氏為主，《周易》以程氏、朱氏為主。已上三經，兼用古註疏，《春秋》許用《三傳》及胡氏《傳》，《禮記》用古疏註，限五百字以上，不拘格律。〔註155〕

上言朱熹的著作成為科舉主要的考試內容，朱學更成為了主流學問，其弟子及再傳弟子十分樂意興辦書院，以朱學為主的書院多了起來。不只科舉採用了朱熹的著作，甚至官學也採用朱學為主要的教學內容。據《元史》卷一百七十一〈吳澄傳〉說：

皇慶元年，陞司業，用程純（缺生卒年）公《學校奏疏》，胡文定公《六學教法》，朱文公《學校貢舉私議》，約之為教法四條：一曰經學，二曰行實，三曰文藝，四曰治事，未及行。又嘗為學者言：「朱子于道問學之功居多，而陸子靜以尊德性為主。問學不本于德性，則其敝必偏于言語訓釋之末，故學必以德性為本，庶幾得之。」〔註156〕

吳澄（1249～1333）感慨朱熹之學受到重視，忽視陸九淵的學問，其弊處會導致偏重於言語訓釋，忽略了學以德性為本。清代盛行的訓詁之學，溯本追源，其由來與元代以後重視朱學有關，這論題遠離本文範圍，因此不作討論。朱熹學問受到重視，其弟子及再傳弟子，紛紛建書院。據徐梓《元代書院研究》，朱熹活動的地方就是書院最多的地方，因朱熹活動於江南，書院建置也集中於江南。〔註157〕元代書院密度不及宋代，有關朱子的書院卻不少，為後來明代書院興盛奠下基礎，理學也不會因蒙古人管治而中斷。

元代書院表面上受到官府重視，如山長的任命、學田的賜贈等，但實質是加強對書院的監控，書院在元代發展很局限，反不及佛教受到禮遇。在異族管治下，書院在佛寺勢力不斷擴充下的夾縫中掙扎求存，表面上書院展發受到打擊，卻因在逆境下更重視自身的完善。據《宋元學案》卷八十二〈北山四先生學案〉說：

衛富益，崇德人也。……聞崖山亡，日夜悲泣，設壇以祭文、陸

〔註155〕〔明〕宋濂《元史》頁 2018～2019。
〔註156〕〔元史〕，頁 4012。
〔註157〕徐梓《元代書院研究》，頁 169～170。

二丞相，詞極哀慘。……遂絕意進取。隱居石人涇講學，所謂白
社書院者也。先生立學規，凡薦紳仕元者不許聽講，為人所恨。
至大中，有司薦之，不就，遂遭搆，毀其書院。乃遷居湖金蓋山，
授徒不輟。〔註158〕

又同書卷七十〈滄洲諸儒學案下〉云：

劉應李，字希泌，雲莊弟炳之孫也。初名棨。登咸淳進士，調建陽
主簿。入元不仕，退與熊勿軒、胡庭芳講道于洪源山，共居十有二
年。後建化龍書院于莒潭，聚徒講授，學者多集。〔註159〕

據上文看，元初的宋遺民，歸隱山林教書講，開設書院。元代書院發展不至
中斷，全憑這些士子支持著。同時他們重氣節，不輕易受朝廷所管束，能保
持書院的獨立性。元時書院授到箱制，反令士子重書院教育。據吳澄《嶽麓
書院重修記》說：

然則至元之復建也，豈不以先正經始之功，不可以廢而莫之舉也，
乎豈不以真儒過化之響，不可絕而莫之續也。乎別駕君之拳拳，
加意者亦豈徒掠美名而為是哉！其所願望於諸生蓋甚深也，且張
子之記嘗言，當時郡侯所願望矣，欲成就人才，以傳道濟民也。
〔註160〕

元代時，在異族管治下，儒者更重視傳道濟民，雖在艱難的環境下，更積極
地培育人才，只要配合好時機，書院的發展更為興盛。因此表面上書院與佛
教的關係是此消彼長，在更深的層次上剛好相反，是此長彼消。

以上提到書院發展到明代中葉後十分興盛，新建的書院達千多所，王守
仁的弟子眾多，導致書院更多。據《明儒學案》卷十一〈浙中王門學案一〉
說：

姚江之教，自近而遠，其最初學者，不過郡邑之士耳。龍場而後，
四方弟子始益進焉。郡邑之以學鳴者，亦僅僅緒山、龍溪，此外則
椎輪積水耳。然一時之盛，吾越尚講誦、習禮樂，絃歌之音不絕，
其儒者不能一二數。〔註161〕

〔註158〕〔清〕黃宗羲《宋元學案》，北京：中華書局，2011年10月，頁2790。
〔註159〕〔清〕黃宗羲《宋元學案》，頁2345～2346。
〔註160〕〔元〕吳澄《吳文正集》卷三十七，王雲五主編《四庫全書珍本二集》，臺
北：臺灣商務印書館，1971年，頁3。
〔註161〕〔清〕黃宗羲《明儒學案》，北京：中華書局，1985年10月，頁220。

王守仁（1472～1529）是明代中葉時人，他的「致良知」之學盛極一時，成為了中晚明時代的學術主流。據鄧洪波《中國書院史》有關明代書院的統計，以正德、嘉靖、萬曆三朝所建的書院最多，佔總數 72.37%，而這三朝正是王守仁及湛若水活動的年代，二人常在書院講學，其後學紛建書院。〔註162〕據《明儒學案》，單是王守仁的弟子載於《學案》內已有 82 人，其活動地點從長江到福建、廣東等地，從長江流域到珠江流域，影響之大，除了朱熹外恐難找另一人，因此這些地區的書院數量也特別多。〔註163〕然而陽明之學被稱為禪學，據《明儒學案》卷三十二〈泰州學案〉：

> 陽明先生之學，有泰州、龍溪而風行天下，亦因泰州、龍溪而漸失
> 其傳。泰州、龍溪時時不滿其師說，益啟瞿曇之秘而歸之師，蓋躋
> 陽明而為禪矣。〔註164〕

明初至中葉，佛學轉弱，這時卻有王守仁之學，他不以釋氏之學為目標，卻採取了禪宗的修行方式，據《明儒學案》卷十〈姚江學案〉：

> 先生之學，始泛濫於詞章，繼而徧諸考亭（朱熹）之書，循序格物，
> 顧物理吾心終判為二，無所得入。於是出入於佛、老者久之。及至
> 居夷處困，動心忍性，因念聖人處此更有何道？忽悟格物致知之旨，
> 聖人之道，吾性自足，不假外求。其學凡三變而始得其門。自此以
> 後盡去枝葉，一意本原，以默坐澄心為學的。〔註165〕

王守仁的學問是否為禪學有待進一步的研究，然而修行功夫卻與佛教甚為相似，所謂默坐澄心為學，相當於佛教的禪定。禪學融入了儒學，在書院中展現出來。佛教走向世俗化，佛學難有新突破，無可避免地衰落，但若從另角度說，佛學又輾轉從另一場所興盛。

小結

本章主要是析論佛教與書院彼此消長情況。佛教發展至元朝時代，從經濟角度看，可說是達到了高峰，但蒙古君主所信奉的佛教是藏傳佛教〔註166〕，

〔註162〕鄧洪波《中國書院史》，頁 303。
〔註163〕關於書院明代書院分佈參考鄧洪波《中國書院史》，頁 266。
〔註164〕〔清〕黃宗羲《明儒學案》，頁 703。
〔註165〕《明儒學案》，頁 181。
〔註166〕任宜敏《中國佛教史‧元代》，頁 10。

據《元史‧釋老傳》為帝師的多是番僧，〔註167〕得到君主的特別的重視，即使不是藏傳佛教，其他各派的佛教的也受到尊重，其地位反高於宋朝。〔註168〕佛教發展至明代，自明太祖開始便對佛教有種種限制。書院方面，元初沒有增長，至元間書院才得到增長，據鄧洪波的元代書院統計表，元代中葉時書院發展進入低潮，元末數量才大增，元代江山面積遠大於南宋，增長率不及明代，明朝則增長幅度甚大。唐宋時，佛學與儒學有融合有紛爭，元明間卻是此消彼長的情況。

　　不管是書院或是寺院，營運總不離經濟的支持，本章首先是從經濟方面討論。書院與佛寺主要的經濟來源是田地，書院有學田，寺院有寺田。佛教初傳入中國時，僧人以乞食維持生計，以苦行式在寺院修行。後有賜田情況，此等田地稱為寺田。禪宗興起，洪州百丈懷海禪創叢林制度，寺院更倚賴田產維持。寺田起源甚早，魏晉時代已有帝主賜田，至後世君主續有帝有賜田、賜錢之事，導致寺院經濟龐大。佛教僧侶更懂得運用各種不同方式增加經濟收入，例如在種植經濟作物，如茶葉、水果、藥材、養殖蜜蜂等，更有磑坊、油坊、紡織業等經營，經濟多元化。書院方面，其主要經濟來源是學田，學田源於古代養士觀念；五代時，南唐於廬山創國學，以租田地給佃農，其收益供給各生員。書院學田，最早在宋代才有賜贈學田。

　　書院營運重點在教學，不會發展多元經濟，只要田地一但被奪去，書院便會倒閉。元代時因政府的縱容，有不少學田被寺院奪去，有些寺院更侵奪書院用地，乃至書院受打擊而廢毀。寺田則連綿阡陌，寺院經濟實力厚雄，更甚者可達諸侯國的土地。明太祖曾在皇覺寺出家，即位後對佛教重新規管，更要寺僧考試。從明太祖對佛教的各項措施來看，明太祖對佛教的規管主要從政治上著眼多於對佛教的信奉。之後各朝的君主中，明世宗崇信道教，故嘉靖朝對佛教的打壓特別嚴重，使佛教受到更大的衝擊。

　　元代時，書院並沒有因蒙古人管治而中斷，相反不少重氣節的宋遺民士人，散落民間後透過講學延續儒家文化傳統。然而書院官學化嚴重，山長是政府所任命，形成對書院的監控，加上縱容寺院任意侵奪書院的田地及用地，使書院發展受到限制，書院數量有所消減。元朝國土是南宋倍數，書院總數還不及南宋之多，南宋有 500 所，新建的有 299 所。元朝書院總數 402 所，

〔註167〕〔明〕宋濂《元史》，頁 4517～4524。
〔註168〕任宜敏《中國佛教史‧元代》，頁 6。

新建的有 282 所。若非南宋末士大夫的奮力於講學，以保文化的傳承，元代書院數量可能進一步減少。元朝很明顯是佛教長、書院消的時代。明初，君主大力興辦教育，官學得到發展，書院發展受到阻礙，但中葉後，書院發展受到官民雙方的重視，書院又再蓬勃發展，反而奪去了寺院的寺田或用地建置書院。其所奪的數量也相當驚人，佛教發展受一定的打擊。這時佛教與書院彼此消長上，佛教是消，而書院是長。

佛教是宗教，當有一定信眾，為何能輕易地被地方官民侵奪？元代君主隆佛，然而所隆者是密教，非已在中國流傳甚久的主流宗派，為富貴而投向了密教，禪宗及其他宗派自難吸引更多入參佛。唐宋後禪宗獨盛，當中知識分子以禪修為修行方法之一，而非自一種宗教信仰。〔註169〕經元代對知識分子打壓，尤以長江流域以南為甚，使知識分子也再沒閒餘禪修。已融入中國傳統的佛教，例如禪宗，無可避免地走向衰落。佛教密宗自元代受政府所隆禮後，佛教僧人反而趨向腐化，僧人惡行昭張，為民眾所棄，有識之士也恥與之為伍。明太祖有意整頓佛教，反而給了佛教教育的枷鎖，使一般士子未能像唐宋時與佛教僧人交往甚密，無助其義理上的精進。

唐宋後獨盛的禪宗，其教育以「不立文字」的方式，後學未能真正的明瞭佛理，使佛學未能有所突破，因循者多，更促使佛教衰落而走向世俗化。黃宗羲有如此評論：

> 世無文章久矣，釋氏為尤甚。釋氏以不立文字為教，人亦不以文章
> 為家法度律之，故今日釋氏之文，大約蟫蝓在東，莫之敢指。〔註170〕

有僧人曾努力地阻止這股頹風，為了配合時代需要，釋袾宏等僧人，主張儒釋道共融，反使佛教失去其獨立性。

宋亡後，不少士子以宋遺民自居，不仕於當朝政府，延續宋代以來的理學。書院作為理學的平台，書院在民間協助下繼續興辦。這期間雖還不斷地受佛教勢力所侵凌，書院的興辦者與後繼者，反更重視自身的責任，使理學更為發揚。元政府把朱熹之學納入科舉考試範圍，無形中助長了理學的普及化。明代時，理學更得到進一步發展，王守仁之學，滲入了禪學，王守仁與湛

〔註169〕徐復觀《中國藝術精神》說：「自禪學在僧侶中已開始衰微，在士大夫中卻盛為流行的北宋說起，禪此後的士大夫而言，成為一種新地清談生活。」臺北：學生書局，1981年3月，頁375。

〔註170〕節錄自陳垣《清初僧諍記》卷二〈靈巖樹泉集諍〉引黃宗羲之話，《陳垣先生全集》第九冊，新文豐出版，1993年9月，頁560。

若水二人及其弟子，在長江流域至珠江流域地區大力發展書院，使書院數量大增，更遠超前代。佛教衰落，禪學融入了儒學後，卻在書院中展現出來。

　　佛教與書院彼此的消長關係，不只要看其實質的數量及經濟實力，還要看其自身的發展。自魏晉至宋代，儒釋融合之餘還不失其本身的獨特性。然而明代後，佛教走向世俗化，迷信之風充斥寺院，異端如白蓮教等出現，打著佛教的旗號，實行作奸犯科罪行，使佛教一再蒙污。明末清初，據陳垣《清初僧諍記》研究，臨濟宗與曹洞宗兩派門戶勢力之爭，佛教義的出世思想顯未發揮作用，明亡後出現大批遺民僧，遺民逃禪，不甘為臣異姓，卻多奉敕開堂，故有祝頌之詞。尤有甚者，結交貴游，出入公庭。〔註171〕這都是說明佛教的沒落。明末書院曾受到打擊，但無阻書院的繼續發展，書院遍及全國，甚至鄰國韓國、日本等地也建書院。與書院息息相關的理學，到清代後則被乾嘉之學所取代，書院不再只是理學的平台，反而更是教育普及的重要基地。清代至近代書院與佛教的關係又出現新形勢，二者是融合還是互為排斥？又或是各不關涉，各自走上不同的道路？實有待作進一步的探討。

　　下一章開始主要是析論佛教與書院在制度上的關係，包括有祭祀、講學形式、學規、管理、藏書及刻書、建築等七方面，並且就每一項制度分析佛教影響到書院過程及結果，期望總結出書院是揉合禪宗與儒學的產物。

〔註171〕陳垣《清初僧諍記》卷二，頁596。

第五章　書院各種制度與佛教的關係（上）

　　前數章主要討論作為儒家大學堂的書院與佛教的源流和演變，以及相互影下的文化面貌。書院發展致宋代各項制度已完備，前數章中主要談及發展的過程，未深入書院各項制度中分析佛教對書院的影響，因此本章及下一章的內容主要是討論佛教對書院的各種制度的影響。鄧洪波說：

> 研究學問、教學傳道、藏書、刻書、祭祀學派祖師、經營田產等成
> 為書院的六大事業。〔註1〕

儒學與佛學在義理上相互影響下，使書院漸走向制度化，便需要基本的管理原則。佛教寺院早已定下了管理規模，也正好為書院作參考或借鑑之用，書院和寺院在各項規章制度也相互影響。本章正是析論佛教與書院在祭祀、講學形式、學規、管理、藏書、刻書及建築等七方面的相互影響情況。

　　由於內容涉及的範圍甚廣，篇幅頗長，因此分為兩章。本章討論的是祭祀制度、講學形式、經講義疏、學規等四節，第六章討論的是管理制度、藏書及刻書、建築等三節，兩章合共七節，小結在第六章結尾。

第一節　書院的祭祀制度與佛教的關係

　　古代社會，重視祭祀，有祭祀與政治不分開，學由祀而來，因此把書院祭祀作為首項要討論的制度。書院每年均舉行隆重的祭祀儀式，鄧洪波《中國書

〔註1〕鄧洪波《中國書院史》，上海：東方出版中心，2006年1月，頁153。

院史》有關書院祭祀中言，書院重視祭祀有兩項目的：一是確立學統，二是尊前以勵後學。隆而重之的祭祀儀式，有別於一般的宗教祭祀，是有尊師、重道、崇賢、尚禮的含義。〔註2〕有關書院的祭祀，據《白鹿洞志》卷四說：

> 洞學有祠，為釋菜設也。釋菜，禮之最質者。何取焉？示敬道也。
> 夫道原于天，先師得天之統而以之率人，故人人不失其天之所以與
> 我者，是能以天之道事也，故從其質也者。質也者，文之所由生也，
> 故加釋奠焉。洞自文公創修是禮，又以錢遺後守，建禮聖殿，其所
> 從來久矣。摳衣而入其門者，尚可不知所敬業乎？然祀有品儀，禮
> 有中制，不揆侗昧，願言相之，以俟知禮者擇焉。〔註3〕

釋菜，示敬道，正是白鹿洞書院行祭祀之禮的主因，有學者認為此即所謂「廟學」〔註4〕；「廟學」傳入了書院，書院也重視祭祀。以下先討論廟學源流，並與寺學比較，再歸結出佛教對廟學的影響。

（一）廟學

書院的祭祀源於古。據《禮記》卷十二〈王制〉說：

> 天子命之教，然後為學。小學在公宮南之左，大學在郊。天子曰辟
> 雍，諸侯曰頖宮。注曰：「學，所以教士之宮。《尚書》傳曰：百理
> 之國，二十里之郊；七十里之國，九里之郊；五十里之國，三里之
> 郊。此小學、大學，殷之制。」〔註5〕

上文表示殷代已有學校之設〔註6〕，學校不只是教學場所，更是祭祀之地。又同書同卷說：

> 天子將出征，類乎上帝，宜乎社，造乎禰，禡於所征之地，受命於

〔註2〕鄧洪波《中國書院史》，頁158。

〔註3〕李夢陽編《白鹿洞書院古志五種》上冊，北京：中華書局出版，1995年11月，頁182。

〔註4〕參考高明士《中國教育史》，引馬端臨端《文獻通考》卷四十三〈學校考‧祠祭襃贈先聖賢〉：則凡學莫不有先聖之廟矣。……皆言廟而不及學，蓋衰亂之後。」因此高氏認為唐到宋已完成廟學體制。臺北：臺大出版中心，2004年9月，頁135。

〔註5〕〔清〕孫希旦《禮記集解》卷十二引鄭玄註，北京：中華書局，1995年5月，頁333。

〔註6〕李學勤主編《十三經注疏》十二冊《禮記正義》卷十二注：云「此小學大學，殷之制」者，以下文云「殷人養國老於右學，養庶老於左學」則左學小，右學大。此經云「小學在公宮南之左」，故知殷制也。北京：北京大學出版社，2000年12月，頁434。

祖，受成於學，定兵謀也。註曰：「禡，師祭也，為兵禱也，其禮亦亡。」受命於祖。註曰：「告祖也。」受成於學。註曰：「定兵謀也。」出征執有罪，反，釋奠于學，以訊馘告。註曰：「釋菜奠幣，禮先師也，訊馘所生獲斷耳者。詩曰：『執訊獲醜』，又曰：『在頖獻馘』馘或為聝。」〔註7〕

大學既為祭祀之地，自然會釋奠於學。篇中所謂「受成於學」，孔穎達（574～648）疏說：

受成於學者，謂在學謀論兵事好惡可否，其謀成定，受此成定之謀在於學裏，故云受成於學。〔註8〕

王夢鷗認為，「受成於學」意思是出兵時決定戰爭謀略於大學裏，出征歸來後也需釋奠於大學。〔註9〕可見古代巫術，凡事求神問卜之制尚存在。及後去巫之觀念漸成，重視學禮。據《大戴禮記》卷三〈保傅〉第四十八說：

及太子少長，知妃色，則入於小學。小者，所學之官也。註曰：「古者，太子八歲入小學，十五入太學也。」學禮曰：帝入東學，上親而貴仁，則親疏有序，而恩相及矣。帝入南學，上齒而貴信，則長幼有差，而民不誣矣。帝入西學，上賢而貴德，則聖智在位，而功不匱矣。帝入北學，上貴而尊爵，則貴賤有等而下不踰矣。〔註10〕

所謂貴仁、貴信、貴德、尊爵正是太子學禮主要內容。學禮雖說是去巫的觀念，但祭祀必不可少，太子學禮正是從祭祀開始。據《禮記》卷二十〈文王世子〉說：

凡學，春官釋奠于其先師，秋冬亦如。註曰：「周禮曰：凡有道者，有德者，使教焉。死則以為樂祖，祭於瞽宗。此之謂先師之類也」。凡始立學者，必釋奠於先聖先師，及行事必以幣。註曰：「承先聖之所作以教於大學者，先師也若伯夷、后夔是也。立學禮重，故祭及先聖；四時常奠禮輕，故惟祭先師。」〔註11〕

〔註7〕〔清〕孫希旦《禮記集解》卷十二引鄭玄註，頁333。

〔註8〕《禮記註疏》卷十二《四部備要》中華書局據阮刻本校刊本，臺北：臺灣中華書局，1966年，頁2～3。

〔註9〕參考王夢鷗《禮記今註今譯》的解釋，臺北：臺灣商務印書館，1981年12月，頁220。

〔註10〕黃懷信主撰《大戴禮記彙校集注》，西安：三秦出版社，2005年1月，頁337～338。

〔註11〕〔清〕孫希旦《禮記集解》卷十二引鄭玄註，頁559～560。

上文提到立學先釋奠於先聖先師，周代時以堯、舜、禹、湯、文、武、周公為先聖，以伯夷、后夔為先師。至漢代鄭玄注時說「先聖，周公若孔子」〔註12〕，換言之孔子已代替了周公成為了聖人。據馬端臨（1254～1323）《文獻通考·學校考》四的記述，漢高祖（前256～前195）自淮南回都時路經魯時曾祀孔子〔註13〕，相信是祭祀孔子之始。〔註14〕漢武帝（前156～前87）置太學，目的在於學禮，《漢書》卷六〈武帝紀〉說：

> 詔曰：「蓋聞導民以禮，風之以樂，今禮壞樂崩，朕甚閔焉。故詳延天下方聞之士，咸薦諸朝。其令禮官勸學，講議洽聞，舉遺興禮，以為天下先。太常其議予博士弟子，崇鄉黨之化，以屬賢材焉。」
> 丞相弘請為博士置弟子員，學者益廣。〔註15〕

舉遺興禮，即重視禮樂之教。據《後漢書》卷一百九〈儒林列傳〉說：

> 建武五年，乃修起太學，稽式古典；籩豆干戚之容，備之於列，服方領習矩步者，委它乎其中。〔註16〕

所謂籩豆，是祭祀時的禮器，可見學禮和祭祀分不開。漢武帝尊儒，儒學和學禮是二為一體。《禮記》〈學記〉篇說：「大學始教，皮弁祭菜，示敬道也」，出於對傳統儒學尊敬。漢明帝永平二年（59），郡縣行鄉飲酒禮於學校，皆祀聖師周公孔子。〔註17〕祭祀先聖先師於學校成了定制，漸漸形成所謂「廟學」。〔註18〕據《南齊書》卷九《禮上》說：

> 永明三年正月，詔立學，創立堂宇，召公卿子弟下及員外郎之胤，凡置生二百人。其年秋中悉集。有司奏：「宋元嘉舊事，學生到，先釋奠先聖先師，禮又有釋菜。未詳今當行何禮？用何樂及禮器？」
> 尚書令王儉議：「《周禮》：「春入學，舍菜合舞」《記》云：「始教，皮弁祭菜，示敬道也」。又云「始入學，必祭先聖先師」中朝以來，

〔註12〕〔清〕孫希旦《禮記集解》卷十二引鄭玄註，頁559～560。
〔註13〕〔宋〕馬端臨《文獻通考》卷四十三〈學校〉，北京：中華書局，2011年9月，頁1205。
〔註14〕參考胡青《書院的社會功能及文化特色》，武漢：湖北教育出版社，1996年11月，頁141～142。
〔註15〕〔漢〕班固《漢書》卷六，北京：中華書局，1975年4月，頁172。
〔註16〕〔南朝·宋〕范曄《後漢書》卷七十九，北京：中華書局，1973年8月，頁2545。
〔註17〕〔宋〕馬端臨《文獻通考》卷四十三〈學校〉，頁1251。
〔註18〕參考高明士《中國教育史》，臺北：臺大出版中心，2004年9月，頁15～17。

釋菜禮廢，今之所行，釋奠而已。」〔註19〕

至南齊後，釋菜禮始廢，行釋奠而已。皮弁祭菜，示敬道也，正是廟學的目的。韓愈（768～825）對廟學有清楚的解釋，據韓愈〈處州孔子廟碑〉說：

> 自天子至郡邑守長通得祀禝而遍天下者，唯社稷與孔子為然。而社祭土，稷祭穀，句龍與棄乃其佐享，非其專主。又其位所，不屋而壇；豈如孔子用王者事，巍然當座，以門人為配，自天子而下，北面拜跪薦祭，進退誠敬，禮如親弟子者。……及後大儒公羊、左丘明、孟軻、荀況、伏生、毛公、韓生、董生、高堂生、揚雄、鄭玄等數十人皆圖之壁，選博士弟子，必皆其人。又位置設講堂，教之行禮，肄習其中。又為置本錢廩米，令可繼處以守。廟成，躬率吏及博士弟子入學行釋奠禮。〔註20〕

韓氏把祭祀孔子比之於祭祀社稷那樣普遍，但比祭祀社稷更為隆重，既由天子親自禮拜，更把前人大儒圖之於壁上。韓氏為此廟作詩，首句便說「惟此廟學，鄒侯所入。」〔註21〕，據馬端臨（1254～1323）《文獻通考》說：

> 太宗貞觀二年，左僕射房玄齡等建議：「武德中，詔釋奠於太學，以周公為先聖，孔子配享……。」按：古者入學，則釋奠於先聖、先師，明聖賢當祠之於學也。自唐以來，州縣莫有學，則凡學莫不有先聖之廟矣。〔註22〕

如上所述，唐代州縣之學已有祭祀先聖之禮。宋代時，廟學更為牢固，大中祥符二年（1009）詔太常禮院定州縣釋奠禮。周公、孔子成了主祀的對象，宋代更加入了孟子。神宗（1048～1085）時把孟子封為鄒國公〔註23〕，宋代理學盛行，理學家大多認為應把孟子上升孔子廟堂〔註24〕，南宋末更把理學家

〔註19〕〔梁〕蕭子顯《南齊書》，北京：中華書局，1972年1月，頁143。

〔註20〕〔唐〕韓愈著，劉真倫、岳珍校注《韓愈文集彙校箋注》卷二十一，北京：中華書局，2010年8月，頁2277～2278。

〔註21〕〔唐〕韓愈著，劉真倫、岳珍校注《韓愈文集彙校箋注》卷二十一，頁2277～2278。

〔註22〕〔宋〕馬端臨《文獻通考》卷四十三〈學校〉，頁1256～1270。

〔註23〕〔宋〕李燾《續資治通鑑長編》卷三百四十：「神宗詔封孟軻為鄒國公，以吏部尚書曾孝寬言，孟軻有廟在鄒，屬兗州，未加爵，命故特封之。」北京：中華書局，2011年，頁8186。

〔註24〕陶希聖《食貨月刊》復刊第二卷第二期，〈孔子廟庭中漢儒及宋儒的位次〉（下），臺北：食貨月刊社，1972年5月，頁14。

從祀。據清李清馥（生卒年不詳）《閩中理學淵源考》說：

> 周、程、張、朱五子從祀，定於宋理宗淳祐元年，自始之後，國無
> 異論，士無異習。宋史言，後世有以理學復古帝王之治者，考論匡
> 直輔翼之功，實自理宗始，自元迄明宗仰專師風，同道一迤。〔註25〕

李氏所云顯示宋儒標榜道統，透過宗教的儀式對儒家先聖先賢祭祀，加強了
道統的正統地位及儒學的崇高地位，藉此薰陶學生希賢、希聖。書院是理學
的研究及發揚之地，廟學這制度自然也伸延至書院。據《白鹿洞志》卷四〈禮
聖殿釋菜〉說：

> 本洞釋菜之禮，每歲孟春，郡守送諸生入書院則行，先期主洞、教
> 官擇吉日請具祭品行禮，齋戒三日，至日，郡守主祭，禮舉，升堂，
> 訓誨諸生。凡遇提學憲臣初入書院則行，主洞、教官初至書院則行，
> 具品齋戒如前。〔註26〕

這記述了，每年年初便有隆重的祭祀儀，洞主（或山長）及教官，齋戒三日，
並由地方官主祭。祭祀的對象主要是孔子、顏回、曾子、子思、孟子，後更祭
祀一些先賢，例如是著名的理學家，曾執教於該書院的老師、前代洞主、創
校者等〔註27〕，日期以春秋仲丁禮聖殿釋奠之後行。據《白鷺洲書院志》說：

> 昔程大中為盧陵尉，二程夫子嘗從遊，宦邸面明道，因遂納彭氏女，
> 為儷江古心公，以吉州為二程過化地，故即洲建祠，並祠周、張、
> 邵、朱號六君子祠，書院之奠實始此。〔註28〕

這是說，白露洲書院為二程（程顥、程頤）到過的地方，建書院時並建六君君
祠。據《嶽麓志》卷三說：

> 廟祀不近數乎，曰祭菜示敬，始教之道也。時術之地，觀感存焉，
> 何謂數乎，故雖制不修，于黌宮而薦享，有處儼恪爰生，亦足以嚴
> 敬業之心矣，若夫朱、張之別祀，六君子之尚祠，既崇道學，不忘

〔註25〕〔清〕李清馥《閩中理學淵源考》卷十六，四庫全書珍本二集，臺北：臺灣
商務印書館，1971年。

〔註26〕李夢陽編《白鹿洞書院古志五種》上冊，北京：中華書局出版，1995年11月，
頁182。

〔註27〕據李夢陽編《白鹿洞書院古志五種》上冊史料：祠祀：周濂溪先生、朱晦庵
先生、陸象山先生、以黃勉齋榦，蔡九峰沈、李弘齋燔、林三山釋之、呂義
鄉炎、呂月坡燾、胡桐源泳、黃西坡灝、彭強齋方、周洞正邦、彭梅坡蠡、
張洞長洽、馮厚齋椅、陳三山宓配享。頁182。

〔註28〕《中國歷代書院志》，第二冊，南京：江蘇教育出版社，1995年9月，頁570。

有功，從書院也，亦可以風矣。〔註29〕

書院之祭祀主為崇道，所重是敬業之心。總括而言，祭祀孔子主要在官學，故官學也稱作廟學，宋以後韓愈的道統觀影響甚巨，所謂道統觀是抗拒佛教及道家黃老之術而來。〔註30〕宋代更重視道統，書院也趨向廟學化，以祭祀等宗教儀式顯示道統的重要性。

（二）寺學

盛唐時，佛教寺學很盛，據嚴耕望先生研究，習業山林者較多在佛寺修習學業。〔註31〕位處西北的河西地區，寺學更盛，當地除了佛學教育外，更不乏儒家經典教育，從敦煌殘卷中，記載不少有關寺學教育的史料。寺學起源甚早，據《三國志》卷四十九〈吳書・劉繇傳〉說：

> 垂銅槃九重，下為重樓，閣道可容三千餘人，悉讀佛經，令界內及旁郡人有好佛者聽受道，復其他役以招致之，由此遠近前後者五千餘人戶。〔註32〕

在重樓閣道，三千餘人讀佛經，可說是寺學的雛型，看到最初的寺學都是以宣教為主，以吸納信眾為目的。魏晉時代，來自天竺的鳩摩羅什於前秦時到長安，據《高僧傳》載，羅什在長安有弟子三千。〔註33〕而慧遠在廬山，三十年不出，四方來求學者甚多，其中不乏俗家弟子。〔註34〕以上例子也可說是寺學的先河。

唐代佛教發展較前代更盛，佛寺遍佈天下，當時有所謂「義學僧」或「義學沙門」，根據高士明的考證，所謂「義學」，並不是一般人認為的義務教學，

〔註29〕《中國歷代書院志》，第四冊，頁210。

〔註30〕據唐韓愈《原道》：「是故生則得其情，死則盡其常，郊焉而天神假，廟焉而人鬼饗，曰：斯道也，何道也？曰：斯吾所謂道也，非向所謂老與佛之道也。堯以是傳道之舜，舜以是傳之禹，禹以是傳之湯，湯以是傳之文武周公，文武周公傳之孔子，孔子傳之孟軻。」祭祀孔子自漢始，而韓愈之意，是把儒家思想，提升至神聖的地位，以拒魏晉以來佛老盛行的情況。〔唐〕韓愈著，劉真倫、岳珍校注《韓愈文集彙校箋注》卷一，頁1～45。

〔註31〕嚴耕望《嚴耕望史學論文選集》中的〈唐人習業出林寺院之風尚〉，臺北：聯經出版事業公司，1996年5月，頁311。

〔註32〕〔晉〕陳壽《三國志》卷四十九〈吳書〉，北京：中華書局，1937年1月，頁1185。

〔註33〕〔梁〕釋慧皎《高僧傳》，北京：新華書局，1997年10月，頁54。

〔註34〕〔梁〕釋慧皎《高僧傳》，北京：新華書局，1997年10月，頁221。

而是佛門中的一種學問，擅長義學的僧侶，稱之為「義學僧」。〔註35〕雖然佛門的「義學」不代表義務教學，但並不是代表佛門沒有教學。據《續高僧傳》卷三〈釋慧淨〉：

> 釋慧淨，俗姓房氏，常山真定人也。家世儒業，鄉邦稱美。……年在弱歲，早習丘墳，便曉文頌，榮冠閭里。十四出家，志業弘達。……一時學侶專門受業，同涉波瀾，遞相傳授。〔註36〕

上面提及學侶專門受業，表示釋慧淨（578～？）在寺院學習。據《續高僧傳》所載，有不少僧人授徒，如釋慧覺（554～606）學徒滿席。〔註37〕釋慧因（539～627）有受業弟子五百餘。〔註38〕釋道岳（567～636）有僧眾三百餘人。〔註39〕釋道傑（573～627）隨門學者有百餘人。〔註40〕釋慧壁（559～684），來請謁的常數百人。〔註41〕禪宗五祖弘忍（601～675）卒後，分為南、北兩宗，南宗是六祖慧能，北宗為神秀（606～706）。南宗六祖南至嶺南，據柳宗元〈曹溪第六祖賜諡大鑒禪師碑〉說：

> 扶風公廉問嶺南三年，以佛氏第六祖未有稱號，疏聞於上，詔諡大鑒禪師，塔曰「靈照之塔」。……其時學者千有餘人，莫不欣踴奮厲，如師復生。……六傳至大鑒。遞隱南海，上無聞知，又十六年，度其可行，乃居曹溪，為人師會學，去來嘗數千人。〔註42〕

六祖慧能在偏遠的嶺南地區，教授弟子，尚且有過千人願追隨求學，可見寺學之盛。至於北宗的神秀，據《舊唐書》卷一百九十一〈方伎神秀〉說：

> 神秀，禪門之傑，雖有禪行，得帝王重之，而未嘗聚徒開堂傳法。至弟子普寂，始於都城傳教，二十餘年，人皆仰之〔註43〕

〔註35〕高明士《中國中古的教育與學禮》第二章說：「義學」本是佛門中的一種學問，即專指俱舍唯識等宗，建立名數，論因果階段的學問。具有此方面之學問的出家人，謂之「義學僧」或「義學沙門」。臺北：國立臺大出版中心，2005年9月，頁471。

〔註36〕〔唐〕釋道宣《續高僧傳》卷十四，臺北：臺灣印經處，1970年9月，頁375。

〔註37〕〔唐〕釋道宣《續高僧傳》卷十五，頁399。

〔註38〕《續高僧傳》卷十五，頁398。

〔註39〕《續高僧傳》卷十五，頁421。

〔註40〕《續高僧傳》卷十五，頁429。

〔註41〕《續高僧傳》卷十五，頁435。

〔註42〕〔唐〕柳宗元《柳宗元集》卷六，北京：中華書局，1979年10月，頁149～150。

〔註43〕〔後晉〕劉昫《舊唐書》第十六冊，北京：中華書局，1975年5月，頁5109。

上文言神秀未開堂傳法，但弟子卻不少，其中普寂（649～738）更收了有不少俗家弟子。據《舊唐書》卷九十九〈嚴挺之傳〉：

> 挺之與裴寬皆奉佛，開元末，惠義卒，挺之服緦麻送於龕所。寬為河南尹，僧普寂卒，寬與妻子皆服縗絰，設次哭臨，妻子送師至嵩山。〔註44〕

以上提到嚴挺之（673～742）與裴寬（681～755）二人皆奉佛，僧普寂卒時，寬與妻子為僧普寂披喪服，可見普寂乃裴寬的老師。唐代高僧不少具有深厚的儒學根基，德行高尚，不少文人士子和這些僧人交往，或求學於這些僧人。當時很多寺院經濟實力雄厚，能提供清淨環境及大量典籍讓士子在寺院讀書自修或求學。前文所說的寺學，最初皆以佛學為主，求學者目的也在學習佛理。據《宋高僧傳》卷八〈唐鄆州安國院巨方傳〉說：

> 釋巨方，姓曹氏，安陸人也。弱齡幹節立身，從師稟業於州治明福院朗禪師，而聽誦《法華》、《維摩》二經，功畢受具。……乃辭觀方，至上黨寒嶺而居，積稔之間，學徒數百，求請無阻。〔註45〕

又同書卷十四〈唐越州法華山寺儼傳〉云：

> 自廣陵迄於信安，地方千里，道俗受法者殆出萬人。〔註46〕

以上兩條都說求佛學者眾，人數動輒過百，甚或上千上萬，其盛況可說空前。出名的文士也慕佛理而求學，如柳宗元、李商隱等。〔註47〕漸漸寺學不單只是佛理研習，也涉獵儒、道兩家的學問。據《宋高僧傳》卷六〈唐梓州慧義寺神清傳〉說：

> 釋神清，字靈庾，俗姓章氏，綿州昌明人也。……清平昔好為著述，喜作編聯，蓋巨富其才，亦鑿深于學。於學三教俱曉，該鑒極彞倫，咸叙萬人之敵也，受業弟子黑白四方計一千餘人。〔註48〕

上文說釋神清（生卒年不詳）通曉儒、釋、道三教之學，弟子甚眾，來自四方。同書卷十四〈唐會稽開元寺曇一傳〉云：

> 釋曇一，姓張氏，蓋韓人也。……年十五，從李滔先生習《詩》、《禮》，終日不違。……請一講律，學徒千人咸發大願。……門人越州妙喜

〔註44〕《舊唐書》第九冊，頁3106。
〔註45〕〔宋〕釋贊寧《宋高僧傳》，北京：中華書局，1987年8月，頁188～189。
〔註46〕〔宋〕釋贊寧《宋高僧傳》，頁344。
〔註47〕參考《舊唐書》柳宗元及李商隱等傳，以及《全唐文》有關柳、李等文章。
〔註48〕〔宋〕釋贊寧《宋高僧傳》，頁121。

> 寺常照、建法寺清源、湖州龍興寺神玩、宣州靜寺道昂、杭州龍興
> 寺義賓、台州國清寺湛然、蘇州開元寺辯秀、潤州棲霞寺昭亮、常
> 州龍興寺法俊等，早發童蒙，咸承訓誘，三千弟子仰梁木而增悲，
> 八萬門人望栴檀而不及。〔註49〕

曇一（691～776）的弟子在各地開設童蒙學，教授年幼學子，相信這些學子最初是以儒學作為基礎，繼而探求佛理。有些士子在寺院中求學，則不過是求功名而已。據《唐摭言》卷十〈海敘不遇〉說：

> 張倬者，柬之孫也。嘗舉進士落第，捧登科記頂戴之日：「此即《千
> 佛名經》也。」〔註50〕

又據《太平廣記》卷三七三〈楊禎〉云：

> 進士楊禎，家于渭橋，以居處繁雜，頗妨肄業，乃詣昭應縣，長借
> 石甕寺文殊院……公違晨夕之養，就巖谷而居者，得非求靜，專習
> 文乎？〔註51〕

從兩條史料來看，士子在寺院求學並不是為學佛理，而是為了科舉考試。本文第二章提到唐人習業山林寺院，舉了李驚（生卒年不詳）、顏真卿（709～785）、趙璘（生卒年不詳）等都是求學於寺院的例子。

遠在西北的河西地區，其寺學更為後人所注目。河西地區自漢武帝建立敦煌、武威、張掖、酒泉四郡後，河西地區漸漸開發，往還商旅絡繹不絕。自東漢末至北朝，相對於中原地區，河西地區政局較為穩定，儒學從未斷絕，加上佛教興盛，寺院得到各朝統治者的支持，寺院林立。唐安史亂後，吐蕃、歸義軍張議潮（799～872）家族及曹仁貴（？～920）家族等先後管治該地區；該地區仍保持相當的繁盛，雖然傳統的佛學沒落，取而代之是世俗佛學及變文，寺院經濟仍得到進一步發展〔註52〕，至西夏人佔領該地區才有所改變。敦煌殘卷中發現有不少手抄卷都寫上學郎、學士郎等名詞，從郝春文《英藏敦煌社會歷史文獻釋錄》中可找到有關學郎或學士郎的史料：

〔註49〕〔宋〕釋贊寧《宋高僧傳》，頁352～354。

〔註50〕〔唐〕王定保《唐摭言》，《叢書集成簡編》，臺北，臺灣商務印書館，1965年12月，頁88。

〔註51〕〔宋〕李昉《太平廣記》，北京：中華書局，1994年4月，頁2963～2964。

〔註52〕參考姜伯勤《唐五代敦煌寺戶制度》考證，吐蕃時期的沙州（今敦煌一帶），安史亂後這一帶仍保留了法相宗，歸義軍時期，這些土豪不重章句經典，使傳統佛教典籍散佚，取而代之是有庶民性質的通俗佛教及偽經變文。北京：中國人民大學出版社，2011年2月，頁269～271。

斯一七三〈李陵與蘇武書〉，乙亥年六月八日三界寺學士郎張英俊書記之也。〔註53〕

斯三九五〈孔子項託〉一卷，天福八年癸卯歲十一月十日淨土寺學郎張延保記。〔註54〕

斯三九五背〈雜寫〉，開運三年丙子歲十一月□□日淨土寺學仕郎。……風雲動遵此。孔子項託相問書。學郎小興、王願昌。〔註55〕

斯七七八背〈王梵志詩集卷背題記〉大雲寺學仕郎鄧慶長。壬戌年十一月五日鄧慶長。〔註56〕

斯一〇八四背二〈嘲沙門詩〉沙彌清奴實實隴（聾），但見學仕本處誦。〔註57〕

斯一一六三〈太公家教〉一卷，庚戌年十二月十七日永安寺學仕郎張順進自手書記。〔註58〕

斯一三八六〈孝經〉一卷并序，維天福柒年壬寅歲十二月十二日永安寺學仕郎高清子書寫也。〔註59〕

據上述數條史料，皆有學士郎、學郎、學仕郎等，不管學士郎、學郎、學仕郎都是求學於寺院的士子。這些寺院包括有三界寺、淨土寺、大雲寺、永安寺等。所抄寫並非只限佛經，還有：〈李陵與蘇武書〉、〈孔子項託〉、〈雜寫〉、〈太公家教書〉、〈孝經〉等；內容與中土傳統儒學有不同，卻重視孝道和家教。據高明士《中國中古的教育與學禮》（見附錄六）所列的表，有關歸義軍時期的學郎、學仕郎表，學仕郎有十七人，學郎有九人，所就讀的寺院有九所，包括淨土寺、三界寺、蓮臺寺、靈圖寺、永安寺、大雲寺、龍興寺、金光明寺和一所不可考的寺，表中所列學仕郎及學郎所抄的寫本有：《崔夫人訓文》、《新集書儀》、《李陵與蘇武書》、《孝經》、《開蒙訓要》、《太公家教書》、《王梵志詩》、《鷰子賦》、《秦婦吟》、《貳師泉賦》、《魚父賦》等。反影出當時

〔註53〕郝春文編《英藏敦煌社會歷史文獻釋錄》卷一，北京：社會科學文獻出版社，2001年8月，頁256。

〔註54〕郝春文編《英藏敦煌社會歷史文獻釋錄》，卷二，2003年7月，頁262～266。

〔註55〕郝春文編《英藏敦煌社會歷史文獻釋錄》，卷二，頁283～284。

〔註56〕郝春文編《英藏敦煌社會歷史文獻釋錄》卷四，2006年7月，頁79。

〔註57〕郝春文、金瀅坤編《英藏敦煌社會歷史文獻釋錄》卷五，2006年7月，頁75。

〔註58〕郝春文、金瀅坤編《英藏敦煌社會歷史文獻釋錄》卷五，頁185～189。

〔註59〕郝春文、趙貞編《英藏敦煌社會歷史文獻釋錄》卷六，2009年6月，頁2～6。

的寺學所重是啟蒙性質。有部分殘卷是用於幼童的《開蒙訓要》、《千字文》。
〔註 60〕（見附錄五）可見當時的寺學相當重視儒學，所學內容與當時唐代科
舉考試相吻合。〔註 61〕據張弓《漢唐佛寺文化史》研究，佛寺外藏經典自六
朝以至隋唐，主要為儒家經典兼收諸家〔註 62〕，河西地區的寺學至西夏時，
隨佛教的沒落而消失，但寺學的宗教與教學合一的教育形式影響了後來的書
院。

（三）書院祭祀制度與佛教的關係

前文已詳述有關廟學及寺學的沿革及演變，以下就二者的異同作比較並
探討二者的相互影響下，形成了後來書院的祭祀制度。上段提到有關廟學制
傳至書院，書院乃顯示儒家的道統也進行釋奠祭祀，目的在透過有若宗教的
祭祀儀式，強化學子認識儒學的神聖地位，以達到希賢希聖之心，從而強化
道統的承傳，更重要是排拒佛、老思想的衝擊。

寺學最初是僧人為了傳教和吸納信眾。唐代士子寄讀寺院者多，根據敦
煌殘卷記載，那　的寺學，多是學習儒家經典。唐末天下大亂時，河西地區
仍保持相對的穩定，儒學還得到發展，不能不說是當時寺院的功勞。寺院教
學也不再是只為傳教，還有對地方的教化，保持儒家傳統等的作用。經歷了
唐末五代的動亂時代，這些歸隱在山林寺院的士子漸漸起來辦學。最明顯例
子是，由二位僧人在湖南長沙嶽麓山所開創的嶽麓書院。〔註 63〕宋以後有規
模的書院漸漸出現，與寺學教育有莫大關係。

書院的祭祀制度原於廟學，不管是形式和目的都從古禮而來。受佛教影
響最主要在於書院尚未定型的唐代，士子在寺院習業成為風尚；他們在寺院
習業時，感受到可透過隆重的祭祀儀式能使人對道統的崇敬，同時也可在寺

〔註 60〕高明士《中國中古的教育與學禮》，臺北：臺大出版中心，2005 年 9 月，頁
514～522。

〔註 61〕據〔宋〕歐陽修、宋祁《新唐書》卷四十四〈選舉志〉上，唐代科舉考試以
儒家的《孝經》、《論語》、《周禮》、《左傳》為主。北京：中華書局，1997 年
3 月，頁 1160～1161。

〔註 62〕張弓《漢唐佛寺文化史》北京：中國社會科學出版社，1997 年 12 月，頁 987。

〔註 63〕〔宋〕歐陽守道《巽齋文集》卷七〈贈了敬序〉：「書院乃寺地，有二僧，一
名智璿，一名某念。唐末五季，湖編戶風化凌夷，習俗暴惡，思見儒者之道，
乃割地建屋，以居士類，凡所營度，多出其手。時經籍缺少，又遣其徒市之
京師，而負以歸。士得屋以居，得書以讀。其後版圖入職方，而書院因襲增
拓至今。」文淵閣四庫全書電子版，迪志文化出版。

院寧靜的環境裏，修養自我的心性，洗滌世俗的煩惱。《全唐詩》有關士子在佛寺中，對佛學有所感悟的詩相當多，試舉以下數首：

王績（1430～？）〈薛記室收過莊見尋率題古意以贈〉

　　賴有北山僧，教我以眞如，使我視聽遣，自覺塵累祛，何事須筌蹄，
　　今已得兔魚，舊遊儻多暇，同此釋紛拏。〔註64〕

崔署（？～739）〈宿大通和尚塔敬贈如上人兼呈常孫二山人〉

　　支公已寂滅，影塔山上古，更有眞僧來，道場救諸苦。一承微妙法，
　　寓宿清淨土，身心能自觀，色相了無取，森森松映月，漠漠雲近戶，
　　嶺外飛電明，夜來前山雨，然燈見栖鴿，作禮聞信鼓，曉霽南軒開，
　　秋華淨天宇，願言出世塵，謝爾申及甫。〔註65〕

韓翃（生卒年不詳）〈題僧房〉

　　披衣聞客至，關鎖此時開，鳴磬夕陽盡，捲簾秋色來，名香連竹徑，
　　清梵出花臺，身在心無住，他方到幾回。〔註66〕

從以上的詩中，看到詩人在寺院中習業，寺院寧靜的環境，使詩人對佛學那種出塵、遠離俗世樊籬十分嚮往，自然地想進一步學習。據唐末五代時陸元浩〈仙居洞永安禪院〉說：

　　述曰：堯為君，仁化唯該於域內，周孔設教，軌儀但備於寰中，尚
　　乃千古從風，百王稟敬，而況釋氏興世，妙用難思，慈悲遍洽於含
　　生。行願廣宏於沙劫。智即權實，相顯有無，運六舟而橫截四流，
　　嚴萬德而高超三界，於五險空聚示一大事因緣，由是多子塔前，迦
　　葉授無法之法，震涅國內達摩傳非心之心，印印相承，燈燈不絕，
　　咸歸實際，運照無窮。〔註67〕

陸元浩（生卒年不詳）以一介儒生，寄住在佛寺中，在清淨及莊嚴的環境下，感受到佛學的精妙和高超，對佛學無窮的嚮往。據日本僧人圓仁（764～864）的記載，可知道當時禮佛的情況：

　　竹林寺齋禮佛式，午時打鐘。眾僧入大堂，大僧、沙彌、俗人、童
　　子、女人，依次列座了。表歎師打槌，唱一切恭敬禮常住三寶，一

〔註64〕《全唐詩》卷三十七，北京：中華書局，1985年1月，頁480。
〔註65〕《全唐詩》卷百五十五，頁1599。
〔註66〕《全唐詩》卷二百四十四，頁2740。
〔註67〕〔清〕董誥《全唐文》卷八六九，北京：中華書局，1987年2月，頁9100。

切普念。次寺中後生僧二人手把金蓮，打蠡鈸，三四人同音作梵。
供主行香，不論僧俗男女，行香盡遍了，表歎先讀施主設供香，次
表贊了，便唱一切普念，大僧同音唱摩訶般若波羅蜜，次唱佛菩薩
名，大眾學詞，同禮釋迦牟尼佛，彌勒尊佛，文殊師利菩薩，大聖
普賢菩薩，一萬菩薩，地藏菩薩，一切菩薩摩訶薩，為廿八天。釋
梵王等，敬禮常住三寶，為聖化無窮，敬禮常住三寶，為今日供主
眾善莊嚴，敬禮常住三寶，為師僧父母，法界眾生，敬禮常住三寶，
打槌唱云施食咒願，上座僧咒願了，行飯食，上下老少，道俗男女
等供養也。〔註68〕

在禮佛儀式中，對佛祖莊嚴敬拜及唱誦，無形中提升佛教的神聖地位，那些
在寺院修習的士子，多少得到佛教的宗教氣氛所薰陶。唐末反佛之聲不絕，
宋代更重視儒家道統，佛寺的宗教氣氛令士子反思莊嚴的敬拜可使道尊，從
而產生希聖希賢之心，在書院推行宗教般的敬拜儀式，可使人心歸於道，一
方面使道統能流傳下去，另方面可教化民眾。書院建置初期，沒有造像祭祀，
及後受佛教的宗教氣氛的影響，漸認為祭祀愈來愈重要，不只造像，還建祠
堂、大成殿等供祭祀用，把傳統廟學祭祀制度移到書院中。據《嶽麓志》卷三
說：

宋初僅有書院，至乾道時，劉安撫於書院前始設禮殿，中肖闕里聖
賢像，列繪七十子前為泮池苑門。……國朝，成化錢郡守建禮殿，
繪聖賢像。〔註69〕

宋代書院建置的書院，漸行祭祀儀式，於是紛紛建禮殿奉祀各先賢。白鹿洞
書院同樣是在書院建置後才造像，建大成殿。〔註70〕唐代時，書院大多是私
人修習場所，當結合了寺學後，宋代以後的書院多連同祠堂建造，例如白鷺
洲書院，於明萬歷年間建陽明祠，當時建殿造像等措施，相信是受佛教的影
響。

據前文引述，書院設有祠堂，以嶽麓書院為例，內設有大成殿、崇聖祠、

〔註68〕〔唐〕〔日僧〕圓仁《入唐求法巡禮記》，桂林：廣西師範大學出版社，2007
年12月，頁89。
〔註69〕《中國歷代書院志》第四冊，頁210。
〔註70〕《白鹿洞書院志五種》〈白鹿洞志〉卷二說白鹿洞的大成殿建置時間，白鹿洞
書院於北宋初始建，至淳熙壬寅（1182）朱熹以錢三十萬創建禮聖殿於書院
之西，後改為「大成殿」，頁165。

濂溪祠、四箴亭、崇道祠、六君子堂、船山祠等〔註71〕；書院均訂定祭祀的
日期，即使近代臺灣的書院也保持了這種祭祀制度〔註72〕。臺灣的書院其祭
祀對像有孔子、倉頡、文昌君、朱熹、韓愈等，每每因應書院不同的特色及創
校先賢來訂定祭祀對象。每年大部分臺灣的書院會舉行春、秋二祭大典，並
根據古制「每歲仲春及仲秋八月上旬之丁日，皆拂曉釋奠」，舉行盛大的祭孔
儀式。〔註73〕據《白鹿洞志》卷四詳說每歲春秋祭先師（孔子）之禮：

> 儀注：通贊唱。執事者各司其事，次唱。陪祭官各就各位，次唱。
> 分獻官各就各位，次唱。獻官就位引贊引獻官至拜位，通贊唱。瘞
> 毛、血，迎神，鞠躬，拜興、拜興，拜興、拜興，平身。奠帛，行
> 初獻禮。詣盥洗所，出笏，詣酒尊所。司尊者舉羃酌酒，詣至聖先
> 師孔子神位前，跪，搢笏，奠帛，獻爵。出笏，俯伏，興，平身。
> 詣讀祝位，跪，眾官皆跪，讀祝，俯伏，興，平身。詣復聖顏子神
> 位前，跪，搢笏，奠帛，獻爵，出笏，俯伏，興，平身，詣宗聖曾
> 子神位前，詣述聖子思子神位前，詣亞聖孟子神位前。復位，行亞
> 獻禮，行終獻禮。飲福受胙。詣飲福位，跪，搢笏，飲福酒。受胙。
> 出笏，俯伏，興，平身，復位。鞠躬，拜興，拜興，平身。徹饌，
> 送神，鞠躬，拜興，拜興，拜興，拜興，平身。讀祝者捧祝，進帛
> 者捧帛，各詣瘞位，禮畢。〔註74〕

從上文可見，儀式繁複，莊嚴而隆重。文中說各祭官、獻官就位及獻祭時都
有誦唱，這點和佛教中禮佛時誦唱有點相同。祭祀對象主要是書院的創校先

〔註71〕參考朱漢民主編《岳麓書院》，長沙：湖南大學出版社，2006年10月，頁27
　　　　～32。
〔註72〕據李鎮岩《臺灣的書院》載：臺灣的書院建築，一般是中軸線，中央講堂及
　　　　祭祀空間，因此講堂同時兼祭治之用。臺北：遠足文化事業股份有限公司，
　　　　2008年1月，頁40。
〔註73〕李鎮岩《臺灣的書院》載，介紹祭孔儀式：「一般祭孔大典在清晨五點便開始
　　　　舉行，由擊鼓揭開序幕，然後樂佾生、禮生就位，執事者各司其事。……其
　　　　中典禮部分，共分成六段禮讚，包括：迎神禮、初獻禮、亞獻禮、終獻禮、
　　　　徹饌禮及送神禮。至於『八佾舞』一佾八人，八佾則是六十四人，形成方陣，
　　　　看去古樸素雅。而祭典的每一步驟都是一定的，必須小心進行，不能有任何
　　　　出錯。禮成後，學子們爭拔『智慧毛』，祈求增福添智，學業孟進。」臺灣仍
　　　　保留這古老的祭孔方式。頁53。
〔註74〕李夢陽編《白鹿洞書院古志五種》上冊之〈白鹿洞志〉卷四，北京：中華書
　　　　局，1995年11月，頁184。

賢、歷屆洞主（或稱山長），一般書院也同時祭祀六君子。〔註75〕臺灣本和中原一海之隔，乃蠻夷之地，韓愈與朱熹乃至宋明儒學等之學問先後由福建沿海的官員，把所學帶至該地區，提升了該地區的文化。隨著福建人口東移，開發臺灣，便把沿海的文化帶到臺灣，包括書院的建置和書院的各項制度。就以書院重視各祭祀儀式來說，書院的祭祀活動不僅是尊道希聖，還有教化的作用，提升該地區的民智，臺灣現存的書院祭祀儀式便是很好的例證。說到開啟民智，提升民眾的文化水平，張載尤為代表。據黃宗羲（1610～1695）《宋元學案》卷十七〈橫渠學案上〉說：

> 患近世喪祭無法，期功以下未有衰麻之變，祀先之禮襲用流俗，於是一循古禮為昌。教童子以灑掃應對；女子未嫁者，使觀祭祀，納酒漿，以養遜弟，就成德。嘗曰：『事親奉祭，豈可使人為之！』於是關中風俗一變而至於古。〔註76〕

如上所云，張載致力於禮教，能教化當時已胡化的關中地區人民，讓當地人民學習祭祀儀式，以達到移風易俗之效。可見書院的各種祭祀儀式，能使人迎望而歸心，從而進一步鞏固儒家正統地位，繼而發揚光大。佛教對書院在祭祀上的影響也在於此。

第二節　書院講學形式與佛教的關係

　　唐代的書院和漢代的精舍沒太大分別；書院發展到宋代，講學形式才有重大的變化，究其原因，也是受佛教影響。以下先討論佛教的講經制度，繼而說及書院的講學制度，並同時分析佛教講經制度對書院的影響。

（一）佛寺的講經制度

　　相信佛教最初傳入中國時，那些外來的僧人沒有定下一些講經制度，到了東晉釋道安才定下講經制度。據《高僧傳》卷五〈釋道安〉說：

> 安既德為物宗，學兼三藏，所制《曾尼軌範》、《佛法憲章》，條為三

〔註75〕嶽麓書院的六君子堂所祠是對書院有貢獻的人物：朱洞、李允則、劉琪、周式、陳鋼、楊茂元。據《元史》卷一百八十九〈儒學〉：立周子祠，以二程、張、楊、游、朱六君子配食。北京：中華書局，1976年。各書院祀六君子有所不同。

〔註76〕〔清〕黃宗羲《宋元學案》第一冊，北京：中華書局，2011年10月，頁663～664。

例：一曰行香定座上講經上講之法，二曰常日六時行道飲食唱時法；

三曰布薩差使悔過等法。天下寺舍，遂則而從之。〔註77〕

道安定下講經、行道飲食、懺悔等之法，但內容大要是甚麼，則沒有詳說。據
《高僧傳》卷十三〈唱導〉說：

論曰：唱導者，蓋以宣唱法理，開導眾心也。昔佛法初傳，于時齊

集，止宣唱佛名，依文致禮。至中宵疲極，事資啟悟，乃別請宿德，

昇座說法。或集序因緣，或傍引譬喻。其後廬山釋慧遠，道業貞華，

風才秀發。每至齋集，輒自昇高座，躬為導首。先明三世因果，却

辯一齋大意。後代傳受，遂成永則。〔註78〕

喧唱法理是佛教主要儀式，以用作開導，為使眾人能專心，用心聆聽法師昇
座說法。由此看，魏晉時，已有法師昇座說法之情況。據《法苑珠林》卷二十
三〈儀式部〉說：

如三千威儀云：上高座讀經有五事，一、當先禮佛；二、當禮經法

上座；三、當先一足躡阿僧提上正住坐；四、當還向上座；五、先

手安座乃卻坐。〔註79〕

據上所述，講經昇高座的不只一人，還有躡阿僧提一人，向上座而坐，表示
昇座說法有兩人。據《廣弘明集》卷二十六梁武帝（464～549）〈斷酒肉文〉
四首（第四首）注說：

右牒：光宅寺法雲於華林殿前登東向高座為法師，師瓦官寺慧明登

西向高座為都講。〔註80〕

換言之，昇高座講經者是法師，另一是都講。據湯用彤的考證，佛家之講經，
一人發問，一人唱演佛語，如此往還，應是一問一答。〔註81〕由於有問有答，
便有辯難的情況。據《高僧傳》卷四〈支遁傳〉說：

晚出山陰，講《維摩經》，遁為法師，許詢為都講，遁通一義，眾人

〔註77〕〔梁〕釋慧皎《高僧傳》卷五〈義解〉第二，北京：中華書局，1997年10月
版，頁183。

〔註78〕〔梁〕釋慧皎《高僧傳》卷十三〈唱導〉，頁521。

〔註79〕〔唐〕釋道世《法苑珠林》〈儀式部〉，北京：中華書局，2003年12月，頁
750。

〔註80〕〔唐〕釋道宣《廣弘明集》，《四部備要》，中華書局據常州天寧寺本校刊。頁
16。

〔註81〕參考湯用彤《漢魏兩晉南北朝佛教史》，武漢：武漢大學出版社，2008年12
月，頁75～78。

咸謂詢無以厝難，詢設一難，亦謂遁不復能通，如此至竟兩家不竭。

凡在聽者，咸謂審得遁旨，迴令自說，得兩三反使便亂。〔註82〕

支遁是法師，許詢是都講，許詢設一難，支遁解答，此之謂辯難。據牟潤孫先生研究，魏晉時代僧徒辯難是常有的事〔註83〕，《續高僧傳》卷十四〈善冑傳〉說：

> 釋善冑，俗姓淮氏，瀛州人，少出家。……行至一寺，聞講《涅槃經》，因入論義。止得三番，高座無解，低頭飲氣。徒眾千餘停僵講唱，於是扶輦而下，既至房中，奄然而卒。冑時論訖即出，竟不知之。後日更造，乃見造諸喪具。因問其故，乃云：「法師昨為北僧所難，乃因即致死。」眾不識冑，不之擒捉，聞告自審，退而潛焉。後陳僧將挾，復往他講所，論義者無不致屈，斃者三人。由此發名振俗，大光吳越。〔註84〕

如上所說，法師被釋善冑（550～620）辯難至死，可能是誇張之說；不過由此可見，魏晉時講經辯難是很普遍的事。唐代時有關講經的記載，唐代日僧圓仁記載了他在參觀華嚴寺，可見華嚴寺座主主講「摩訶止觀」。據《入唐求法巡禮記》卷二說：

> 十六日，早朝，出竹林寺，尋谷東行十里，向東北行十里，到大華嚴寺。入庫院住，齋後，入涅槃院見賢座主，彌高閣殿里講「摩訶止觀」。有四十餘僧列坐聽講，便見天台堂座主志遠和尚在講「筵聽止觀」。堂內莊嚴，精妙難名。座主云講四卷畢，待下講。到志遠和尚房禮拜，和尚慰問殷懃。法堅座主從西京新來，文鑒座主久住此山，及聽講眾四十餘人，并是天台宗，同集相慰，喜遇講庭。〔註85〕

日僧圓仁描述了他在華嚴寺聽座主主講「摩訶止觀」及天台宗座主講「筵聽止觀」的情景，同樣是有兩位高僧講止觀，但沒有說明誰是法師，誰是都講；圓仁用了「堂內莊嚴，精妙難名」來容形當時情況。此外，圓仁還說出了俗講的情形，據同書卷三說：

> 會昌元年，又敕于左，右街七寺開俗講，左街四處。此資聖寺，令

〔註82〕〔梁〕釋慧皎《高僧傳》〈義解〉一，頁161。
〔註83〕牟潤孫《注史齋叢稿》（增訂本）上冊〈論儒釋兩家之講經與義疏〉，北京：中華書局，2009年6月，頁110～115。
〔註84〕〔唐〕釋道宣《續高僧傳》〈善冑傳〉，頁386。
〔註85〕《入唐求法巡禮記》卷二，頁90。

雲花寺賜紫大德海岸法師講《花嚴經》。保壽寺，令左街僧錄，三教
講論，賜紫，引駕大德體虛法師講《法華經》。菩提寺，令招福寺內
供奉，三教講論大德齊高法師講《涅槃經》。景公寺，令光影法師講。
右街三處，會昌寺，令內供奉，三教論講，賜紫，引起居大德文淑
法師講《法華經》。城中俗講，此法師為第一。惠日寺，崇福寺講法
師未得其名，又敕開講道教。左街令敕新從南道召太清宮內供奉矩
令費，于玄真講《南華》等經。右街一處，未得其名，并皆奉敕講……
于正月十五日起至二月十五日罷。〔註86〕

俗講不同佛堂講經，是在左右兩街的寺院同時進行，為期足足一個月，盛況
想必很熱鬧，且俗講更不限佛教，道教也有俗講。有關俗講唐代有史料記載，
唐趙璘（生卒年不詳）《因話錄》卷四記載僧人文淑俗講的情況：

有文淑僧者，公為聚眾譚說，假託經論所言，無非淫穢鄙之事。不
逞之徒，轉相鼓扇扶樹。愚夫冶婦，樂聞其說，聽者填咽。寺舍瞻
禮崇奉，呼為和尚。教坊劾其聲調，以為歌曲。其畎庶易誘，釋徒
苟知真理，及文義稍精，亦甚嗤鄙之。〔註87〕

據上文，這位文淑僧者（生卒年不詳）用樂曲配合的方式來講經，來聽者可
以是任何人，也不用端坐，鼓扇扶樹也可以，不拘一格。據另一條史料記載，
俗講經師有時是二人，一講一唱。〔註88〕俗講像法師與都講，一發題，一回
答。王景琳《中國古代僧尼生活》引述了法國國家圖書館所藏 Pelliot3849 敦
煌殘卷有關俗講的一條史料：

夫為俗講：先作梵了；次念菩薩兩聲，說押座了；素舊溫室經法師
唱釋經題了；念佛一聲了；便說開經了；便說莊嚴了；念佛一聲了，
便一一說其經題字了；便說經本文了；便說十波羅密等了；便念念
佛贊了；便發願了；便又念佛一會了；便回（向）發願取散云云。
已後便開維摩經。講維摩：先作梵次念觀世音菩薩三、兩聲；便說
押座了；便素唱經文了；唱曰法師自說經題了；便說開贊了，便莊

〔註86〕《入唐求法巡禮記》卷三，頁 119。
〔註87〕〔唐〕趙璘《因話錄》，上海：上海古籍出版，1979 年 1 月，頁 94～95。
〔註88〕參考〔唐〕蘇鶚《杜陽雜編》卷下：「上敬天竺教，十二年冬，製二高座賜新
安國寺，一曰「講座」，一曰「唱經座」，各高二丈，研沉香檀為骨，以漆塗
之，鏤金銀為龍鳳花木之形，徧覆其上。」《叢書集成初編》，臺北：臺灣商
務印書館，1939 年 12 月，頁 28。

嚴了；便念佛一兩聲了，便一一說其經題名字了；便入經說緣喻了；

便說念佛贊了；便施主各發題了；便回向發願取散。〔註89〕

俗講是先唱出經文，然後開講，同樣有兩位法師，先後唱講不同的經。一發題唱經，一答講經義，是魏晉時流傳來的講經之法，俗講是用較通俗的說法來吸引信眾。據以上載述俗講形式包括了：禮佛、唱經、說經等，說和唱同時交替使用。後來有學者研究，中國的說唱文學與佛教俗講有關係，但不是本文的重點，故不作討論。俗講並不像佛寺內的講經那樣嚴肅，但倒是吸引信眾很有效的方法，據王景琳考證，俗講到了宋代遭到禁止〔註90〕，之後的講經便只得在寺院中莊嚴地進行。宋僧元照（1048～1116）在《四分律行事鈔資持記》中提到俗講那種既說且唱的講經法的不是：

四分為檀越說法，聽說契經，及分別義，得不具說文句。不得二比丘同一高座說法，或共相諍，或說義互求長短，或共相逼切，或二人同聲合唄，及歌詠聲說法等。因說歌聲有五過：一自貪著聲，二令聞者生愛，三令他習學，四令俗人慢心，五以亂定意。若說法人少，應次第請說，下至一偈，諸惡莫作等，夜集說法座，高卑無在。〔註91〕

釋元照對歌詠說法提出種種批評，又指出二人同座說法的不是：

二人同座，尊無二故，復喧亂故，相諍謂對較勝負，互求長短，謂掩長拾短，逼切謂詰難，不能合唄，無所辦故。〔註92〕

二人同座被認為會相諍、詰難，明顯地是針對俗講而說，可說是代表了宋人的思想的嚴肅和僵化。釋元照更對初學佛者定下規則：

六法：初禮三寶，二昇高座，三打磬靜眾，四讚唄，五正說，六觀機進止。問聽如法，樂聞應說，七說竟迴向，八復作讚唄，九下座禮辭。僧傳云：周僧妙，每講下座，必合掌懺悔云，佛意難知，豈凡夫所測，今所說者，傳受先師，未敢專輒，乞大眾，於斯法義，若是若非，布施歡喜，最初鳴鐘集眾，總為十法，今時講導，宜依

〔註89〕參考王景琳《中國古代僧尼生活》，臺北：文津出版社，1992年1月，頁158～159。

〔註90〕參考王景琳《中國古代僧尼生活》，頁160。

〔註91〕〔宋〕釋元照《四分律行事鈔資持記》卷二十四，福建：三行基金會，2005年3月，頁3335。

〔註92〕〔宋〕釋元照《四分律行事鈔資持記》卷二十四，頁3336。

此式。〔註93〕

元照所言的六法，指的是初學佛者聽經時的規則，呈現出莊嚴、肅穆的氣氛，七、八、九點是法師講經完畢後的辭禮，共為十法。這十法突出了佛的崇高，宗教氣氛濃郁。丁鋼認為元照所言的初學者聽佛的規則，書院也有開講七事：一、禮拜先師；二、贊喊「登講座」；三、贊喊「三肅揖」；四、山長、副講進茶；五、鳴鼓肅聽；六、山長、副講各講《四書》、《五經》；七、講畢，諸生謝教，引贊喊「三肅揖」，與佛寺講經有相類之處。〔註94〕下文會討論到書院的講學形式。

（二）書院升堂講學的由來

中國私學講學形式沒有特定規制，基本上有一群人願意追隨一位儒者，那位儒者便可在任何地方，例如自己的家中、寺廟或自築精舍等均可作為講場，慕名者自會到來聽儒生講學。本文第二章已提到漢代時的精舍是私家講學的場所，可見私家講學由來已久，在史籍上很容易便找到相關資料。據《論語‧先進篇》說：

> 子曰：由也升堂矣，未入室也。〔註95〕

古代居所是先堂後室，孔子弟子一般在孔子居所的堂（今稱的廳堂）聽講。據朱熹《論語‧先進篇》註說：

> 喻入道之次第言子路之學，已造乎正大高明之域，特未深入精微之奧耳。〔註96〕

所謂未深入精微之奧，即尚未能成為入室弟子，精微比喻能明老師的精妙學問。關於升堂講學。據《後漢書》卷六十上〈馬融傳〉說：

> 常坐高堂，施絳紗帳前，授生徒後列，女樂弟子以次相傳，鮮有入其室者。〔註97〕

東漢時，講者已有在堂升高座情況。又同書卷三十五〈鄭玄傳〉說：

> 融門徒四百餘人，升堂進者，五十餘生，融素驕貴，玄在門下，三年不得見，乃使高業弟子傳受玄。〔註98〕

〔註93〕〔宋〕釋元照《四分律行事鈔資持記》卷二十四，頁3337。
〔註94〕參考丁鋼《中國佛教教育》，頁143。
〔註95〕錢穆《論語新解》，香港：新亞研究所，1964年6月，頁378。
〔註96〕〔宋〕朱熹《四書集註》，臺北：文化圖書公書，1984年8月，頁72。
〔註97〕〔南朝‧宋〕范曄《後漢書》，頁1972。
〔註98〕〔南朝‧宋〕范曄《後漢書》，頁1207。

可見漢時已有升堂講學情況，鄭玄（127～200）那時在馬融門下，由於弟子眾多，三年不得見，便請高業弟子代為傳授。前文提到佛教僧人講經時有都講，與座主唱和或問難，東漢時也有都講，其作用與佛教的都講完全不同。據《後漢書》卷二十六〈侯霸傳〉說：

> 侯霸，字君房，河南密人也。族父淵以宦者，有才辯，任職。元帝時，佐石顯等領中書，號曰大常侍。成帝時，任霸為太子舍人。霸矜嚴有威容，家累千金，不事產業。篤志好學，師事九江太守房元，治《穀梁春秋》為元都講。〔註99〕

上文言「都講」是弟子或學生的一種。又同書卷二十七〈郭丹傳〉說：

> 郭丹，字少卿，南陽穰人也。父稚，成帝時，為盧江太守，有清名。丹七歲而孤，小心孝順，後母哀憐之，為鬻衣裝，買產業。後從師長安，買符入函谷關，乃慨然歎曰：「丹不乘使者車，終不出關。」既至京師，常為都講，諸儒咸敬重之。〔註100〕

上文言郭丹（前25～62）至京師常為都講，這裏所說的都講，應是助教之類。又同書卷三十七〈桓榮傳〉說：

> 除兄子二人，補四百石，都講生八人，補二百石，其餘門徒多至公卿。〔註101〕

上文的都講生，同樣是助教之意。佛教傳入後，都講生漸漸混合了佛僧講經之法，法師講經，都講誦經。據《北齊書》卷四十四〈儒林傳〉說：

> 鮑季詳，渤海人也，甚明禮，聽其離文析句，自然大略可解，兼通《左氏春秋》，少時恒為李寶鼎都講，後亦自有徒眾，諸儒稱之。天統中，卒於太學博士。〔註102〕

鮑季詳（生卒年不詳）為李寶鼎（生卒年不詳）都講，懂得「離文析句」。由此可見，都講生與佛僧都講有相類之處。但宋代以後的書院，職位繁多及分工仔細，都講之職已不常見。〔註103〕

〔註99〕〔南朝‧宋〕范曄《後漢書》卷二十六，頁901。

〔註100〕《後漢書》，頁940。

〔註101〕《後漢書》，頁1253。

〔註102〕〔唐〕李百藥《北齊書》，北京：中華書局，1972年11月，頁588～589。

〔註103〕見陳谷嘉、鄧洪波主編《中國書院制度研究》第三章〈書院的職事類別〉，杭州：浙江教育出版社，1997年8月，頁108。

　　南唐時的廬山國學〔註104〕，當時的國子助教。知廬山國學的朱弼（生卒年不詳），也有升堂講學的情況。據馬令（生卒年不詳）《南唐書》：

> 朱弼，字君佐，建安人也，精究五傳，旁貫數經。開寶中，詣金陵，一舉關頭中第，授國子助教，知廬山國學。生徒數百，苦無賴輩如盧絳、諸葛濤、蒯鼇之徒事飲博，多橫逆，學官曠職，循緣而已。及弼至，性本嚴重，動持禮法。每升堂講釋，生徒環立，各執疑難，問辨鋒起，弼應聲解說，莫不造理。雖題非己出，而事實聯綴，宛若宿構。以故諸生誠服，皆循規範，絳等稍稍引去，四方肄業者多造焉。〔註105〕

　　朱弼升堂講學時，學生並不是坐下來聽，而是環立。陸游（1125～1210）的《南唐書》則說朱弼「每升堂講說，座下肅然」。〔註106〕馬令和陸游所言的不同。不管學生是「環立」，還是「座下肅然」，兩書也記載了朱弼都是升堂講之說，馬令及陸游二者有相同說法。據馬令《南唐書》，朱弼會對學生的問難而應聲解說，因此可看出朱氏會因應學生個別差異而作出應對。宋代以後，書院也出現升堂講學情況，著名的有陸九淵訪白鹿洞書院時，朱熹邀陸九淵登堂講學。據朱熹《象山先生書堂講義》〈跋語〉說：

> 淳熙辛丑春二月，陸兄子靜來自金陵，其徒朱克家、陸麟之、周清叟、熊鑒、路謙亨、胥訓實從。十日丁亥，熹率僚友諸生，與俱至白鹿洞書堂，請得一言以警學者。子既不鄙而惠許之。至其所以發明敷暢，則又懇到明白，而皆有以切中學者隱微深痼之病，蓋聽者莫不動心焉。熹又懼其久而或忘之也，復請子靜筆之于簡，而受藏之。凡我同志，於此反身而深察之，則庶乎其可以不迷於入德之方矣。〔註107〕

上文是陸九淵講學後，朱熹請他寫成講義，後朱熹在講義加〈跋語〉。據說朱

〔註104〕是白鹿洞書院的前身，見李夢陽編《白鹿洞書院古志五種》。

〔註105〕〔宋〕馬令《南唐書》卷二十三，李海榮、陸蓉編《南唐書（兩種）》，南京：南京出版社，2010年4月，頁159。

〔註106〕〔宋〕陸游《南唐書》卷十五：「弼至，一切繩以禮法，每升堂講說，座下肅然，絳等亦愧服引去，徒自四方來者數倍。」李海榮、陸蓉編《南唐書（兩種）》，南京：南京出版社，2010年4月，頁331。

〔註107〕李夢陽編《白鹿洞書院古志五種》上冊，北京：中華書局出版，1995年11月，頁564。

熹更把此講義刻成碑。〔註108〕書院還收錄了不少講義，而這些講義代表了講者在書院升堂講學時所講的內容。例如在《白鹿洞書院誌》卷六收錄的講義有：《象山先生書堂講義》（附跋語）、《主洞胡居講義》、《參議王楗講義》、《提學鄭廷鵠講義》、《提學朱廷益講義》等。關於陸九淵升堂講學的情況，在《象山先生年譜》有以下記載：

> 先生從容講道，歌詠愉愉有終焉之意。馮元質云先生常居方丈，每旦精舍鳴鼓，則乘山籃至，會揖，陞講坐，容色粹然，精神炯然。學者又以一小牌書姓名、年甲，以序揭之，觀此以坐。少亦不下數十百，齋肅無譁，首誨以收斂精神，涵養德性，虛心聽講，諸生皆俛首拱聽。非徒講經，每啟發人之本心也。間舉經語為證，音吐清響，聽者無不感動興起。……諸生登方丈請誨，和氣可掬，隨有人有所開發，或教以涵養，或曉以讀書之方，未嘗及閒話，亦未嘗令看先儒語錄。每講說痛快，則願傅季魯曰：「豈不快哉」季魯齒最少，坐必末。嘗挂一座于側，令代說。〔註109〕

上述學生稱陸九淵居室為方丈，這明顯受了禪林制度所影響。大會根據學生的姓名、年歲安排座位，不再是環立，且是單向式靜聽陸九淵講說，聽者都是收斂精神、俛首拱聽，這方面又十分像宋代以後的寺院講經。沒有令看先儒語錄，這與禪宗不立文字，直指本心意近似。〔註110〕

書院除了老師或邀請名士講學外，還有會講制度，上文說到朱熹邀請陸九淵到白鹿洞書院講學前，已出現了會講情況，最著名的會講首推鵝湖之會。據《朱子年譜》說：

> 東萊歸先生送之至信州鵝湖寺，江西陸九齡子壽、九淵子靜，及清江劉清之子澄皆來會，相與講其所聞。而子壽、子靜自執所見不合而罷其後，子壽頗悔其非，而子靜終身守其說不變。附：《象山年譜》：淳熙二年乙未，呂伯恭約先生，與季兄復齋，會朱元晦諸公於信之鵝湖寺，復齋詩云云。元晦歸三年，乃和此詩。朱亨道云：鵝湖講道，誠當今盛事。伯恭蓋慮朱與陸猶有異同，欲令歸於一，而

〔註108〕《北京圖書館藏珍本年譜叢刊》第三百八十五冊，北京：北京圖書館出版社，1999 年 4 月，頁 40。

〔註109〕《北京圖書館藏珍本年譜叢刊》第三百八十五冊，頁 591。

〔註110〕參考丁鋼、劉琪《書院與中國文化》頁 39。

> 定其所適從，伯恭蓋有志於此，語自得則未也。臨川趙守景明，邀
> 劉子澄、趙景昭。景昭在臨安與先生相歟，亦有意於學，又曰鵝湖
> 之會，論及教人，元晦之意，欲令人泛觀博覽，而後歸之約，二陸
> 之意，欲先發明人之本心，而後使之博覽。〔註111〕

這次會講是由呂祖兼邀請陸九淵、陸九齡兄弟到鵝湖寺，與朱熹等人會講。
這可說是為學壇大事。此後書院便有會講制度，書院時有進行。據南宋時陳
宓（？～1230）的記載：

> 新安朱侯在郡，建橋白鹿洞之東南陬，面直五老，溪流紺潔，未之
> 名。同游江西張琚、羅思、姚鹿卿，閩張紹燕、潘柄，郡人李燔、
> 胡泳、繆惟一，會講洞學畢，相與歌文公之賦，得名「流芳」。既揭
> 楣間，因紀岸左。嘉定戊寅（1218）四月丙午，莆陽陳宓書。〔註112〕

會講完畢後會相與賦詩，更揭示楣間，顯示會講是學壇盛事，如節慶般。不
管會講還是個人主講，都不是從前那種針對個別情況來問答，而是單向式向
眾學生講說，眾學生必須恭敬地、安靜地聆聽而且開講時還有一定儀式，以
示講論學問的隆重嚴肅，這與佛教講經有相同之處，下一節將說到這一點。

（三）書院講學形式與佛寺講經的關係

上面提到書院升堂講學的由來，宋以前的私學講學沒有甚麼儀式和規則，
宋以後的書院，漸訂定了講學的規則及一定的儀式，例如東林書院講會規則：

> 每歲春秋上丁日開講會友，至仲丁日設祭先聖之後為止，凡十日。
> 依古禮三齋七戒之期為十日，講習之實是日會友初到，先謁聖，次
> 謁三公祠，次謁道南祠，講畢再謁聖，俱行一揖一躬禮。入座東西
> 兩班，客東主西。兩班中各以齒序，不必東西走易。供書案，班揖，
> 撤書案，班揖。客後至，班揖。勿亂儀，勿私笑語，勿談時事，質
> 疑問難，俱於聽講畢後任從枚舉。遠客相訪，即於會所答拜，不必
> 至客舟客寓。通名只用單帖，每期會友必登姓氏，以念後日操履。
> 是日午飯後齊集座上，只設一點充饑。為遠賓設饌，止用四簋，兩
> 葷兩素，不殺生，酒只數行。〔註113〕

〔註111〕〔清〕王懋竑《朱熹年譜》卷二，北京：中華書局，1998年10月，頁69。
〔註112〕李夢陽編《白鹿洞書院古志五種》上冊，頁75。
〔註113〕參考鄧洪波《中國書院學規》引〔清〕嚴瑴《東林書院志》卷上，長沙：湖
　　　　南大學出版社，2000年10月，頁19。

又仁文書院也有「肅講儀」：

> 議定每入謁，必盥沐而進，齊集於仁文堂。每會，巳時鳴鐘五聲，
> 院贊二生導引齊入，肅儀澄慮，詣四先生神位前，唱排班，班齊
> 揖，平身，如是揖者四，禮畢。初入會，謁者另出四拜，復導引
> 出至仁文堂，東西分立，擊鼓三聲，各就班位，肅揖就坐。默坐
> 少頃，院長先捧晦翁先生院規，象山先生喻義利文章，或朗誦一
> 過，或討論一番，在坐者肅然傾聽。復少頃，師友各隨己意，以
> 六經疑義互相問難。過未擊鼓七聲，執事者進茶餅，畢，一揖乃
> 退。〔註 114〕

上文講述學生聽老師講課有規則及儀式，老師開講前先要向先聖先賢敬拜，
學生需分東西兩班而就位，並要相互鞠躬揖拜，講時學生要保持肅靜、專注，
講畢後可問難，整場講課完畢後須揖拜而退。仁文書院的「肅講儀」更有鐘
聲集合院生，開講前擊鼓，講畢後再擊鼓。開講前鳴鐘及擊鼓，宋代之前已
有這種儀式。據唐徐堅（659～729）《初學記》卷二十一說：

> 《東觀漢記》曰：建初四年詔，諸王諸儒集白虎觀，講五經同異，
> 則其事也。〔事對〕撞鐘鳴鼓。注《禮記》曰善待問者，如撞鐘，扣
> 之以小者則小鳴，扣之以大者則大鳴。謝承《後漢書》曰：董春，
> 字紀陽，少好學。究極聖指，後還歸，立精舍，遠方門徒從者，常
> 數百人，諸生每升講堂，鳴鼓三通，橫經捧手請問者百人，隨上堂
> 難問者百餘人。〔註 115〕

《初學記》引述了漢時的董春，以《禮記‧學記》善問者之說而行鳴鼓之禮，
與前文說肅講集院生有所不同；不過，撞鐘鳴鼓召學古已有之。據《禮記注
疏》卷三十六〈學記〉說：

> 入學鼓篋，孫其業也。注：鼓篋：擊鼓警眾，乃發篋出所治經業。
> 疏：入學謂學士入學之時，大胥之官，先擊鼓以召之學者，既至發
> 其篋篋，以出其書，故云「鼓篋」也。所以然者，欲使學者「孫其
> 業」，謂恭順其所持經業。〔註 116〕

〔註 114〕參考鄧洪波《中國書院學規》引〔明〕岳元聲，岳和聲《仁文書院誌》卷四。
頁 37。

〔註 115〕〔唐〕徐堅《初學記》，日本宮內廳書陵部藏宋元版漢籍選刊，上海：上海
古籍出版社，2012 年 10 月，頁 180～181。

〔註 116〕《禮記注疏》卷三十六，臺北：新文豐出版公司，2001 年 6 月，頁 1624。

可見書院的鳴鐘集眾及擊鼓是由來已久的事，下文把講學規儀與佛寺的講學儀式作比較。

書院的講學規則和佛寺的聽經規則有相近之處，現就上文引述的講會規則及「肅講儀」講學規則和佛寺的講經列表比較〔註117〕：

	寺院講經規儀	書院講學規儀
1. 集眾	鳴鐘集眾	鳴鐘五聲集眾
2. 開講前	禮三寶	敬拜先聖先賢
3. 開講時	打磬靜眾	擊鼓就班
4. 講時	讚唄，正說	朗讀晦翁（朱熹）及象山（陸九淵）文章，肅然靜聽。
5. 結尾	迴向，讚唄	問難
6. 講畢	講者下座辭禮，聽眾合掌懺悔	揖拜而退

從表列所見，寺院和書院講學規儀有相似之處。寺院早在東晉時已定下講經制度，但東晉時講經是有兩位，一位座主，另一位是都講，二人一發題一誦唱經文或問難。唐時流行的俗講，也是採取了這種制度，但俗講則用了合適的大眾明白的方式，因此較為通俗。宋代的元照對恪守清規戒律要求更嚴，俗講停止了，只保留在寺院的講經制，對聽經者的限制頗嚴，講經者不再是二人升高座互動。書院的升堂講經制由來已久，都講本是主講者的大弟子，協助老師，及後受佛教所影響，都講也誦經。到宋代書院制確立後，都講已不再受重視。南唐時，當國子助教的的朱弼在廬山國學任教時，跟從古制升堂講學，但當時學生只是環立而聽，是單向聆聽。南宋朱熹等定下學規後，對升堂講經定必有規定。據《象山年譜》中載，陸九淵講學時已有鳴鐘鳴鼓，鳴鐘集眾及鳴鼓肅眾古來已有。佛寺和書院有相同的做法，據前文的論述，唐代佛寺還沒有講經前有鳴鐘集眾及鳴鼓肅眾的情況，可見元照《律鈔》所說是宋以後的事，也可能是寺院講經受儒家士子講經的影響。當時陸九淵與方丈共住精舍，升堂講學規儀與佛寺講經的規儀互為影響，是順理成章的事。

〔註117〕〔宋〕釋元照《四分律行事鈔資持記》卷二十四和嚴毂《東林書院志》及岳和聲《仁文書院誌》講學規儀作比較。

第三節　書院的講義與佛教講經義疏的關係

上一節提到書院升堂講說時曾留下頗多講義，據牟潤孫先生〈論儒釋兩家之講經與義疏〉的研究，也認為儒家章句義疏是受佛教所影響。〔註118〕楊布生與彭定國合著的《書院文化》中認為，書院的「講義」用了佛教提倡的章句疏義〔註119〕，因此本節主要論述佛教講經的義疏如何影響到書院的講義。本節分三段，先說佛教章句義疏的由來，繼而論儒家章句義疏的由來，最後是論述章句義疏怎樣影響到書院的講義。

（一）佛教義疏的由來

佛教初傳入中國時，僧人多是從外地而來，如攝摩騰、竺法蘭、安清、安玄等等。他們多攜經入華傳教。據《高僧傳》卷一〈譯經〉上說：

> 支樓迦讖，亦直云支讖，本月支人。……時有天竺沙門竺佛朔，朔又以光和二年（179）於雒陽出《般舟三昧》，讖為傳言，河南雒陽孟福張蓮筆受。〔註120〕

看來佛教傳入初期，僧人是口傳，聽者筆錄。又同書云：

> 時又有優婆塞安玄，安息國人，生貞白，深沈有理致，博誦羣經，多所通習。……漸解漢言，志宣經典，常與沙門講論道義，世所謂都尉者也。玄與沙門嚴佛調共出《法鏡經》，玄口譯梵文，佛調筆受，理得音正，盡經微旨，呈匠之美，見述後代。〔註121〕

據湯用彤言，安清（世高）（生卒年不詳）善《毗曇》學，譯經時並隨文講說。其後浮調（浮屠）依此方式，分章句疏釋，此種體裁，對後來的注疏甚有影響。〔註122〕牟潤孫先生認為湯用彤是將注疏混而為一，依他的考證，有關釋氏義疏之作，見於史傳應是僧敷（生卒年不詳）及法汰（320～387）為最早。〔註123〕

〔註118〕牟潤孫《注史齋叢稿》（增訂本）上冊〈論儒釋兩家之講經與義疏〉，北京：中華書局，2009年6月，頁88。

〔註119〕楊布生、彭定國《書院文化》，臺北：雲龍出版社，1997年12頁174～177。

〔註120〕〔梁〕釋慧皎《高僧傳》，北京：中華書局，1992年10月，頁10～11。

〔註121〕〔梁〕釋慧皎《高僧傳》，頁10～11。

〔註122〕湯用彤《漢魏兩晉南北朝佛教史》第五章，武漢：武漢大學出版社，2008年12月，頁76。

〔註123〕牟潤孫《注史齋叢稿》（增訂本）上冊〈論儒釋兩家之講經與義疏〉，頁98～100。

據《高僧傳》卷五〈竺僧敷〉說：

> 竺僧敷，未詳氏族，學通眾經，尤善《放光》及《道行波若》。……
> 時仗辯之徒，紛紜交諍，既理有所歸，惬然信服。後又著《放光》、
> 《道行》等義疏。〔註124〕

又同卷〈竺法汰〉云：

> 竺法汰，東莞人。……汰弟子曇一、曇二，並博練經義，又善《老》、
> 《易》，風流趣好，與慧遠齊名。曇二少卒，汰哭之慟曰：「天喪回
> 也。」汰所著《義疏》，并與郗超書《論本無義》，皆行於世。〔註125〕

上面兩條材料都提到「義疏」。在《高僧傳》找到的義疏不少，與講經有何關
係？據《續高僧傳》卷六〈智藏傳〉說：

> 凡講《大》、《小品》、《涅槃》、《般若》、《法華》、《十地》、《金光明》、
> 《成實》、《百論》、《阿毗曇心》等，各著義疏行世。〔註126〕

講經時有義疏行世，換言之義疏有如講義。同書卷十〈僧範傳〉說：

> 講《華嚴》、《十地》、《維摩》、《勝鬘》，各有疏記。復變疏引經，
> 制成為論。故《涅槃》、《大品》等並稱論焉，《地持》十部獨名疏
> 也。〔註127〕

上言「變疏引經，制成為論」換言之有些疏會成為論，不是講義而是獨立成
書。又同書同卷〈寶緣傳〉說：

> 武陵王門師大集摩訶堂，令講請觀音。初未綴心，本無文疏。始役
> 情思，抽拈句理，詞義洞合，聽者盈席。私記其言，因成疏本，廣
> 行于世。〔註128〕

上言疏本廣行於世，可見疏本已獨立成書。疏本之用是為講義，供講經之用，
後成為參考之用。又《寶緣傳》說：

> 時益州武擔寺僧寶願，最初請講，大眾云集，聞所未聞，莫不聽
> 悅……後制《涅槃》、《法華》等疏，皆省繁易解，聽無遺悶。〔註129〕

講者所講因大眾未聞，於是把疏制成書供人參考，疏便成了參考書。又同書

〔註124〕《高僧傳》，頁196～197。
〔註125〕〔梁〕釋慧皎《高僧傳》，頁192～193。
〔註126〕〔唐〕釋道宣《續高僧傳》，臺北：菩提書局，1960年3月，頁171。
〔註127〕〔唐〕釋道宣《續高僧傳》，頁241。
〔註128〕〔唐〕釋道宣《續高僧傳》，頁253。
〔註129〕〔唐〕釋道宣《續高僧傳》，頁254。

卷十四〈智琚傳〉說：

> 入室弟子明衍，受業由來便事之為和尚，亡前謂曰：「吾以《華嚴》、
> 《大品》、《涅槃》、《釋論》，此之文言，吾常吐納。今以四部義疏咐
> 囑于汝。」乃三握手，忽然而終。〔註130〕

本來是講義，用作講經用，如今已成為可讀之書。至於注與疏混而為一方面。
據牟潤孫先生考證，注與疏本不同。據慧愷（518～568）譯《大乘唯識論》一
卷結尾時有以下這段話：

> 菩提流支法師，先于北翻出《唯識論》。慧愷以陳天嘉四年歲次癸
> 未，正月十六日，于廣州三藏法師拘羅那他重譯此論。行翻行傳，
> 至三月五日方竟。此論外國本有義疏，翻得兩卷；三藏法師更釋本
> 文，慧愷注記，又得兩卷。末有僧忍法師，從晉安齎舊本達番禺，
> 愷取新文對讎校舊本，大意雖略同，偈語有異，長行解釋，詞繁義
> 闕，論初無歸敬，有識君子宜尋之。〔註131〕

義疏本不少，更有流傳至國外。總而言之，疏乃當時的法師講經時用的講義，
後來成為參考的書籍，而注極可能是西來的法師講經後，由弟子按其言為經
注解。

（二）儒家義疏的由來

牟潤孫先生認為儒家的經疏原於講經，是受佛教講經的影響，現先探討
儒家疏經的由來。據《隋書》卷三十二〈經籍志〉說：

> 《孝經》一卷（注）：釋慧琳注。梁有晉穆帝時晉《孝經》一卷，
> 武帝時《送總明館孝經講》、《議》各一卷，宋大明中《東宮講》。
> 齊永明三年（485）《東宮講》，齊永明中《諸王講》及賀瑒講、議
> 《孝經義疏》各一卷。齊臨沂令李玉之為始興王講《孝經義疏》
> 二卷，亡。〔註132〕

「講」和「義」是分開獨立成書。據《晉書》載穆帝（343～361）確曾講《孝
經》說：

> 永和十二年二月辛丑，帝講《孝經》……升平元年（357）三月，帝

〔註130〕〔唐〕釋道宣《續高僧傳》，頁394。
〔註131〕牟潤孫《注史齋叢稿》（增訂本）上冊〈論儒釋兩家之講經與義疏〉引述，
　　　　頁109。
〔註132〕〔唐〕魏徵《隋書》，北京：中華書局，1973年8月，頁934。

講《孝經》。壬申，親釋奠于中堂。〔註133〕

按《晉書》所載，穆帝曾講《孝經》兩次，有講義預備是很正常。又同書卷九〈孝武帝紀〉云：

> 寧康三年九月，帝講《孝經》。〔註134〕

又《晉書》卷八十三〈車胤傳〉云：

> 孝武帝嘗講《孝經》，僕射謝安侍坐，尚書陸納侍講，侍中卞耽執讀，黃門侍郎謝石，吏部郎袁宏執經，胤與丹陽尹王混摘句，時論榮之。〔註135〕

上兩條說明晉武帝講《孝經》時車胤（約333～401）與王混（生卒年不詳）摘句，此摘句應是從講義中摘取。據《隋書・經籍志》注所言晉時的《孝經義疏》十八卷應是梁武帝的講義。〔註136〕翻閱《隋書・經籍志》，晉以前的儒家經典，多只有注沒有疏，據以上史料，疏是講義，魏晉時，講儒家經典事例相當多，且著有義疏，這些義疏是講經時的講義，但也有獨立寫成書，供後人參考。據《梁書》卷四十八〈儒林・賀瑒傳〉說：

> 賀瑒字德璉，會稽山陰人也。……天監初，復為太常丞，有司舉治賓禮，召見說《禮》義，高祖異之，詔朝朔望，預華林講。四年，初開五館，以瑒兼《五經》博士，別詔為皇太子定禮，撰《五經義》。……所著《禮》、《易》、《老》、《莊講疏》，《朝廷博議》數百篇，《賓禮儀注》一百四十五卷。〔註137〕

賀瑒（452～510）撰《五經義》等的義疏。其著作從《隋書・經籍志》也可找到，例如《禮記新義疏》十二卷、《孝經義疏》等。賀瑒講經時有疏，明顯是為講而撰，同時也供後學所讀。又《梁書》四十八卷〈皇侃傳〉說：

> 皇侃，吳郡人。……侃少好學，師事賀瑒，精力專門，盡通其業。尤明《三禮》、《孝經》、《論語》。起家兼國子助教，於學講說，聽者數百人。撰《禮記講疏》五十卷，書成奏上，詔付秘閣。頃之，召

〔註133〕〔唐〕房玄齡《晉書》卷八〈穆帝紀〉，北京：中華書局，1974 年 11 月，頁201。

〔註134〕〔唐〕房玄齡《晉書》卷八〈穆帝紀〉，頁 227。

〔註135〕〔唐〕房玄齡《晉書》卷八十三，頁 2177。

〔註136〕〔唐〕魏徵《隋書》卷三十二〈經籍志一〉：《孝經義疏》十八卷。注：梁武帝撰。梁有皇太子講《孝經義》三卷，天監八年（509）皇太子講《孝經義》一卷，梁簡文帝《孝經義疏》五卷，蕭子顯《孝經義疏》一卷，亡。頁 934。

〔註137〕〔唐〕姚思廉《梁書》，北京：中華書局，1973 年 5 月，頁 672。

> 入壽光殿講《禮記義》，高祖善之，拜員外散騎侍郎，兼助教如故。
>
> 性至孝，常日限誦《孝經》二十徧，以擬《觀世音經》。……所撰《論
>
> 語義》十卷與《禮記義》並見重於世，學者傳焉。〔註138〕

皇侃（約488～545）撰有《禮記講疏》，《隋書・經籍志》找到皇侃的講疏有：
《禮記講疏》九十九卷、《禮記義疏》四十八卷、《孝經義疏》三卷。〔註139〕
所謂見重於世，表示這些義疏可以流傳後世，供後人閱讀，已超出了只供講
經時用的講義。從這方面看儒家的講疏與之前所言佛教義疏形式和作用都相
同，且儒家有講疏傳於世的情況，最早應在佛教傳入後，儒家受佛教影響不
言而喻。

（三）佛教義疏與書院的關係

儒家經典的疏演變後來成為章句疏釋，其過程是否也受佛教所影響則有
不同的說法。據湯用彤《漢魏兩晉南北朝佛教史》西晉的竺法雅創立格義，
講經之法是沿襲漢代安侯方法，先出事數，再分條釋其文，換言之是章句式
解說。而法雅更用其他不是佛教的典籍作類比，讓聽者明白。據《高僧傳》卷
四〈竺法雅〉說：

> 法雅，河間人，凝正有器度，少善外學，長通佛義，衣冠士子，咸
>
> 附諮稟。時依門徒，並世典有功，未善佛理。雅乃與康法朗等，以
>
> 經中事數，擬配外書，為生解之例，謂之格義。及毘浮、曇相等亦
>
> 辯格義，以訓門徒。雅風采灑落，善於樞機。外典佛經，遞互講說。
>
> 與道安、法汰每披釋湊疑，共盡經要。〔註140〕

上文載述法雅（約281～350）講經以教外典籍解經稱為格義，以此向他的門
徒講經，後期著名的釋道安、竺法汰等也受他的影響，也用以此法講經。由
此推論，道安的講經之法也是受法雅影響。漢代重章句訓詁，法雅受漢代章
句方式講經是順理成章之事。據《後漢書》卷三十七〈丁鴻傳〉說：

> 丁鴻年十三，從桓榮受《歐陽尚書》三年，而明章句，善論難，為
>
> 都講，遂篤志精銳，布衣荷擔，不遠千里。〔註141〕

丁鴻（？～94）能明章句，善論難，表示漢代是重章句訓詁，也在講論經典時

〔註138〕〔唐〕姚思廉《梁書》，頁680。
〔註139〕《隋書・經籍志》，頁922、934。
〔註140〕〔梁〕釋慧皎《高僧傳・義解》，頁152～153。
〔註141〕〔南朝・宋〕范曄《後漢書》，北京：中華書局，1973年8月，頁1263。

問難，因此問難不獨佛家所有，也是中國本土故有的。漢魏之時，江淮以南盛行清談玄學，著名的慧遠，年輕時已博綜六經，尤善《莊》、《老》。年二十四已能講說。當他歸隱廬山後，慕名拜他門下眾多，當中不乏知名人士，如謝靈運、雷次宗（386～448）、宗炳（375～443）……等。〔註142〕據《宋書》卷九十三〈隱逸傳〉載雷次宗少入廬山，隨慧遠學習，尤明《三禮》、《毛詩》〔註143〕。可見慧遠不只教授弟子佛理，還兼通儒、道。儒釋道有混雜之勢。由此推斷講佛之方式與講儒之方式會互相影響。

　　牟潤孫先生認為著義疏最多是梁武帝，細閱《隋書・經籍志》，梁武帝的義疏確實最多。〔註144〕據《梁書》卷三〈武帝紀〉說：

　　（武帝）文思欽明，能事畢究竟，少而篤學，洞達儒玄。雖萬機多務，猶卷不輟手，燃燭側光，常至戊夜。造《制旨孝經義》，《周易講疏》及《六十四卦》、《二繫》、《文言》、《序卦》等義；《樂社義》、《毛詩答問》、《春秋答問》、《尚書大義》、《中庸講疏》、《孔子正言》、《老子講疏》凡二百餘卷。並正先儒之迷，開古聖之旨。王侯朝臣皆奉表質疑，高祖皆為解釋。修飾國學，增廣生員，立五館，置五經博士。天監初，則何佟之、賀瑒、嚴植之、明山賓等覆述制旨。並撰吉凶，軍賓嘉五禮，凡一千餘卷，高祖稱制斷疑。於是穆穆恂恂，家知禮節。大同中，於臺西立士林館，領軍朱异、太府卿賀琛、舍人孔子袪等遞相講述。皇太子，宣城王亦於東宮宣猷堂及揚州廟開講。於是四方郡國，趨學向風，雲集於京師矣。兼篤信正法，尤長釋典，製《涅槃》、《大品》、《淨名》、《三慧》諸經義記，復數百卷。聽覽餘閑，即於重雲殿及同泰寺講說，名僧碩學，四部聽眾，常萬餘人。又造《通史》、躬製贊序凡六百卷。〔註145〕

梁武帝以帝主之尊主講經書，聽者必多，協助他的人也多，且更是碩學鴻儒，如賀瑒、嚴植之等。梁武帝本身也篤信佛教，相信他會揉合儒釋兩種方式講

〔註142〕〔梁〕釋慧皎《高僧傳》卷六，頁 211～222。

〔註143〕〔梁〕沈約《宋書》卷九十三〈雷宗次傳〉，北京：中華書局，1974 年 10 月，頁 2293。

〔註144〕參考《隋書・經籍志》關於梁武帝的義疏有：《周易大義》二十一卷、《周易講疏》三十五卷、《周易繫辭義疏》一卷、《毛詩大義》十一卷、《禮記大義》十卷、《中庸講疏》一卷、《制旨革特大義》三卷、《樂社大義》十卷、《總明館孝經講》、《疏》各一卷。頁 911～937。

〔註145〕〔唐〕姚思廉《梁書》，頁 96。

學，也會昇高座主講，而何冬之（生卒年不詳）、賀場（452～510）等更覆述
制旨，著義疏講經，包含了儒釋二學，因此數量特多，影響也深遠。

本書在第三章提到，《三國志》卷十三〈王肅傳〉說魏文帝黃初元（220）
年後，始開太學，弟子有數百人，顯示三國時，中黃河流域地區，儒學仍是官
方教育重點。長江流域玄學相對較北面更盛行，講經與北面不同，據牟潤孫
先生認為南朝著義疏多兼通玄釋，他引《周易正義序》說江南義疏大餘家，
皆辭尚虛玄，但北朝則較重章句疏。據《魏書》卷八十四〈儒林傳〉說：

> 劉獻之，博陵饒陽人也，少而孤貧，雅好《詩》、《傳》，曾受業於渤
> 海程玄，後遂博觀眾籍。……獻之善《春秋》、《毛詩》，每講《左氏》，
> 盡隱公八年便止，云義例已了，不復須解。由是弟子不能究竟其
> 說。……時中山張吾貴與獻之齊名，海內皆曰儒宗，吾貴每一講唱，
> 門徒千數，其行業可稱者寡。獻之著錄，數百而已，皆經通之士。
> 於是有識之者辨其優劣。魏承喪亂之後，《五經》大義雖有師說，而
> 海內諸生多有疑滯，咸決於獻之。六藝之文，雖不悉注，然所標宗
> 旨，頗異舊義。撰《三禮大義》四卷、《三傳略例》三卷。《注毛詩
> 序義》一卷，今行於世，并《章句疏》三卷，注《涅槃經》未就而
> 卒。〔註146〕

劉獻之（生卒年不詳）是北魏時人，上文提及每一講唱，應是每一章句的誦
唱及講解，如佛僧的講經時，都講唱演佛經，法師解釋。獻之的《章句疏》三
卷，極可能是解章句時所講的義疏。他更想注《涅槃經》，明顯是他對佛學有
研究，佛教盛行的北魏，即使是儒生也離不開佛理的研究。又同書同卷〈徐
遵明傳〉說：

> 徐遵明，字子判，華陰人也。……因手撰《春秋義章》為三十卷，
> 是後教授門徒蓋寡，久之乃盛。遵明每臨講坐，必持經執疏，然後
> 敷陳，其學徒至今浸以成俗。遵明講學於外二十餘年，海內莫不宗
> 仰。〔註147〕

徐遵明（457～529）講時必持經執疏，顯示他是用義疏來講說。徐遵明的學
生熊安生，弟子相當多，據《周書》卷四十五〈儒林傳〉說：

> 熊安生，字植之，長樂阜城人也，少好學，勵精不倦。初從陳達受

〔註146〕〔北齊〕魏收《魏書》，北京：中華書局，1974年6月，頁1850。
〔註147〕《魏書》，頁1855。

《三傳》又從房虯受《周禮》並通大義。後事徐遵明，服膺歷年。
東魏天平中，受《禮》於李寶鼎。遂博通《五經》，然專以《三禮》
教授。弟子自遠方至者千餘人。……安生既學為儒宗，當時受其業
擅名於後者，有馬榮伯、張黑奴、竇士榮、孔籠、劉焯、劉炫等皆
其門人焉，所撰《周禮義疏》二十卷、《禮記義疏》四十卷、《孝經
義疏》一卷，並行於世。〔註148〕

據上文，熊安生（生卒年不詳）的弟子多至千人，著名的弟子有：馬光、張黑
奴、孔籠、竇士榮等在隋時授太學博士。據《隋書》卷七十五〈儒林·馬光〉
說：

馬光字榮伯，武安人也。少好學，從師數十年，晝夜不息，圖書讖
緯，莫不畢覽，尤明《三禮》，為儒者所宗。開皇初，高祖徵山東義
學之士，光與張仲讓、孔籠、竇士榮、張黑奴、劉祖仁等俱至，並
受太學博士，時人號為六儒。然皆鄙野，無儀範，朝廷不之貴也。……
唯光獨存。嘗因釋奠，高祖親幸國子學，王公以下畢集。光升座禮，
啟發章門。已而諸儒生以次論難者十餘人，皆當時碩學，光剖析疑
滯，雖辭非俊辨，而理義弘贍，論者莫測其淺深，咸共推服，上嘉
而勞焉。〔註149〕

馬光（生卒年不詳）、張仲讓（生卒年不詳）、孔籠（生卒年不詳）、竇士榮（生
卒年不詳）、張黑奴（生卒年不詳）、劉祖仁（生卒年不詳）等人雖稱為山東六
儒，也被批評為「鄙野無儀範」，並得不到朝廷所賞識，主因在他們並不像南方
清談之士那樣有儀範。這正代表黃河流域的儒士，是較為踏實質樸。後馬光得
到賞識，並在國子學講經。馬光升座講《禮》時，啟發章門。所謂啟發章門，
正是分章分節講解。唐代的孔穎達注《五經正義》，也是沿襲這方式來作義疏。

　　按以上所言，義疏起源於佛僧講經時的講義，魏晉南北朝時，佛教鼎盛，
儒士也採用了佛僧講經的方式，升高座，預備講義。晉室南渡後，尚清談玄
學，講義也充滿了玄風，而黃河流域，談玄之風較淡，儒士講經雖採用了升
高座形式，但卻保留了漢以來訓詁方式，重章句解釋。到了宋代注疏不分，
程頤《易傳》〔註150〕、朱熹《四書集註》等皆是。宋代以後的書院，當升堂

〔註148〕〔唐〕令狐德棻《周書》，北京：中華書局，1971 年 11 月，頁 812～813。
〔註149〕〔唐〕魏徵《隋書》卷七十五〈儒林〉，頁 1717。
〔註150〕《宋元學案》卷十五〈伊川學案〉，頁 591。

講說後，其講義獨立成書，著名的有陸九淵應朱熹在白鹿洞書院講學時所寫的《白鹿洞書堂講義》〔註151〕、呂祖謙的《麗澤講義》〔註152〕、元時程端禮（1271～1345）《集慶路江東書院講義》〔註153〕、明時高攀龍（1562～1626）《東林講義》〔註154〕等等。這些講義追溯本源，是從佛僧講經而來。

第四節　書院的學規與禪林制度

　　書院雖起源於唐，經五代的動亂洗禮後，據鄧洪波的考證，宋初時帝皇賜田、賜額、賜書、召見山長、封官嘉獎等〔註155〕，表示官方重視文教，收買人心。隨著官方大力興學，加上科舉制的強化，使書院在北宋仁宗有衰落之勢。北宋末官方教育漸衰，加上理學的推動，南宋時，私家講學再興盛，書院興辦遠超前代。因此研究書院的人，多以南宋是書院制的確立期。書院大部分制度都在南宋時確立，尤其規章制度，包括著名的〈白鹿洞書院揭示〉。佛教傳入後，經魏晉南北朝至唐之後，已融入了漢文化，禪宗的出現，正是佛教漢化後的結果。丁綱認為書院的學規是受禪院清規所影響。〔註156〕因此本節先論述佛教的清規戒律，再述書院的學規的沿革，最後是討論佛教的清規對書院的影響。

（一）佛教寺院的清規戒律

　　佛教初傳入中國時，尚未定下清規戒律，據《高僧傳》卷一〈譯經上〉說：

　　　曇柯迦羅……以魏嘉平中，來至洛陽。于時魏境雖有佛法，而道風訛替，亦有眾僧未稟歸戒，正以剪落殊俗耳。設復齋懺，事法祠祀。迦羅既至，大行佛法。時有諸僧共請迦羅譯出戒律，迦羅以律部曲

〔註151〕李夢陽編《白鹿洞書院古志五種》上冊〈白鹿洞書院新志〉卷五，頁75。
〔註152〕據〔宋〕呂祖謙著，黃靈庚、吳戰壘主編《呂祖謙全集》說有《麗澤論說集錄》，為呂祖謙在麗澤書講說時門人記其師的講說，當中包括《易學》、《周禮》、《詩經》、《禮記》、《論語》、《孟子》等。浙江：浙江古籍出版，2008年1月，頁1。
〔註153〕〔元〕程端禮《讀書分年日程》卷三〈集慶路東江書院講義〉，文淵閣《四庫全書》709冊，上海：上海古籍，1987年6月，頁531～533。
〔註154〕參考〔清〕黃之雋《江南通志》卷一百九十二，清乾隆二年重修本，華文書局出版，頁3238。
〔註155〕鄧洪波《中國書院史》第二章，頁75。
〔註156〕丁綱《中國佛教教育》成都：四川教育出版社，2010年4月，頁135。

制，文言繁廣，佛教未昌，必不承用。乃譯出《僧祇戒心》，止備朝
夕。更請梵僧立羯磨法受戒。中夏戒律，始于此。〔註157〕

三國時代曇柯迦羅初到中土洛陽，當時仍是佛道不分，譯出《僧祇戒心》開
始了戒律。當時佛法戒律還未訂定，直到東晉時的道安，制定《僧尼軌範》、
《佛法憲章》，定下講經之法、行道飲食唱時法、布薩差使悔過法，天下舍
寺跟從，佛教戒律漸趨形成。據釋能融研究，道安晚年印度各部派所傳的律
典才漸漸傳到中國。〔註158〕到唐太宗朝，嚴禁私度僧人，對佛寺漸有規管。
〔註159〕唐代寺僧免賦役，加上皇親貴胄捐地捨宅的數量多，寺院經濟一再
膨脹，據筆者在第三章引狄仁傑之〈諫造大像疏〉，述說當時佛寺的莊園擁
有大量土地、奴婢、佃農等〔註160〕，這樣的經濟實力，有些僧人墮落在所
難免。據《舊唐書》卷一百五十三〈薛存誠傳〉說：

> 僧鑒虛者，自貞元中交結權倖，招懷賂遺，倚中人為城社，吏不敢
> 繩。會于頔、杜黃裳家私事發，連逮鑒虛下獄。存誠案鞫得姦贓數
> 十萬，獄成，當大辟。〔註161〕

鑒虛結交權貴，貪贓枉法，被下獄；然而鑒虛只是其中一例，如鑒虛者甚多。
唐代有官寺設立，這些官寺普遍帶有濃厚國家統治性格，所訂定各種法令誦
經儀式，不適合修禪的人。〔註162〕唐洪州百丈懷海禪師（749～814）鑑於上
文所言的種種情況，定下了清規制。據《宋高僧傳》卷十〈唐新吳百丈山懷海
傳〉說：

> 釋懷海，閩人也，……後檀信請居新吳界，有山峻極，可千尺許，
> 號百丈歟？海既居之，禪客無遠不至，堂室隘矣且曰：「吾行大乘
> 法，豈宜以諸部阿笈摩教為隨行邪？」或曰：「《瑜伽論》、《瓔珞經》
> 是大乘戒律，胡不依隨手？」海曰：「吾於大小乘中博約折中，設規
> 務歸於善焉。」乃創意不循律制，別立禪居。初自達磨傳法至六祖

〔註157〕〔梁〕釋慧皎《高僧傳》，頁13。
〔註158〕釋能融《律制、清規及其現代意義之探究》，臺北：法鼓文化事業股份有限
　　　　公司，2003年3月，頁306。
〔註159〕湯用彤《隋唐佛教史稿》第一章，北京：中華書局，1988年3月，頁12～
　　　　13。
〔註160〕參考本文第三章。
〔註161〕〔後晉〕劉昫《舊唐書》卷一百五十三，北京：中華書局，1986年5月。頁
　　　　4089～4090。
〔註162〕《律制、清規及其現代意義之探究》，頁307。

已來，得道眼者號長老，同西域道高臘長者呼須菩提也。然多居律寺中，唯別院異耳，又令不論高下，盡入僧堂。堂中設長連牀，施椸架挂搭道具。臥必斜枕牀脣，謂之帶刀睡，為其坐禪既久，署偃亞而已。朝參夕聚，飲食隨宜，示節儉也。行普請法，示上下均力也。長老居方丈，同維摩之一室也。不立佛殿，唯樹法堂，表法超言象也。〔註163〕

懷海禪師創意不循律制，別立禪居，又不論高下，在堂中設連牀共臥，更要上下均力。他自創的律制稱之為「禪苑清規」。他這種自創的律制，十分適合用作書院或學校教育方式培訓士子。據《景德傳燈錄》卷六，附〈禪門規式〉說：

師曰：「吾所宗非局大小乘，非異大小乘，當博約折中於制範，務其宜也。」於是創意別立禪居，凡具道眼有可尊之者，號曰長老，如西域道高臘長，呼須菩提等之謂也。既為化主，即處于方丈，同淨名之室，非私寢之室也。不立佛殿，唯樹法堂者，表佛祖親囑受，當代為尊也。所裒學眾，無多少，無高下，盡入僧中，依夏次安排。設長連牀，施椸架，掛搭道具。臥必斜枕牀脣，右脇吉祥睡者，以其坐禪既久，略偃息而已。具四威儀也。除入室請益，仕學者勤怠，或上或下，不拘常準。其闔院大眾，朝參夕聚，長老上堂升堂，主事徒眾雁立側聆，賓主問酬，激揚宗者，示依法而住也。齋粥隨宜，二時均徧者，務于節儉，表法食雙運也。行普請法，上下均力也。置十務，謂之寮舍，每用首領一人管多人營事，令各司其局也。或有假號竊形，混于清眾，并別致喧撓之事，即堂維那檢舉，抽下本位掛搭，擯令出院者，貴安清眾也。或彼有所犯，即以拄杖之，集眾燒衣鉢道具，遣逐從偏門而出者，示恥辱也。詳此一條制有四益：一、不污清眾，生恭信故。二、不毀僧形，循佛制故。三、不擾公門，省獄訟故。四、不泄于外，護宗綱故。〔註164〕

據〈禪門規式〉，「凡具道眼有可尊之者，號曰長老」，別立禪居，即處於方丈，不是私家寢室；階級之分，視為學問或修維深淺。不立佛殿，減低了佛教的

〔註163〕〔宋〕釋贊寧《宋高僧傳》，北京：中華書局，1987年8月，頁236。

〔註164〕〔宋〕原道撰，顧宏義注釋《新譯景德傳燈錄》，香港：海嘯出版事業有限公司，2005年5月，頁390。

崇拜的氣氛，重視個人修行，這與書院道德培育有相同的理念。〈規式〉還強調集體形式，例如連牀共臥、無高下之分，上下均力等。每一寮舍設有維那，負責規管眾僧的行為，如有喧撓之事會被逐出寺院，若犯禁，會拄杖，當眾燒衣鉢，再逐出寺門，規管頗嚴。又鼓勵學習，只要有心求學，不拘高低地位，可入室請益。其涵蓋範圍，包括外來客人，都要遵守。長老講經，徒眾要兩旁站立，側身聆聽。講經時頗像朱熹在廬山國學講說時的情況。所謂行普請法，意思是上下要均力，即不分地位高低都要勞動耕，懷海禪師自己也能身體力行，據《五燈會元》卷三〈馬祖一禪師法嗣〉之〈百丈懷海禪師〉說：

> 洪州百丈山懷海禪師者，福州長樂人也。……師兒時隨母入寺拜佛，指佛像問母：「此是何物？」母曰：「是佛。」師曰：「形容似人，無異我。後亦當作焉。」師凡作務執勞，必先於眾，主者不忍，密收作具而請息之。師曰：「吾無德，爭合勞於人？」既徧求作具不獲，而亦忘飡。故有「一日不作，一日不食」之語流播寰宇矣。〔註165〕

懷海創的普請法，可說是佛教漢化後的情況，是禪宗盛行後的禪寺在制度上的改革。禪寺人人勞動，日僧圓仁《入唐求法巡禮記》卷二，便記述了這情況：

> 廿八日，始當院收蔓菁，蘿卜。院中上下座等盡出揀葉。如庫頭無柴時，院中僧等不論老少，盡出擔柴去。註：普請，農禪結合，上下均力。〔註166〕

圓仁記載當要收割蔓菁（大頭菜）、蘿卜（蘿蔔）時，寺院上下要齊出動。所謂普請法不單是勞動種植生產，更是透過農田工作修行，從中能有所悟，強調禪修從日常生活中領悟。據《五燈會元》卷四〈黃檗希運禪師〉說：

> 師在南泉普請擇菜次，泉問：「甚麼處去？」曰：「擇菜去。」泉問：「將甚麼擇？」師豎起刀。泉曰：「只解作賓，不解作主。」師以刀點三下。泉曰：「大家擇菜去。」〔註167〕

在種植期間，用暗喻方式讓人領悟，正是禪宗那種從日常生活中的修行方式，既是生活，也是修行。

〔註165〕〔宋〕普濟《五燈會元》，北京：中華書局，1984年10月，頁13。

〔註166〕〔唐〕（日）圓仁《入唐求法巡禮記》，桂林：廣西師範大學出版社，2007年12月，頁60。

〔註167〕〔宋〕普濟《五燈會元》，頁189。

歷朝對佛教有不同方式的規管，因此〈禪門規式〉也隨著不同的皇朝政策作了不同的改動。百丈懷海禪師制定的〈禪門規式〉，稱為「古清規」；宋代崇寧二年（1103）制《禪苑清規》；南宋嘉定二年（1209）制《入眾日用清規》；南宋度宗咸淳十年（1274）時制《叢林校定清規總要》又稱《咸淳清規》；元武宗至大四年（1311）制《禪林備用清規》又稱《至大清規》。影響最深遠，是元代順帝元統三年（1335）制《敕修百丈清規》，是參照《禪苑清規》、《咸淳清規》及《禪林備用清規》編定。〔註168〕

元時制定的《敕修百丈清規》，與宋時所制的《禪苑清規》比較更複雜繁多。對書院學規的影響，正是《禪苑清規》。

（二）書院的學規

南宋是書院制的確立期，但在北宋已醞釀各種制度的成立，學規便是明顯的例子。宋初的胡瑗（993～1095）已初定一些教學法，皇帝下詔，採其教學法行於太學。據歐陽修（1007～1072）《歐陽修全集》卷二十五〈胡先生墓表〉說：

> 先生諱瑗，字翼之，姓胡氏。……先生為人師，言行而身化之，使誠明者達，昏愚者勵，而頑傲者革。故其為法嚴而信，為道久而尊。師道廢久矣，自明道、景祐以來，學者有師惟先生暨泰山孫明復、石守道三人，而先生之徒最盛，其在湖州之學，弟子去來常數百人，各以其經轉相傳授。其教學之法最備，行之數年，東南之士莫不以仁義禮樂為學。慶曆四年，天子開天章閣，與大臣講天下事，始慨然詔州縣皆立學。於是建太學於京師，而有司請下湖州，取先生之法以為太學法，至今為著令。後十餘年，先生始來居太學，學者自遠而至，太學不能容取，取旁官署以為學舍。〔註169〕

慶曆時，京師建太學，請胡瑗之法為太學法；所謂太學法，是一種教學方法，重點是老師如何教導學生，尚未發展到學規那類對學生的規範，然而教學法重點還在培育子弟德性，自然地對學生作道德規範，因此這太學法相信是學規的初形。據《宋元學案》卷一〈安定學案〉說：

> 滕宗諒知湖州，聘為教授。先生倡明正學，以身先之。雖盛暑，必公服坐堂上，嚴師弟子之禮。視諸生如子弟，諸生亦愛敬如父兄。

〔註168〕 參考釋能融《律制、清規及其現代意義之探究》第三章，頁318～319。
〔註169〕 〔宋〕歐陽修《歐陽修全集》，北京：中華書局，2001年3月，頁389。

其教人之法，科條纖悉具備。立「經義」、「治事」二齋：經義則選
擇其心性疏通、有器局、可任大事者，使之講明《六經》。治事則一
人各治一事，又兼攝一事，如治民以安其生，講武以禦其寇，堰水
以利田，算曆以明數是也。〔註170〕

看胡瑗教學之法，重視身教，重視學生的行為，同時分「經義」和「治事」。
「經義」是學習儒家經典，重明人倫，通心性；而「治事」則著重實際應用，
例如武學、水利、算曆等。後期在中央立的太學，地方的州、縣學，也採這教
學法作為主要的教學方式。北宋盛世時，官學相當興盛，書院發展顯緩慢。
州、縣學諸生感到這教學法的好處，從而將其發揚光大。陳雯怡在《由官學
到書院》中也認為胡瑗的教學法矯文辭之弊，明體用之學的精神，雖然只重
實際人事之學風，尚未以心性道德來貫通經世事業，已能一改僅重章句之風，
下開宋學重篤學之精神。〔註171〕李弘祺認為北宋的學規最初受禪宗叢林嚴格
的生活規律所影響，他認為可以透過對學生的規範，讓學生從小便學習至聖
之道，先有胡瑗的教學法，後有范雍（981～1046）〈京兆府小學規〉，這學規
對學生要求相當嚴格〔註172〕。關於李弘祺的論述，在下一小節會作詳細討論。

　　錢穆先生認為胡瑗的體用之學，是宋代儒學重振的開端。〔註173〕二程的
重心性之學也繼之而興，程頤在教學法上，也作進一步研究，成為了「伊川
學制」。據《二程集》〈河南程氏文集〉卷七〈學制〉說：

三學制。今立法改試為課，更不考定高下，只輪番請召學生，當面
下點抹，教其未至。所貴有益學者，不失庠序之體。

三學制。今立法，置博士十人，六人分講六經，餘四人分講《論語》、
《孟子》。講大經終者，卻講小經。諸經輪互講說，有專經者，亦許
通那。

三學制。令入太學，乃學古入官義。今立法使部人方許律學。

武學制。減去《三略》、《六韜》、《尉繚子》。卻添入《孝經》、《論語》、
《孟子》、《左氏傳》言兵事。

三學制。雖父母喪，亦許應舉，……今立法，學生遭祖父母喪，給

〔註170〕《宋元學案》，頁24。
〔註171〕陳雯怡《由官學到書院》，臺北：聯經出版社，2004年4月，頁70。
〔註172〕高士明主編《東亞傳統教育與學禮學規》第七篇李弘祺〈傳統中國的學規：
　　　　試論其社會性及角色〉，臺北：臺大出版中心，2005年8月，頁304。
〔註173〕錢穆《近三百年學術史》第一章，臺北：商務印書館，1996年7月，頁3。

長假，行服。

又同卷〈論改學制事目〉云：

> （博士）。今已立法，博士分治學事，及增置職事人。其正錄並合減
> 罷。
>
> （齋額）。今欲以七閒為一齋，容三十人，除學官職事人及諸般占使
> 外，可為五十齋，所容千五百人。
>
> （解額）。今欲量留一百人解額，以待在學者取應，餘四百人分在州
> 郡解額窄處。自然士人各安鄉土，養其孝愛之心，息其奔趨流浪之
> 志，風俗亦當稍厚。〔註174〕

如上所述，程頤這學制實際是針對神宗（1048～1085）時所推行的「太學三舍
法」〔註175〕，其要點可歸納為：（一）免試免解，改為講課，只考察其行為，
免除計分方式。（二）重視講經者的互通，講大經（六經）者也須與講小經（論
語、孟子）者輪互講說。（三）被選為官的要學習律學。（四）武學者也要學習
《論語》、《孝經》。（五）擴大齋間，但解額減少。（六）解額可在各州郡舉行，
免士子長途跋涉，離鄉別井，若考不上又不用從遠處回鄉。但這些建議從未
實行，卻影響到南宋的學者屢屢提及「伊川學制」，當中包括呂祖謙、朱熹等。
尤其朱熹，他十分欣賞程頤那種取消計分制，著重是人格培養的教學法。他
在〈與芮國器〉中說：

> 竊聞學政一新，多士風動，深副區區之望。但今日學制，近出崇、
> 觀，專以月書季考為陞黜，使學者屑屑然較計得失於毫釐間。而近
> 歲之俗，又專務以文字新奇相高，不復根據經之本義。以故學者益
> 騖於華靡，無復探索根源，敦勵名檢之志。大抵所以破壞其心術者，
> 不一而足。蓋先王所以明倫善俗，成就人材之意，掃地盡矣。惟元
> 祐間，伊川程夫子在朝，與修學制，獨有意乎，改革其弊，而當時

〔註174〕〔宋〕程頤《二程文集》卷八《伊川文集三》〈學制〉，北京：中華書局，1981
年7月，頁562～654。

〔註175〕據《宋史》卷一百五十七〈選舉三〉：「三舍法行，則太學始定置外舍生二千
人，內舍生三百人，上舍生百人。……凡公試，初場經義，次場論策，試上
舍，如省試法。凡內舍、行藝與所試之業俱優，為上舍上等，取旨授官……
三舍考選法乃遍天下。於是由州郡貢之辟雍，由辟雍升之太學，而學校之制
益詳。凡國子以奏蔭恩廣，故學校不預考選，其得入官賜出身者，多由銓試。」
北京：中華書局，1977年11月，頁3657～3658。王安石推行目的在於以學
校教育取代考試。蘇軾、司馬光等批評此制。

> 咸謂之迂闊，無所施行。今其書具在，意者後之君子必有能舉而行
> 之，區區願執事稍加意焉，則學者之幸也。〔註176〕

朱熹稱讚程伊川改革當時的弊制，訂定「伊川學制」，能針對政府教育制度的缺失，雖為當時的人評為迂闊，而無所施行；而程頤重視人的行為的培育，其精神則影響了南宋的學者，當他們創立書院或任山長時，會把人格教育放在第一位。

據鄧洪波的考證，最早的書院學規是呂祖謙為麗澤書院定的「學規」，最有名是朱熹的〈白鹿洞書院揭示〉，最短是陸九淵的〈示象山學者〉，各學規會因應各書院不同情況訂定，但大概可分作三大原則：一是辦學宗旨，二是培養學生德性，三是治學方法。〔註177〕其內容大要不一一舉出。宋以至清的書院，各有不同的學規，有繁雜，有簡約，內容也不離以上三項重點，但終極目標還是培育士子的人倫道德。自唐末至宋，禪宗所訂定的清規，同樣重視人格修養，各學者受禪宗的影響，以及儒學反本歸原下，為書院定下學規。

（三）佛教的清規對書院的影響

佛教自禪宗興起後，百丈懷海禪師以當時的佛僧良莠不齊，佛教趨向腐化，於是別立禪院，制定「禪門規式」，是為清規之始；最終目的是透過各項規則，讓僧人重新規範於修行的原則，從而悟道成佛。唐末五代時社會混亂，人心敗壞，有識之士無不痛惜，禪宗所創的清規，確實可對應當時的社會狀況，對僧人重新規範，提升他們人格道德觀，朝向正信之路。當時的士子，經過寺學的薰陶，士子縱然有反佛的想法，卻在日常的言行中多多少少已受其影響。儒者仿效禪宗叢林禪寺，定下規矩準繩，規範學生，目的也和禪宗相同，使學生在日常規律的生活中學習聖賢之道，最終能提升人的道德感。胡瑗所定的教學法，透過「經義」使人明人倫，通心性。而其教學法只用在太學中，地方長官范雍辦的官學制定了〈京兆府小學規〉：

> 應生徒入小學並須先見教授，投家狀，并本家尊屬保狀，申學官押
> 屬後上簿拘管。
> 於生徒內選差學長二人至四人，傳授諸生藝業及點撿過犯。

〔註176〕〔宋〕朱熹《朱子全書》《晦庵先生朱文公文集》卷三十七〈與芮國器〉，上海：上海古籍出版社，2010年9月，頁1624。
〔註177〕高士明主編《東亞傳統教育與學禮學規》第三篇，鄧洪波〈聖化與規範：學規指導下的南宋書院教育制度〉，頁71。

教授每日講說經書三兩僚，授諸生所誦經書、文句、音義，題所學書字樣，出所課詩賦題目，撰所對屬詩句，擇所記故事。

諸生學課分為三等：

第一等　每日抽籤問所聽經義三道，念書一二百字，學書十行，吟五六七言古律詩一首。三日試賦一首，看賦一道，看史傳三五僚。

第二等　每日念書約一百字，學書十行，吟詩一絕，對屬一聯，念賦二韻，記故事一件。

第三等　每日念書五七十字，學書十行，念詩一首。

應生徒有過犯，並量事大小，行罰。季十五歲以下，行扑撻之法，季十五歲以上罰錢，充學內公用，仍令學表上簿，學官教授通押。

行止踰違，盜博鬥訟，不告出入，毀棄書籍，畫書牆壁，損壞器物，互相往來，課試不了，戲玩喧嘩。

應生徒依府學規，歲時給假，各有日限，如妄求假告，及請假違限，並關報本家尊屬，仍依例行罰。〔註178〕

學規對學生規管重點放在對學生懲處，十五歲以下的學生犯錯會以扑撻之法，意思是鞭打，十五歲以上便罰錢，而不是誘導式；上述學規對比禪門規式，最接近的地方是犯過時因應所犯事的大小來懲罰。例如〈禪門規式〉會由維那檢舉出來，嚴厲處置，其注說：

且如來應世，尚有六群之黨。況今像末，豈得全無？但見一僧有過，便雷例譏誚，殊不知以輕眾壞法，其損害甚大。今禪門若稍無妨害者，宜依百丈叢林格式，量事區分。且立法防姦，不為賢士。然寧可有格而無犯，不可有犯而無教。惟百丈禪師護法之益，其大矣哉！〔註179〕

叢林規格式執法嚴厲，目的在防範眾僧犯例，從而可使眾僧重法而無犯，其精神為范雍所採用，認為學生犯例必須懲罰，目的在於規範學生行為，一方面維護教學的尊嚴，另方面是讓學生明白守規則的重要。規式是強化眾僧的信仰，學規是強化學生對聖賢的尊重。

〔註178〕〔清〕王昶《金石萃編》卷一百三十四卷，臺北：國風出版社，1964年7月，頁2584。

〔註179〕顧宏義《新譯景德傳燈錄》卷六（附）〈禪門規式〉注，香港：海嘯出版事業有限公司，2005年5月，頁391。

　　北宋時，宗頤（生卒年不詳）作《禪苑清規》，因作於崇寧二年（1103），
故又名《崇寧清規》。這《清規》是在《禪門規式》基礎上加以改良而成。
卷八〈龜鏡文〉中強調應有報恩觀念，從上而下，有各不同職分的僧人為僧
團服務，因此眾僧要克盡本分，以報答各不同職份的人的辛勞。其中一些要
點與儒家所重的相同，如：晨參暮請，不捨寸陰；尊卑有序，舉止安詳；外
遵法令，內守繩規；六和共聚，水乳相參；護惜雜物；韜光晦迹，不事追陪；
輕徐靜默；緘言拱手，退己讓人；忖己德行；知慚識愧；寬而易從，簡而易
事。〔註180〕這都是強調個人的修行，由個人到整個僧團，乃至發揚佛法之
光。在〈龜鏡文〉有以下的一段：

> 蓋以旋風千匝，尚有不周，但知捨短從長也。共辦出家之事，所冀
> 獅子窟中盡成獅子。旃檀林下，純是旃檀令。斯後五百年，再覩靈
> 山之會，然則法門興廢，繫在僧徒。僧是敬田，所應奉重，僧重則
> 法重，僧輕則法輕，內護既嚴，外護必謹。……僧門和合，上下同
> 心，互有短長，遞相蓋覆，家中醜惡，莫使外聞。雖然於無傷，畢
> 竟減人瞻仰，如獅子身中蟲自食，獅子肉非外道天魔所能慶也。若
> 欲道風不墜，佛日常明，壯祖域之光輝，補皇朝之聖化。〔註181〕

重視上下和合，守法規，家醜不外傳等，相信《禪苑清規》已吸收了儒家的人
倫觀念而作改動。

　　南宋時，朱熹、呂祖謙、陸九淵等理學家紛紛在書院講學，對於當時的
教育制度有所批評。據朱熹〈與東萊論白鹿書院記〉說：

> 祖宗盛時風俗之美，固如所論。然當時士之所以為學者，不過章句、
> 文義之間，亦有淺陋駁雜之弊，故當時先覺之士，往往病其未足以
> 明先王之大道，而議所以新之者。至于程、張諸先生，論其所以教
> 養作成之具，則見于明道學制之書詳矣，非獨王氏（王安石）指以
> 為俗學而欲改之也。王氏之學正以學不足以知道，而以老釋之所道
> 者為道，是以改之，而其弊反甚于前日耳！今病於末俗之好奇，而
> 力主文義章句之學，意已稍偏。……今書院之立，蓋所以究宣祖宗
> 興化勸學之遺澤，其意亦深遠矣。學於是者誠能考於當時之學，以

〔註180〕藍吉主編《禪宗全書・清規部一》《禪苑清規》卷八，臺北：文殊文化有限
　　　　公司，1990年4月，頁156。
〔註181〕藍吉主編《禪宗全書・清規部一》《禪苑清規》卷八，頁157。

> 立其基，而用力於程、張之所議者，以會其極，則齊變而魯，魯變
> 而道矣！〔註182〕

朱熹批評當時的文士淺陋駁雜，明道學制（伊川學制）可以一改當時之弊。
書院之立，一方面抗拒王安石的學制，另方面是抗拒釋、老之學，最終是反
歸於儒道正統。上文起首有「當是時士皆尚質實，實則入于申、韓、釋、老而
不自知」一句，雖抗拒佛、老，在不知不覺中受釋氏所影響，禪宗的叢林清規
的啟示，也讓南宋儒士思考到學規的重要，是齊變魯、魯變而道的途徑。前
文所說最早見於歷史是呂祖謙〈麗澤書院學規〉，此學規定於乾道四年（1168），
內容大要如下：

> 凡預此集者，以孝弟忠信為本。其不順于父母，不友于兄弟，不睦
> 于宗族，不誠于朋友，言行相反，文過飾非者，不在此位。既預集
> 而或犯，同志者，規之；規之不可，責之；責之不可，告于眾而共
> 勉之；終不悛者，除其籍。
> 凡預此集者，聞善相告，聞過相警，患難相恤，游居以齒相呼，不
> 以丈，不以爵，不以爾汝。
> 會講之容，端而肅；羣居之容，和而莊。
> 舊所從師，歲時往來，道路相遇，無廢舊禮。
> 毋得品藻長上優劣，訾毀外人文字。
> 郡邑正事，鄉閭人物，稱善不稱惡。
> 毋得干謁、投獻、請托。
> 毋得互相品題，高自標置，妄分清濁。
> 語毋褻、毋諔、毋妄、毋雜。
> 毋狎非類。
> 毋親鄙事。〔註183〕

綜觀「麗澤學規」是以勸諭為主，先規之，不聽便責之、告於眾，終不改才除
籍。內容與《禪苑清規》有相同之處，如與同學相處應互相提點，患難相恤
等。而《禪苑清規》則有僧門和合，上下同心。學規有群居之容要和而莊，
《禪苑清規》則有舉止安詳，緘言拱手。《學規》有毋高自標置，而《禪苑清

〔註182〕李夢陽編《白鹿洞書院古志五種》上冊〈白鹿洞書院新志〉卷五，頁 63～
　　　　65。
〔註183〕鄧洪波《中國書院學規》，長沙：湖南大學出版社，2000 年 10 月，頁 31。

規》則要退己讓人。北宋末年有《禪苑清規》的制度，而呂祖謙是在南宋時，呂氏的學規制定受禪宗叢林清規的影響，應極有可能。

學規中最有名是朱熹的〈白鹿洞書院揭示〉，內容如下：

> 父子有親，君臣有義，夫婦有別，長幼有序，朋友有信。
>
> 右五教之目。堯、舜使契為司徒，敬敷五教，即此是也。學者學此
> 而已。而其所以學之序，亦有五焉，具列如左：
>
> 博學之，審問之，謹思之，明辨之，篤行之。
>
> 右為學之序。學、問、思、辨四者，所以窮理也。若夫篤行之事，
> 則自修身以至於處事、接物，亦各有要，具列如左：
>
> 言忠信，行篤敬，懲忿窒慾，遷善改過。
>
> 右修身之要。
>
> 正其誼，不謀其利，明其道，不計其功。
>
> 右處事之要。
>
> 己所不欲，勿施于人；行有不得，反求諸己。
>
> 右接物之要。〔註184〕

此揭示不以學規為名，但揭之於楣間，讓求學士子可容易看到，重點也在讓學生在無形中被薰陶，習以為常，漸漸成為求學者的規矩準繩。這揭示以儒家守五倫之道為教學目的，以學、問、思、辨為求學方法，所重是個人的道德修養。朱熹又言：

> 熹切觀古昔聖賢所以教人為學之意，莫非使之講明義理，以修其身，
> 然後推以及人。非徒欲其務記覽，為詞章，以釣聲名取利祿而已也。
> 今之為學者，則既反是矣。然聖賢所教人之法，具存于經，有志之
> 士固當熟讀而問辯之。苟知理之當然，而責其身以然，則夫規矩禁
> 防之具，豈待他人設之，而後有所持循哉！近世於學有規，其待學
> 者為己淺矣，而其為法又未必古人之意也，故今不復施於此堂，而
> 特取凡聖賢所以教人為學之大端，條列如右，而揭之楣間。諸君相
> 與講明遵守，而責之於身焉，則夫思慮云為之際，其所以戒謹恐懼
> 者，必有嚴於彼者矣。其有不然，而或出於禁防之外，則彼所謂規
> 者，必將取之，固不得而略也。諸君其亦念之哉！〔註185〕

〔註184〕李夢陽編《白鹿洞書院古志五種》上冊〈白鹿洞志〉卷五，頁192～193。

〔註185〕李夢陽編《白鹿洞書院古志五種》上冊〈白鹿洞志〉卷五，頁193。

朱熹認為古人修身之法已於存於經典中，有志之士自當熟讀之，明辨思考，實踐之，便達到修身之效，無須強調防禁之具。揭示的用意在於提示，鼓勵求學者反省，而不是用嚴厲方法去懲戒。他反對北宋時的〈京兆府學規〉及〈禪門規式〉的嚴厲方式，認為因恐懼而遵守學規，當走出規範的範圍外，便不會自動守規，更不能達到儒家人倫之教。

北宋的《禪苑清規》雖強調守規的重要，但卻用較溫和的方式，鼓勵僧人可透過個人的反省主動遵守清規。《禪苑清規》卷九〈訓童行〉最後一段說：

> 右前件規矩，並是出家細行，如能委曲推行，便為得度之本也。佗時若獲披剃，高僧軌範，一切見成，卻以此法，教示初機，自然令法久住。如知而故犯，犯而不悔，非惟辜負四恩，虛霑信施，龍天土地，皆所不容，業果三塗，何所逃避，既是出家之輩，自當因果分明，時中不昧正因，便是成佛有分。〔註186〕

《清規》說如知而故犯，犯而不悔，就會辜負四恩，得到三塗〔註187〕的業果，並沒有說會得到即時的懲罰，這顯示比〈禪門規式〉更著重僧人自我反省，與朱熹〈白鹿洞書院揭示〉的提示上相同之義。

黃榦（1152～1221）是朱熹的弟子，饒魯（生卒年不詳）是黃榦的門人，當然是朱子的追隨者。饒魯把程端蒙（生卒年不詳）及董銖（1152～？）在鄉教導子弟之法編撰出來，成為《程董二先生學則》，此法也曾被朱熹所稱讚〔註188〕，而此法正與《禪苑清規》有極相似的地方。《程董二先生學則》有下列要點：

> （一）凡學於此者，必嚴朔望之期，（二）謹晨昏之令，（三）居處必恭，（四）步立必正，（五）視聽必端，（六）言語必謹，（七）容貌必莊，（八）衣冠必整，（九）飲食必節，（十）出入必省，（十一）讀書必專一，（十二）寫字必楷敬，（十三）几案必整齊，（十四）堂室必潔淨，（十五）相呼必以齒，（十六）接見必有定，（十七）修業

〔註186〕藍吉主編《禪宗全書・禪苑清規》卷九，頁167。

〔註187〕三塗：據慈怡法師主編《佛光大辭典》，三塗即三途，火塗、刀塗、血塗，義同三惡道之地獄、餓鬼、畜生。北京：北京圖書館出版社，1990年6月，頁636。

〔註188〕〔宋〕饒魯《程董二先生學則》後引朱熹的一段話：「此書將以教鄉人子弟，而作新之，蓋有古人小學之遺意矣。余以為凡為庠序之師者，能以是而率其徒，則所謂成人有德，小子有造者，將復見于今日矣，於以助夫后王降德之意，豈不美哉！」《叢書集成》，臺北：臺灣商務印書館，1965年，頁4。

有餘功，游藝有適性，（十八）使人莊以恕，而必專所聽。〔註189〕
此十八項，重點放在個人行為修練及正確的學習態度。有部分與《禪苑清規》
的〈訓童行〉〔註190〕甚為相似。現試把類近處列出來〔註191〕：

	程董二先生學則	禪苑清規（訓童行）
1. 謹晨昏之令	常日擊板始起梳洗，再擊諸生升堂序立	聞鐘聲皆得解脫門子
2. 居處必恭	居有常處，序坐以齒，凡坐必直正體，毋箕踞傾倚，交脛搖足，	行須斂手，坐必端身，不得倚靠。
3. 語言必謹	致詳審，重然諾，肅聲氣，毋輕、毋誕、毋戲謔喧嘩，毋及鄉里人物長短，及市井鄙俚無益之談。	誦習不得相聚戲笑，又說非義之言。徐言持正，勿宣人短。儻有諍者，兩相和合，以慈心相向，不得惡語傷人。
4. 步立必正	行必徐，立必拱，必後長者，毋背所尊，毋踐閾，毋跛倚。	僧堂前不得說話，不得倚靠斜立，不得撒手無禮，輕放家事，不得作聲。入僧室不得急行大步，應當安詳次第行。
5. 容貌必莊	必端嚴凝重，勿輕易放肆，勿麤豪狠傲，勿輕有喜怒	不得高聲說話，何況喧鬧叫笑，常須靜默。
6. 衣冠必整	勿為跪異華靡，毋致垢弊簡率，雖燕處不得裸袒露頂，雖盛暑不得輒去鞋襪。	衣服常須潔整，齊直襦下不得露袴口，冬夏打腳絣，又聽參行益及赴茶湯，須具鞋襪。
7. 飲食必節	毋求飽，毋貪味，食必以時，毋恥惡食，非節假及尊命，不得飲（酒）。	不飲酒食肉，除齋粥外，竝不得雜食。
8. 出入必省	已有急幹，不得輒出學門，出必告，反必面，出不易，方入不逾期。	非常住差使，不得出門，非大緣事，不得請假。
9. 讀書必專一	必正心肅容，計徧數，徧數已足，而未成誦，必須誦徧數未足，雖已成誦，必滿徧數，一書已熟，方讀一書，毋務乏觀，毋務強記。	參禪問道者，收攝身心，不得散亂，念經求度者，溫習經業，不得懶惰。
10. 几案必整齊	位置有倫，簡帙不亂，書笥衣篋，必謹扃鐍。	腳頭不得安經案，床頭不得置枕屏，舊衣鞋襪，安置床下，衣單枕被，常令整齊。

〔註189〕〔宋〕饒魯《程董二先生學則》，頁 1～4。
〔註190〕藍吉主編《禪宗全書‧禪苑清規》卷九，頁 165～167。
〔註191〕本表參考丁綱的《中國佛教教育》，頁 138～139。

11. 相呼必以齒	年長倍者以丈，十年長者以兄，相若者以字，勿以爾汝，書問稱謂亦如之。	大者為兄，小者為弟。
12. 接見必有定	客于諸生中有自欲相見者，則見師長既畢，乃就其位見之，非其類者，勿與親狎。	諸處逢師僧，當斂身避路問訊，令過見官員、施主同行，先當問訊，僧家次當祇揖官員、施主。既出家持戒，著真田衣直裰竝，不得跪拜俗家。

《程董二先生學則》與《禪苑清規》的〈訓童行〉有十二處相類，可見佛教的禪宗對書院學規的制定，有重要的影響。據徐復觀先生《中國藝術精神》言：

> 自禪學在僧侶中已開始衰微，在士大夫中卻盛為流行的北宋起，禪
>
> 對此後的士大夫而言，成為一種新地清談生活。〔註192〕

宋代士大夫視禪學為新的清談，創立書院的士夫，參考禪林規制訂定學規也是自然的事。唐代至宋，佛寺為士大夫常到之地，也是習業的地方，建置書院時，禪宗的叢林制度與傳統儒家思想，在教育理念上有相同之處，正是禪儒並行的思想下訂定書院學規。書院學規雖配合各書院不同情況而有不同，大體上，基本原則沒有太大分別。〔註193〕

〔註192〕徐復觀《中國藝術精神》，臺北：學生書局，1981年7月，頁374。
〔註193〕參考自鄧洪波《中國書院學規》，內中所列的學規，不離恭敬、孝親、專心、勤學、節儉、端正等大原則。

第六章　書院各種制度與佛教的關係（下）

　　第五章討論祭祀制度、講學形式、學規、經講義疏，本章討論管理制度、藏書及刻書、書院建置地及建築模式等方面，析論與佛教的關係。並總結各方面與佛教的關係。

第一節　書院的管理制度與佛教的關係

　　書院發展到南宋才確立各種制度，書院的管理制度也慢慢建立起來，包括山長的人選、財政的運用、課程的制定、對學生的考核、各項雜務的管理等，從簡到繁，到晚清時已漸漸接近現代學校的管理制度。書院發展初期相信也曾參考佛教的叢林制度，而佛教的組織也從簡到繁，從最初的僧人沿門托缽，到複雜的叢林制度，其發展過程對唐宋時士子創立書院有一定的參考價值。本節會先探討佛教寺院管理制度的發展過程，繼而說及書院管理制度的確立，最後是分析佛教寺院的管理制度如何影響書院的管理制度。

（一）佛教寺院的管理制度

　　據釋能融的研究指出：

> 早期的佛教僧團的主要職事，不外飲食分配、庫房管理、衣物分配、房舍臥具分配、精舍管理五大項目。其他職事乃僧團根據因緣環境

的需要，從此五大項目細分。〔註1〕

釋能融指出佛教僧團是指早期天竺的僧團，為了規範眾僧，制定一系列戒律，並訂定僧團的職分。佛教於東漢末傳入中國，最初並沒有甚麼僧團組織。漢明帝時，天竺國僧人攝摩騰至洛陽，明帝賞接，於城門外立精舍以處之，之後此地建白馬寺〔註2〕。史料提及有關僧團領導僧多提及僧首、寺法主等。據《高僧傳》卷五〈竺道壹〉說：

> 郡守瑯琊王薈於邑西起嘉祥寺，以壹之風德高遠，請居僧首。壹乃抽六物遺於寺，造金牒千像。壹既博通內外，又律行清嚴，故四遠僧尼，咸依附諮稟，時人號曰九州都維那。〔註3〕

竺道壹（推測327～397）為僧首，時人又稱竺道壹為都維那，可見都維那便是僧首，相信是佛教最初傳入之時的僧團組織的領導者。又同書卷七〈釋道猷〉云：

> 及孝武升位，尤相歡重，乃勅往新安，為鎮寺法主。〔註4〕

釋道猷（生卒年不詳）為寺法主，《高僧傳》載，道猷為南朝宋人，距東漢末一段時間，僧團組織應較為像樣，寺院的建置也漸大，寺法主相信是寺院的最高領導者。《高僧傳》卷五〈釋道安〉載述，道安首倡以釋氏為姓，之後沙門僧人皆以釋氏為姓，可見道安對當時佛教影響之大。之後道安更制定〈僧尼軌範〉、〈佛法憲章〉，有講經法、飲食唱時法、布薩悔過法，天下僧寺遵從。〔註5〕自始寺院漸重視僧團的組職和管理，以後佛寺設有三綱之職。據唐釋道宣（596～667）《廣弘明集》卷七說：

> 周主，是如來用郭邑作僧坊，和夫妻為聖眾，推令德作三綱，遵耆老為上座、選仁智充執事、求勇畧作法師。〔註6〕

道宣所言三綱是上座、執事、法師，與一般所言之三綱名稱有不同。據齊魏收（507～582）《魏書》卷一百一十四〈釋老志〉說：

> 永平二年冬，沙門統惠深上言：僧尼浩曠，清濁混流，不遵禁典，

〔註1〕釋能融《律制、清規及其現代意義之探》，臺北：法鼓文化事業股份有限公司，2003年3月，頁54。

〔註2〕《高僧傳》卷一〈攝摩騰〉，頁1～2。

〔註3〕《高僧傳》，頁207。

〔註4〕《高僧傳》，頁300。

〔註5〕《高僧傳》，頁183。

〔註6〕〔唐〕釋道宣《廣弘明集》，四部備要，中華據常州天寧寺本校刊，頁8。

精粗莫別，輒與經律法師羣議立制：諸州、鎮、郡維那、上坐、寺
主各令戒律自修，咸依內禁，若不解律，者退其本次。〔註7〕

如上云，三綱正是維那、上坐、寺主，是寺院最重要的三職位。據梁武帝《斷酒肉文》提到「僧尼諸寺三官」〔註8〕，三官也就是三綱，不管是維那、上坐、寺主還是上座、執事、法師，都是寺院的最主要的職務。唐時三綱成為定制，由朝廷所規管。據《舊唐書》卷四十三〈職官二·禮部〉說：

祠部郎中、員外郎之職，掌祠祀、享祭、天文、漏刻、國忌、廟
諱、卜筮、醫藥、僧尼之事。……凡天下寺有定數，每寺立三綱、
以行業高者充。（註）：諸州寺總五千三百五十八所，三千二百三
十五所僧、二千一百二十二所尼。每寺上座一人、寺主一人、都
維那一人。〔註9〕

又同書卷四十四〈職官三·鴻臚寺〉云：

凡天下寺觀三綱，及京都大德，皆取其道德高妙、為眾所推者補充、
申尚書祠部。〔註10〕

三綱制推行至唐末。禪宗懷海百丈禪師制定禪門規式，寺院的管理才有變化。

禪宗寺院有所謂普請法，在禪院中，僧人要務農自耕，其管理上自然和之前有所不同〔註11〕。《新譯景德傳燈錄》卷七附錄〈禪門規式〉說：

長老上堂升堂，主事徒眾雁立側聆，賓主問酬，激揚宗要者，示依
法而住也。齋粥隨宜，二時均徧者，務于節儉，表法食雙運也。行
普請法，上下均力也。置十務，謂之寮舍，每用首領一人管多人營
事，令各司其局也。或有假號竊形，混于清眾，並別致喧撓之事，
即堂維那檢舉，抽下本住掛搭，擯令出院者，貴安清眾也。〔註12〕

〔註7〕〔北齊〕魏收《魏書》，北京：中華書局，1974年6月，頁3040。
〔註8〕〔唐〕釋道宣《廣弘明集》卷二十六。
〔註9〕《舊唐書》，頁1831。
〔註10〕《舊唐書》，頁1885。
〔註11〕據張弓《漢唐佛寺文化史》研究，禪宗禪門清規未出現之前，寺院僧人多時由貴族、官員、地方百姓所供養。土地收益是由貴族，官員及一般百姓所捐贈，更有佃農供給經濟來源，有奴婢為寺院工作。頁275～290由於是由他人所供養，故在管理上當與後來的禪宗，鼓勵自耕自足所不同。
〔註12〕顧宏義《新譯景德傳燈錄》香港：海嘯出版事業有限公司，2005年5月，頁390。

因務農而須大量人力，大量的人力須有一定的管理制度，從而進一步擴大僧團的規模，職位也增多。上文提到用一人管多人營事，已是一種管理模式；此外，上文說到維那，看內文其職務是管理僧徒的行為，當有僧人犯錯要負責檢舉及懲治，是佛教禪林管理制度的初形。魏晉南北朝時寺院得到皇家的重視，有大量田地賜給佛寺，到唐末禪宗雖實行僧家務農情況，田地的需求更大。據元代傅若金（1303～1342）《傅與礪文集》卷三〈新淦州建興寺施田碑〉說：

> 吾聞始者佛氏之立教，持鉢出匄，日中一飯，未嘗大畜田以事生產。及後世尊信其法者益眾，則自天子、公卿，下逮庶民之富多田者，率捐棄膏腴，以惠養其徒。大者一寺田至萬億，小者猶數百千，吁亦盛矣！由其教寖廣，食指之積不訾，若聚恒沙以數，諸佛田之多，不若是則不足以給。〔註13〕

佛教立教之初是持鉢行乞，後來才有大規模的賜田或貴族的贈田，田地漸多，大寺田地可至萬億，小寺仍可有數百千，從中可看出寺院田地之多，這樣多田地，實需要有規模的管理制度，於是寺院管理制度也漸趨繁複。北宋末年的《禪苑清規》，所列職分更多。據〈龜鏡文〉說：

> 夫兩桂垂陰，一華現瑞，自爾叢林之設，要之本為眾僧。是以開示眾僧，故有長老；表儀眾僧，故有首座；荷負眾僧，故有監院；調和眾僧，故有維那；供養眾僧，故有典座；為眾僧作務，故有直歲；為眾僧出納，故有庫頭；為眾僧主典翰墨，故有書狀；為眾僧守護聖教，故有藏主；為眾僧迎待檀越，故有知客；為眾僧召請，故有侍者；為眾僧看守衣鉢，故有寮主；為眾僧供侍湯藥，故有堂主；為眾僧洗濯，故有浴主、水頭；為眾僧禦寒，故有炭頭、爐頭；為乞丐，故有街坊化主；為眾僧執勞，故有園頭、磨頭、莊主；為眾僧滌除，故有淨頭；為眾僧給侍，故有淨人。〔註14〕

上述史料所列的僧職有：長老或住持、首座、監院、維那、典座、直歲、庫頭、書狀、藏主、知客、侍者、寮主、堂主、浴主、水頭、炭頭、爐頭、化主、

〔註13〕〔元〕傅若金《傅與礪文集》，北京圖書館古籍珍本叢刊 92 冊，北京：北京書目文獻出版社，1988 年，頁 696～697。
〔註14〕藍吉主編《禪宗全書》《禪苑清規》卷九〈龜鏡文〉，頁 155～156。

園頭、磨頭、莊主、淨頭、淨人多達二十人，每人的職分不同，已不只食物、庫房、衣物、房舍四類。至近代大的寺院僧職多達八十二人。〔註 15〕據《百丈叢林清規證義》卷六：

> 證義曰：古之清規，佛法為重，故先西而東。今之叢林辦事為能，故先東而後西，其兩序執名，此據大概而已，各家增減，先後隨宜，不以此為拘也。〔註 16〕

寺院的僧職可隨寺院的大小有所增減。大的寺院分工極細，有分東西兩序，兩序外要有執事，各有不同的職份。看寺院的僧職分工，嚴如現代大規模的公司，其中園頭、磨頭、莊主是管理寺院莊園。據宋張舜民（生卒年不詳）說：

> 長蘆崇福院，乃章憲太后為真宗所營，制度宏麗，甲冠江淮，雖京師諸寺，有所不及，常安五百眾，又僮僕數百，日食千人。〔註 17〕

這條史料告訴我們，當時大的寺院有僮僕。寺院莊園主要是田地、磨坊、飼養畜牲等。而園頭、磨頭及莊主等主要是管理這些田地及收田租〔註 18〕，然而寺院田地十分多，且大部分不是僧人耕作。據黃敏枝研究，宋代莊主、園頭、磨頭等僧職只是負責督工、指導等工作，真正負責耕種的多是佃農、奴僕等來負擔。〔註 19〕一如書院，寺院經濟來源主要是田地，但也兼營其他業務，如碾磑的租賃，甚至有估販業、貸借業等；〔註 20〕寺院的管理也越趨更嚴密。相對於書院，書院管理則重在教育，對田地的管理沒有寺院那麼重視，收入來源也較為單一。唐宋時，寺院的僧職細分，規模宏大，所以能有經濟實力發展教育，而文士也喜到寺院寄住，專心修習學業。

〔註 15〕參考《百丈叢林清規證義》卷六，香港：香港北角法喜精舍，1993 年 12 月，頁 539～540。

〔註 16〕《百丈叢林清規證義》，頁 541。

〔註 17〕〔宋〕張舜民《畫墁集》卷七，上海：進步書局，192？年，頁 4。

〔註 18〕據《百丈清規證義》卷六：「監院為東序首領，住持右肩。執總庶務，如栽培田園、辦糧收租、出納錢米、會計帳簿、大眾粥飯、施主應酬，一切皆其執也。……磨頭有乾有水，乾者磨米麥，水者作豆腐等。……，值歲，正理坡務耕種收租。……莊主，收納租例，一以公平勿致主佃互齟。」莊主明顯是負責與佃戶收租及管理佃戶。頁 564～639。

〔註 19〕黃敏枝《宋代佛教社會經濟史論》，臺北：學生書局，1989 年，頁 95。

〔註 20〕張弓《漢唐佛寺文化史》上冊，北京：中國社會科學院出版，1997 年 12 月，頁 314。

（二）書院的管理制度

唐代的書院多是個人修習之地，據《全唐詩》所載，有關書院多是個人或數人在清幽之地築室作讀書之所，士子稱之為書院，唐李群玉（808〜862）〈書院二小松〉所言的情景，正代表了唐代書院的情況。

> 一雙幽色出凡塵，數粒秋煙二尺鱗；從此靜窗聽細韻，琴聲長伴讀
>
> 書人。〔註21〕

詩中所言的「書院」是個人的書齋，根本談不上制度。唐末五代，雖是動亂時代，不少士子歸隱山林講學〔註22〕，但都只屬隨意性，沒有一套制度管理。稍有規模及制度要算是陳氏書院。據徐鍇（920〜974）〈陳氏書院記〉說：

> 德安之太平鄉常樂里，合族同處，迨今千人，室無私財，廚無異爨，
>
> 長幼男女，以屬會食，日出從事，不畜僕夫隸馬。大順中，崇為江
>
> 州長史。乾寧中，崇弟勛為蒲圻令。次弟玫，本縣令。能嗣其業，
>
> 如是百年。……於居之左二十里曰東佳，因勝據奇，是卜是築，為
>
> 書樓堂廡數十間，聚書數千卷，田二十頃，以為游學之資，子弟之
>
> 秀者，弱冠以上，皆就學焉。〔註23〕

可知陳氏書堂有講學、藏書、學田等，具備了書院最基本的要求，但尚未形成制度。據鄧洪波的研究，南宋才是書院制度的確立期〔註24〕。南宋較著名的有〈明道書院規程〉，內容如下：

> 一、春秋釋菜，朔望謁祠，禮儀皆仿白鹿書院。
>
> 一、士之有志于學者，不拘遠近，詣山長入狀帘，引疑義一篇，文
>
> 理通明者，請入書院，以杜其泛。
>
> 一、每旬山長入堂，會集職事生員授講、簽講、復講如規。三八講
>
> 經，一六講史，並書于講簿。
>
> 一、每月三課，上旬經疑，下旬史疑，下旬舉業，文理優者，傳齋

〔註21〕《全唐詩》卷五一七，北京：中華書局，1988年1月，頁6614。

〔註22〕高士明〈五代的教育〉引《衡州石鼓書院記》：「前代庠序之教不脩，士病無所於學，往往相與擇勝地，立精社以為群居講習之所。」所列五代時歸隱例子相當多，如石昂、竇禹均、韓熙載、戚同文、廉若等等。《大陸雜誌》第四十三卷第六期，頁30〜32。

〔註23〕〔清〕董誥《全唐文》卷八百八十八，北京：中華書局，1987年2月，頁9279〜9280。

〔註24〕鄧洪波《中國書院史》，頁153。

書德業簿。

一、諸生德業修否，置簿書之，掌于直學，參者黜陟。

一、職事生員出入，並用深衣。

一、請假有簿，出不書簿者罰。

一、應書院士友，不許出外請謁投獻，違者議罰。有訟在官者給假，事畢日參。

一、凡謁祠、聽講、供課，若無故而不至者，書于簿，及三、罷職住供。

一、凡職事生員犯規矩而出者，不許再參。〔註25〕

上文提到山長入堂，會集職事生員，還有，職事生員出入，並用深衣。書院大多供應住宿給生員，必定需要管理人員管理生員起居、房住、用膳等問題，因此書院漸需要引入一套完善的管理制度。還有「書院規程」規管的不只是學生，還包括了職事人員，可見管理書院的不單是個人習業地，或講者作講學之處，而是有管理階層，有職員專責不同的事務，因此才要訂下規程去規管。南宋周應合（生卒年不詳）《景定建康志》卷二十九說到有關出納所支供俸，其註說：

> 月奉山長一百貫錢。量官二十貫。堂長一百貫，米三石。堂錄六十貫，米一石五斗。講書五十貫，米一石五斗。堂賓二十六貫，米一石二斗。直學二十四貫，米一石二斗。講賓一十七貫，米一石二斗。司計一十五貫，米一石二斗。掌書一十五貫，米一石二斗。堂祠一十四貫，米一石二斗。齋長一十貫，米一石。〔註26〕

據上文所言書院的各職事人員，有山長、量官、堂長、堂錄、講書、堂賓、直學、講賓、司計、掌書、堂祠、齋長。從職事人員的名稱估計，書院的職事主力在講學，其次是祭祀、再次是負責財務計算。主因創建書院的儒士所重的是學問的傳承，對於世俗事務都放在次等地位。

隨著書院漸漸發展，不少書院已具規模，如白鹿洞書院、嶽麓書院、明道書院等。這些具規模的書院，其職分也漸繁複，分工也多。據陳谷嘉、鄧洪波的《中國書院制度研究》所載的職事除了上述所十一項外，還加上學長、分校、講書、正副校習、訓導、經長、助講、都講、司錄、會主、會長、教主、

〔註25〕鄧洪波《中國書院章程》，長沙：湖南大學出版社，2000年10月，頁58。
〔註26〕〔南宋〕周應合《景定建康志》卷二十九，頁1172。

知賓、司書、掌書、司事、主奉、主祠、掌祠、爐主、值董。以上是主教學及祭祠等職務。以下是主負責行政、財務等工作有：監院、總辦、掌管、監理、董事、首事、司事、錢糧官、直學、司總、經理、司計、管計、管干、賬房、財帛、禮書等。還有基層的員工，如學僕、院役、院夫、院丁、院長隨丁、書丁、書役、門子、門僕、門斗、門夫、門役、看門、司閽、看使、看司、看碑、看書、司更、更夫、守堂、守閣、堂夫、柵夫、司堂、司祝、祠役、司祝、祠役、齋夫、水夫、茶夫、火夫、主鬯、陪鬯、爨總、樵夫、打掃夫、經營原差、總莊頭等等。〔註27〕據《中國書院制度研究》所言，山長至司錄等的職事，都是關乎講學；會主及會長，主要是負責會講，會主是會講時的主持人，會長主要是主辦會講，若是文會的會長，主要負責批改文章；司書及掌書主責書籍的管理；於祭祀的職事相當多，有主奉、主祠、掌祠、爐主等負責祭祀；監院與司理等都是主掌在書院的行政；錢糧官至禮書等主要是掌管書院財務，其餘的職工主理一般雜務。但當中不難發現與寺院有共通之處，例如監院，是負責總理書院的行政，與寺院的監院職能相近，其他有更多共通之處，下面會作較詳細討論。

（三）書院管理制度受佛教寺院影響情況

上文提到寺院及書院的管理制度和管理職事，如今是探討兩者相通之處，從而研究書院在管理制度受佛教影響的情況。現先從宋代的《禪苑清規》與南宋時的《景定建康志》所列的職能中相通之處。

佛教寺院的管理畢竟是宗教組織，其管理制度重點在僧人的修行及對佛法的傳承，對於僧人日常生活的管理著眼於修行。而書院的管理重點在教學，對學生的規管重點在教學方面。書院的管理制當有參考佛寺的管理的方式，例如山長。據宋馬永易《實賓錄》卷十一關於山長有兩條：

> 山長二則
>
> 五代零陵，蔣維東好學，能屬文，乾祐中，常隱居衡岳，從而受業五十餘人，號維東為山長云。
>
> 尹恭，初閬州人也，家世儒業，通五經，善談論。唐刺史孫丘，置學舍于州北古臺山，以恭初為山長，學者大集，恭初不下山二三年，

〔註27〕陳谷嘉、鄧洪波《中國書院制度研究》，杭州：浙江教育出版社，1997 年 8 月，頁 104～118。

教誨不倦。〔註28〕

以上是關於山長的最早記錄，顯示「山長」最初時是主講者的稱謂，書院大多設於山林之間；講學於山林之間是承襲自唐以來的風尚，到宋之後此傳統仍不變，南宋後成為定制。有些書院不以山長為稱謂，例如白鹿洞書院則稱為洞主，但職能相同，仍是書院的領導者，這職位猶如佛寺住持。據〈禪門規式〉說：

> 有可尊之德者號曰長老，如西域道高臘長呼須菩提等之謂也。既為
> 化主，即處于方丈，同淨名之室，非私寢之室也……其閤院大眾，
> 朝參夕聚，長老上堂升堂，主事徒眾雁立側聆，賓主問醻，激揚宗
> 要者，示依法而住也。〔註29〕

禪苑的長老猶如書院的山長，除了要升堂講說外，還要總理僧眾大小事務。據《禪苑清規》卷七〈尊宿住持〉說：

> 代佛揚化，表異知事，故云傳法。各處一方，續佛慧命，斯曰住持。
> 初轉法輪，命為出世，師承有據，乃號傳燈，得善現尊者長老之名，
> 居金粟如來方丈之地。……然其大體，令行禁止，必在威嚴形直影
> 端，莫如尊重。量才補職，略為指蹤，拱手仰成，慎無微肘。整肅
> 叢林規矩，撫循龍象高僧。朝晡不倦指南，便是人天眼目。〔註30〕

住持即長老，居方丈之地，因此也稱方丈，是寺院的領導者，其職能實與書院的山長相同。唐時寺院的住持已受到政府所規管，書院的山長也不例外。據南宋周應合《景定建康志》卷二十八：

> 今廟學隶崇精舍，偕闕興所教也，學掾並設山長，特命重所職也。
> 〔註31〕

官學的教授任山長，山長便成為官方之職。據宋歐陽守道《巽齋文集》卷十四〈白鷺洲書院山長廳記〉說：

> 皇帝（理宗）在位之三十有九年（景定四年）（1263）詔：吏部諸授
> 書院山長者，並視州學教授，嚴陵黃君嘉為白鷺洲書院山長，聞之
> 欣躍曰：「上嘉惠斯文至矣！昔者山長之未為正員也，所在多以教授

〔註28〕〔宋〕馬永易《實賓錄》卷十一，合肥：安徽教育出版，2001 年 1 月，頁 309。
〔註29〕顧宏義《新譯景德傳燈錄》（上）卷七附錄，頁 390。
〔註30〕藍吉主編《禪宗全書》《禪苑清規》，臺北：文殊文化有限公司，1990 年 4 月，頁 153。
〔註31〕〔南宋〕周應合《景定建康志》卷二十八，頁 1156。

兼之，自前年創入部關，建議之臣無見於教化之本原，請以授文學

之權入官者，而書院滋輕矣。」〔註32〕

山長由地方官學教授兼任，到元代更成為官職，由政府所委任。據《元史·選舉志》言蒙古人、色目人三十以上兩舉不第者，漢人、南人，年五十以上兩舉不第者可授與教授，以下可授與學正、山長。〔註33〕後來所謂舉隱逸以茂才授教官，山長以茂才舉為文學官〔註34〕，成為官職一員，即書院受到政府所規管。由此看寺院與書院同樣受到不同程度的規管。

據《景定建康志》卷二十九：

尊賢既成，率郡博士及諸生，行舍菜禮，自是春秋中丁，率為彝典，

置堂長及職事員。〔註35〕

堂長一職的功能與山長相約，據朱熹《晦庵先生朱文公別集》的〈南康軍請洞學堂長帖〉說：

舊制，洞主之外，更有堂長名目，今覩學錄，楊日新年高老成，在

洞供職，紀綱庶事，表率生徒，績效可觀，合行敦請，須至給帖者，

右給帖付貢士楊日新，准此充白鹿洞書院堂長職事。〔註36〕

楊日新為書院的堂長，堂長是協助山長紀綱庶事，表率生徒，換言之是管理學生事務。禪苑也有堂主之職，據《禪苑清規》堂主是為眾僧供侍湯藥，《百丈叢林清規證義》（以下稱證義）堂主是掌理本堂之事，兼理病人。看來寺院的堂主與書院的堂長沒有共通處，但書院堂長之職能與禪苑的維那相當接近，據《禪苑清規》維那是調和眾僧，《證義》說維那職能是綱維眾僧，曲盡調攝，看來堂長與維那有共通之處。

書院的掌書一職與禪苑的書狀同屬一類，主要在做些文書的工作，據《證義》有書記一職，相信書記和書狀是相同的，只是名稱有差異而已，其職務是：

執掌文翰，一切書寫，當盡其心，不可鹵率潦草，並教初學經典，

〔註32〕〔宋〕歐陽守道《巽齋文集》，《四庫全書珍本二集》，臺北：臺灣商務印書館，
　　　　1971年，頁5。
〔註33〕〔明〕宋濂《元史》卷八十一，北京：中華書局，1976年，頁2027。
〔註34〕〔明〕劉基《劉伯溫集》卷二〈送張山長序〉說：「張君以茂長舉為文學官，
　　　　居其職三年。」杭州：浙江古籍出版社，2011年5月，頁102～103。
〔註35〕〔南宋〕周應合《景定建康志》卷二十九，頁1170。
〔註36〕〔宋〕朱熹《朱子全書》《晦庵先生朱文公別集》卷九，頁4999。

　　儒釋兼通者，可充此執。〔註37〕

很明顯書狀是掌文書。至於書院的掌書，宋時是地方小吏。據《宋史》卷二百七十七〈慎知禮傳〉說：

　　慎知禮，衢州信安人。父溫其，有詞學，仕錢俶，終元帥府判官。

　　知禮幼好學，年十八，獻書於俶，署校書郎。未幾，命為掌書記。

　　〔註38〕

所謂掌書記，是指主掌文書記事工作，可能是地方掌文書的吏，書院定制時便以此為職銜。掌書與禪苑掌文翰書寫同類，但禪苑的書記還要兼教初學僧的經典，更須儒釋兼通，要求比書院的掌書更高。據陳谷嘉與鄧洪波合著《中國書院制度研究》所說，書院的掌書是由諸生擔任「經營收藏冠冕書籍，諸生領閱繳還，隨時記簿」〔註39〕明顯是即今天圖書管理員的工作，這點兩者有明顯的分別。寺院管理書籍有職事專人負責，據《禪門規式》藏主的職責是守護聖教，相信是守護佛教經典。據《證義》說：

　　藏主執經櫥鑰匙，凡經書不借出，以山門為限。夏季風日，暄明晾曬，諸經收櫥時，查字號不可紊亂。凡請看者，須登牌某月某日某人字函經，還則消帳，若其人告假，并餘事欲去者，先查取，遺失者罰抄賠己出院，凡交替執事，必須客堂庫房及知藏到，一檢點清楚，對眾清交新執，缺少者賠。〔註40〕

藏主執書櫥的鑰匙，是書櫥的負責人。又同書同頁記載有知藏一職，從屬於藏主，主要是負責保護經藏及修補殘破的經籍，並負責經籍的借還手續。從這條史料來看，藏主又像書院的掌書。書院及寺院均十分重視藏書，二者設有藏書之處，有專責人員主理。據《中國書院制研究》所述清代書院除了掌書負責管理藏書外，還設有司書、司事、齋長等職員管理書籍。〔註41〕因此禪苑的藏主和書院的書掌其職能是有共通的地方。有關藏書刻書等情況，留待下一節詳細討論。

　　書院和寺院要維持各種支出，必須靠固定的經濟支持，寺院的經濟來源相當多，除了信眾的供奉，擁有田地的寺院，收入才算穩定，因此甚為重視

〔註37〕《百丈清規證義》卷六，頁544。

〔註38〕〔元〕脫脫《宋史》，北京：中華書局，1977年11月，頁9445。

〔註39〕陳谷嘉、鄧洪波《中國書院制度研究》，頁111。

〔註40〕《百丈清規證義》卷六，頁546。

〔註41〕陳谷嘉、鄧洪波《中國書院制度研究》，頁110～111。

寺田的管理。〔註42〕《禪苑清規》提到有直歲及莊主等職事，據《證義》說：

> 值歲，正理坡務耕種收租等事。

又：

> 莊主：凡莊田一切事務，俱其專主田界、莊舍、農具，悉屬檢點修
> 理。些小事體，隨時分遣，或關大體，須白常住定奪，收納租例。
> 一以公平勿致主佃互虧，如更換佃戶，先要查明佃人好歹，白常住
> 商定，始令領田勿得貪小利，而以私心俵給，致貽後患。〔註43〕

上條說及值歲及莊兩職，兩職主要負責管理田地收租等事。書院方面，有錢
糧官負責。據《景定建康志》卷二十九所載，錢糧官掌出納支俸，並兼管理
田租。《景定志》中有記錄明道書院田產達四千九百八畝三角三十步，佃戶
分佈在不同的縣。〔註44〕以田產為主要的經濟來源，又設專人負責管理，
此為佛教寺院與書院共通之處。書院的田產有政府賜田、地方官紳捐贈等。
寺院的經濟來源雖不限田產，田產仍是主要的經濟來源，其數量之多遠超
過書院。〔註45〕

　　綜合以上各點，書院在管理方面，從山長、堂長、掌書、錢糧官等都與
寺院有共通的地方，寺院的管理制度定於唐末五代之時為〈禪門規式〉，人
稱為〈古清規〉，到宋代時再加以改良完善，有所謂《禪苑清規》，即所謂《崇
寧清規》（1103）。南宋時再有《咸淳清規》（1274），到元代才有《敕修百丈
清規》（1335），這些清規不單是規範僧人的日常生活模式，更是寺院管理規
制方式。而書院定制於南宋，創立書院的人不少與寺僧來往，有些更曾寄讀
於寺院，創立書院後參考「禪苑清規」後制定書院管理模式，應該是很自然
的事。

第二節　佛教對書院刻書及藏書的影響

　　書院主力在教學及文化學術的傳承及推廣，書籍從來是最主要的部分，

〔註42〕參考黃敏枝《宋代佛教社會經濟史》，臺北：臺灣學生書局，1989年，頁23。
〔註43〕《百丈清規證義》卷六，頁612及639。
〔註44〕〔宋〕周應合《景定建康志》，頁1171。
〔註45〕參考黃敏枝《宋代佛教社會經濟史》中引用了北宋末葉毛滂的一首詩，其中
　　　　兩句：「靈芝有良田，歲比萬戶侯。」靈芝寺田處處，每歲收入可比萬戶侯之
　　　　多，可見寺院田地之多。頁22。

一方面是教學的需要，另方面是文化事業的追求。因此各大小書院均有藏書，南宋時任教於書院的理學家如朱熹、袁燮、魏了翁等藏書相當多，鄧洪波《中國書院史》中談到書院藏書，更認為書院藏書，與官府藏書、私人藏書、寺觀藏書並稱為中國藏書事業的四大支柱。〔註46〕書院的藏書風氣有否受到佛寺藏書影響？以下會作詳細討論。此外，唐代已發明了雕版印刷術，書籍印製較易，宋代更有活字印刷術，書院刻書事業因而興起。佛寺刻印佛經時間比刻書更早，佛教的刻書是否影響到書院的刻書活動？這節也會討論。因此本節主要內容分兩部分，首先是討論佛寺的藏書方式對書院的影響，然後是談及佛寺的刻書怎樣影響書院的刻書情況。

（一）書院的藏書風氣與佛教的關係

唐代時，書院尚未成制，書院多是個人讀書修習的地方，因此藏書多是私人收藏。唐末義門陳氏聚書千卷以資同族子弟就學，據徐鍇〈陳氏書堂記〉：

> 乾寧中，崇弟勛為蒲圻令，次弟玫，本縣令，能嗣其業，如是百年。勛從子袞，本州曹掾，我唐烈祖中興之際，詔復除而表揚之，旌其義也。袞以為族既庶矣，居既睦矣，當禮樂以固之，詩書以文之，遂於居之左二十里曰東佳。因勝據奇，是卜是築，為書樓堂廡數十間，聚書數千卷，田二十頃，以為游學之資。子弟之秀者，弱冠以上皆就學焉。〔註47〕

這條史料告訴我們，陳氏書院是家族書院，其聚書也是為了子弟讀書時用的，主要還是配合教學需要。唐代有規模的藏書是在皇宮內的集賢、麗正書院〔註48〕，這兩所皇家書院是藏書修書之所，並非是以教學為主的私家書院。

宋代時，如陳氏的東佳書院，以私家藏書供同族子弟用的也不少。其他有關書院藏書的史料如《浙江通志》卷二十八〈學校〉說：

> 南園書院，在縣東四十五里，《萬歷金華府志》宋蔣友松建，聚書三萬餘卷，賓碩儒以教其族黨子弟。〔註49〕

〔註46〕鄧洪波《中國書院史》，頁157。

〔註47〕〔清〕董誥《全唐文》卷八百八十八，北京：中華書局，1987年2月，頁9279～9280。

〔註48〕參考〔後晉〕劉昫《舊唐書》卷四十三〈職官志〉，北京：中華書局，1986年5月，頁1851～1852。

〔註49〕〔清〕沈翼機《浙江通志》，乾隆元年重修本，臺北：臺灣華文書局，1967年8月，頁581。

又《河南通志》卷六十二云：

> 宋曹城，應天府人，大中祥符間，於戚同文舊居旁，造舍百餘區，
> 聚書數千卷，延生徒講習甚盛，有司以聞詔，賜額應天書院，命同
> 文孫舜賓主之，署誠府助教。〔註50〕

據上兩條史料，名人士子，因個人藏書多，可供教導同族子弟，於是成立書院，以自家藏書教導子弟，私家書院便是這樣形成。明顯地那時書院的藏書只基於個人收藏，沒有專責的人管理，也未形成制度。書院藏書制度的形成，極可能是受佛寺的藏書所影響。

佛教初傳入時，西來的僧人帶同了經典〔註51〕。佛寺的藏書由來已久，且早已有規模地管理。魏晉時代廬山的慧遠，其所在的東林寺藏書甚多。據白居易〈東林寺白氏文集記〉說：

> 昔余為江州司馬時，常與廬山長老於東林寺經藏中披閱遠大師與諸
> 文士唱集卷。時諸長老論余文集置經藏。時諸長老請余文集亦置經
> 藏，唯然心許，他日致之，迨茲餘二十年年。今余前後所著文大小
> 合二十九百六十四首，勒成六十卷，編次既畢，納於藏中，且欲與
> 二林結他生之緣，復曩歲之志，故自忘其鄙拙焉，仍請本寺長老及
> 主藏僧，依遠公文集例，不借外客，不出寺門，幸甚。〔註52〕

上文顯示，慧遠時已有藏經地，所藏的不限佛教經典，白居易的文集六十卷也可藏於藏經閣內，且有主藏僧負責管理，可見當時的東林寺在藏書方面已具相當規模，不只藏佛典，藏外典籍也可收藏。寺院的藏經不但有專責人員管理，且築藏經堂（或稱藏經樓）專藏經籍。據白居易〈香山寺新修經藏堂記〉說：

> 先是樂天發願修香山寺既就，迨今七八年，寺有佛像、有僧徒，而
> 無經典。寂寥精舍，不聞法音，三寶闕一。我願未滿，乃於諸寺藏
> 外，雜散經中，得遺編墜軸者數百卷帙，以開元經錄按而校之。於
> 是絕者續之，亡者補之。稽諸藏目，名數乃足，合是新舊大小經律
> 論集，凡五千二百七十卷，乃作六藏，分而護焉。寺西北隅有隙屋
> 三間，土木將壞，乃增修改飾，為經藏堂，堂東西間闢四窗，置六

〔註50〕〔清〕孫灝《河南通志續通志》，清光緒八年刊本，頁1482。
〔註51〕〔梁〕釋慧皎《高僧傳》，北京：中華書局，1997年10月，頁3。
〔註52〕〔清〕董誥《全唐文》卷六百七十六，北京：中華書局，1987年2月，頁6905。

藏，藏二門，啟閉有時，出納有籍。〔註53〕

香山寺院中有經藏堂，內有佛經典藏，有外藏〔註54〕，典藏達五千多卷。文中提到啟閉有時，出納有籍，表示有固定開放時間，有借還書籍的措施，顯示有專人負責管理書籍。本章第一節中提到敦煌寺學頗為普遍，寺學學生所學的內容有不少是儒家經典，敦煌殘卷所藏的經典數量相當多，且有不少更是藏外典籍；由此推論，在敦煌內各寺的典藏相當豐富，數量必遠超於在藏經洞發現的殘卷。據張弓《漢唐佛寺文化史》所說，寺院除了豐富的內藏外，還有外藏，外藏更分為以儒家經典為主的典籍藏，還有以人物遊歷、寺院描述和一些名家的刻碑、手稿等為主的名實藏，所謂實藏即以名人故事、佛寺傳說等為主的實藏。上文提到白居易文集，屬名家詩集，也是外藏一種。〔註55〕

書院發展至南宋，制度漸成，據魏了翁（1178～1237）《鶴山集》的〈書鶴山書院始末〉說：

> 開禧二年（1206）秋八月，臨卭魏了翁，……南北窓堂之後為閣，
> 家故有書，某又得秘書之副，而傳錄焉，與訪尋于公私所板行者，
> 凡得十萬卷，以附益而尊閣之，取《六經閣記》中語，榜以尊經則，
> 陽安劉公為之記。〔註56〕

藏書達十萬卷，數量可說驚人，文中說附益而尊閣之。意思是建書閣收藏書籍，更有劉光祖（1142～1222）為之撰寫記文。所謂「尊閣之」，意思是放在閣中，「閣」在古代多是築在室之上的樓層，佛寺的藏經閣，多築在殿之後的高閣上，顯其尊貴，所謂「尊」，也是尊經之義，顯示經典的重要。魏了翁因藏書豐富成就了鶴山書院，書院必築藏書樓把書籍好好收藏，藏書樓的規模及管理模式必然是參考自佛寺的藏經閣。據《湖廣通志》卷七十九〈古蹟志〉說：

> 山齋在嶽麓山下，宋劉珙建，張栻《山齋》詩：「藏書樓上頭，讀書
> 樓下屋，懷哉千古心，俯仰數椽竹。」〔註57〕

〔註53〕〔清〕董誥《全唐文》卷六百七十六，頁6904。

〔註54〕外藏：據張弓《漢唐佛寺文化史》寺院所藏之經典主為佛教經典，經律論，稱為「內典」，也容許非佛教經典，稱為「外典」也稱為外藏。北京：中國社會科學出版，1997年12月，頁985。

〔註55〕張弓《漢唐佛寺文化史》，頁985～1003。

〔註56〕〔宋〕魏了翁《鶴山集》卷四十一，文淵閣《四庫全書》1172冊，上海：上海古籍，1987年6月，頁468。

〔註57〕〔清〕邁柱《湖廣通志》卷七十九《欽定四庫全書》531～534冊，上海：上

詩中提到「藏書樓上頭」，顯然在南宋時的嶽麓書院已有藏書樓。北宋初期，關於書院建藏書樓藏的史料不多，相信當時的士人多為了教學用的私藏書籍，多沒有系統地管理。南宋以後，開設書院的人，已懂得有系統地把書籍藏在書樓中，當中顯然是受佛寺藏經所啟示，也採用系統的方式收藏典籍。據北宋王禹偁（954～1001）〈潭州嶽麓山書院記〉說：

> 公詢問黃髮，盡獲故書，誘導青衿，肯構舊址。外敞門屋，中開講堂，揭以書樓，序以客次。塑先師十哲之像，畫七十二賢，華袞珠旒，縫掖章甫，畢按舊制，儼然如生。請闢水田，供春秋之釋奠，奏頒文疏，備生徒之肄業。〔註58〕

開講堂，又建書樓，這書樓顯然是藏書之所。南宋時朱熹到訪嶽麓書院，並與在書院主教的張栻同賦詩〈山齋〉，可見藏書樓已存在，據說這藏書樓曾改稱為「藏經閣」、「尊經閣」等。〔註59〕「藏經閣」之名明顯地受佛寺的藏經閣所影響。嶽麓書院所在嶽麓山是有著名麓山寺，據《高僧傳》卷七釋法愍（生卒年不詳）隱於麓山寺，弟子更為他立碑〔註60〕，至五代時，嶽麓山仍是佛教勝地，有二僧智璿及某，有鑑於當時亂世，在南方荊蠻之地建屋購書授徒，目的在化民成俗。據宋歐陽守道（1208～1272）〈贈了敬序〉：

> 往年予長嶽麓，山中碑十餘，尋其差古者，其一李北海，開元中為僧寺撰其一記。國初，初建書院忘撰者名。碑言書院乃寺地，有二僧，一名智璿、一名某，念唐末五季，湖南偏僻，風化凌夷，習俗暴惡，思見儒者之道，乃割地建屋，以居士類。凡所營度多出其手，時經籍缺少，又遣其徒市之京師，而負以歸。士得屋以居，得書以讀，其後版圖入職方，而書院因襲增拓至今。〔註61〕

上面提到嶽麓書院前身是寺院，二僧割地建屋，使避亂南來的士子，有屋可

　　　　海古籍，1987年6月，頁534～86。本人翻閱朱熹《晦庵集》卷三有詩〈山齋〉和張栻《南軒集》卷七同樣有詩名〈山齋〉，《湖廣通志》引的詩該是朱熹所寫的〈山齋〉而非張栻的〈山齋〉。

〔註58〕〔北宋〕王禹偁《小畜集》卷十七，臺北：臺灣商務印書館，1968年9月，頁239。

〔註59〕江堤、彭愛學《嶽麓書院》，朱熹《山齋》：藏書樓上頭，讀書樓下屋；懷哉千載人，俯仰數椽足。張栻《山齋》：疊石小崢嶸，修篁高下生；地偏人迹罕，古井轆轤鳴。長沙：湖南文藝出版社，1995年12月，頁28。

〔註60〕〔梁〕釋慧皎《高僧傳》，北京：中華書局，1997年10月，頁285～286。

〔註61〕〔宋〕歐陽守道《巽齋文集》卷十四，頁5。

居，有書可讀。後來嶽麓書院漸有規模，藏書也更豐富，漸有藏書專屬的地方，也建立起一套制度來管理藏書。它的建築以至制度受佛寺影響是理所當然的事，而藏書樓之設受佛教影響也不足為奇。嶽麓書院為宋代四大書院之一，影響之大可想而知。南宋後，書院之設如雨後春筍，相互影響是必然的事。嶽麓書院聲名甚響，其制度足以使其他書院向嶽麓書院借鏡，何況不少書院前身也是佛寺。筆者推算寺院的藏書制度，影響到書院的藏書制度。

（二）佛教對書院刻書的影響

中國的刻書發展，和佛教離不開，也影響到書院的刻書制度。以下會述論中國的刻書發展。中國發明印刷術無容置疑，中國印刷術據說起源於石碑的摹搨（或稱拓碑）。據李書華《中國印刷起源》：

> 石碑所刻之文為正字陰文（凹入），以紙墨搨碑文，即得黑地白字的搨片。此與反字陽文的雕板印刷得到白地黑字，在方法上自然不同。但石碑既可代以本刻，而雕板則純屬本刻；其不同之點，不過印刷為陽文，摹搨為陰文。假如將替代石碑之木刻縮小，而能得到白地黑字，那就是雕板印刷。〔註62〕

如上所言，印刷術未發明前是搨碑，搨碑成為了雕板印刷的啟發。然而早期印刷是雕板印刷卻與佛教有關。據向達《唐代刊書考》指出中國印刷術的起源，與佛教有密切關係。〔註63〕據《法苑珠林》卷三十九：

> 《西域志》云：「王玄策至大唐顯慶五年九月二十七日菩提寺，寺主名戒龍，為漢使王玄策等設大會。使人已下，各贈華氈十段，並食器，次申呈使獻物龍珠等，具錄大真珠八箱，象牙佛塔一，舍利寶塔一，佛印四。至於十月一日，寺主及餘眾僧錢送使人。」〔註64〕

上文所說的「佛印」即把小木板刻佛像，並印在紙上。唐時有印佛像情況，目的在於方便信眾的供奉。據玄奘法師（602～664）《大唐西域記》卷九：

> 印度之法，香末為泥，作小窣堵波，高五六寸，書寫經文，以置其中，謂之法舍利也。數漸盈積，建大窣堵波，總聚於內，常修

〔註62〕李書華《中國印刷術起源》，新亞研究所，1962年10月，頁37。
〔註63〕上海新四軍歷史研究會印刷印鈔分會編《歷代刻書概況》，北京：印刷工業出版社，1991年9月，頁9。
〔註64〕〔唐〕釋道世《法苑珠林》，中華書局，2003年12月，頁1254。

供養。〔註65〕

印度人建佛塔（即上文所說的窣堵波）把佛經後放入其中，作為供佛舍利，及後信徒也抄經後存入佛塔成了供佛的方式，因此抄經供佛是自印度傳入。據李書華《中國印刷術起源》所說，在敦煌及新疆發現的板印佛像甚多，每卷紙有許多同一佛像；敦煌法國探險家伯希和（Paul Eugene Pelliot，1878～1945）在新疆庫車獲得小形雕印佛像方木板一塊，此木板年代不晚於公元八世紀（大概中晚唐代時代），據伯希來的研究，應是在中土盛行印佛後傳入西北，此稱之為「佛印」。〔註66〕據向達的〈唐代刊書考〉認為此種佛印流傳甚廣，他以日本法隆寺所藏為證，唐代摺佛之風，一時大盛，一紙動輒印百千佛像，可說是為印刷術的萌芽期。〔註67〕據司空圖（873～908）〈今相國地藏贊〉記述，唐代寺院已有印經的情況：

> 為東都敬愛寺講律，僧惠確化募雕刻《律疏》。……今者以日光舊疏龍象，宏持京寺盛筵，天人信受迷後，學競扇異端，自洛城罔遇時交，乃楚印本漸虞散失，欲更雕鎪，惠確無愧專精，頗嘗講授，遠欽信士誓結良緣，所希龜鏡屯津梁靡絕，再定不刊之典。〔註68〕

從資料看，司空圖為晚唐時人，寺院已有印經情況，極可能已流傳了一段時期，當時的寺院多認為，刻印經書或佛像，有助佛法的傳揚。現傳世界最早有確切紀年的雕板印刷書籍，是敦煌殘卷中的《金剛經》，其年份是咸通九年（868）四月十五日，按年份推算應是晚唐懿宗時，可證明晚唐雕板印刷術已相當成熟，〔註69〕因此推斷雕板印制之術在中唐寺院中已開始應用。踏入宋代，刻經更為發達。據北宋時釋慧寶（生卒年不詳）《北山錄》卷十

〔註65〕〔唐〕玄奘、辯機《大唐西域記》卷九，北京：中華書局，2009年8月，頁712。

〔註66〕李書華《中國印刷術起源》，頁84。

〔註67〕《歷代刻書概況》：日本大和法隆寺所藏不動明王像一紙，而印像三十，藥師如來像一紙，而印像十二；阿彌陀如來像，以縱一尺一寸五分之紙，而印像百八尊。頁10。

〔註68〕〔唐〕司空圖《司空表聖文集》卷九，上海印書館縮印舊鈔本，臺北：臺灣商務印書館，1967年，頁51。

〔註69〕方廣錩《敦煌學佛教學論叢》上冊，〈敦煌遺書中的《金剛經》及其註疏〉言除了咸通九年的木刻本，還有其他《金剛經》木刻本如斯5534的西川過家印真本，年份是天復五年（905），此為私家刻印，另外西川有另一私家印本，年份是天福十五年（949）。由此看西川的印經十分盛行。香港：中國佛教文化出版有限公司，1998年8月，頁374～376。

〈外信〉注說：

> （注）今大宋皇帝造金鏤字《大藏經義疏》，影藏印經板一十三萬餘
> 板，牒給天下寺舍。〔註70〕

這條史料顯示宋皇室已主掌了《大藏經》的印行。據梁天錫《北宋傳法院及
其譯經制度》研究，北宋除了傳法院內有專責翻譯佛教經典的譯經堂外，還
設了印經院，把新譯的經論，刊版摹印，以廣流佈。〔註71〕印刷術的應用
有助經典的流佈，可說不容置疑，不管是官學與或私人書院，也相仿效雕板
印書。

印刷儒家經典，最著名的是《九經》，據宋葉夢得（1077～1148）《石林燕
語》卷八說：

> 唐以前，凡書籍皆寫本，未有摹印之法，人以藏書為貴，人不多有，
> 而藏者，精於讎對，故往往皆有善本。學者以傳錄之艱，故其誦讀
> 亦精詳。五代時，馮道始奏請官鏤《六經》板印行。國朝淳化中，
> 復以《史記》《前、後漢》付有司摹印，自是書籍刊鏤者益多……世
> 言雕板印書始馮道，此不然，但監本五經板，道為之爾。《柳玭家訓
> 序》，言其在蜀時，嘗閱書肆，云「字書，小學，率雕板印紙」，則
> 唐固有之矣。〔註72〕

葉夢得認為，唐末的蜀已有雕板印刷之書。據司馬光《資治通鑑》卷二百七
十七說：

> 長興三年（932）二月，辛未，初令國子監校定《九經》，雕印賣之。
> 〔註73〕

五代後唐時，命國子監較定《九經》雕印後賣出，相信印制了多套。由此可證
明印刷術應用已漸多。據《愛日齋叢抄》卷一說：

> 後唐平蜀，明宗命太學博士李鍔書五經，倣其製作，刊板於國子監，
> 為監中印書之始。仲言自云，家有鍔書印本《五經》。後題長興二年，
> 今史云三年，中書奏請依石經文字，刻《九經》，印板從之，又他書
> 記馮道取西京鄭覃所刊石經，雕為印板，非李鍔書倣蜀製作，或別

〔註70〕趙曉梅編《中國禪宗大典》，第十七冊《淨慧法眼禪師宗門十規論》，北京：
　　　　國際文化出版有限公司，1995年，頁242。
〔註71〕梁天錫《北宋傳法院及其譯經制度》，香港：志蓮淨苑，2003年11月，頁35。
〔註72〕〔宋〕葉夢得《石林燕語》，北京：中華書局，1984年5月，頁116。
〔註73〕〔宋〕司馬光《資治通鑑》，北京：中華書局，1987年4月，頁9065。

本也。《金石錄》又云，李鶚五代時仕至國子丞，《九經》印板多，
其所書前輩頗貴重之，鶚即鍔也，《猗覺寮雜記》云雕印文字唐以前
無之，唐末益州始有墨板，後唐方鏤《九經》，悉收人間所收經史，
以鏤板為正，見兩朝國史，此則印書已自唐末矣。〔註74〕

據上文，五代後唐佔領了蜀後，命李鍔（生卒年不詳）倣效刊印經籍。後唐未
侵佔蜀之前已有刻印經書的情況。前文曾言佛寺雕板印書自中唐已有，至唐
末益州有刻板的《九經》流傳，儒家典籍的刻印明顯受中晚唐以來印佛經所
啟發，唐末五代亂世中承傳學問。《愛日齋叢抄》又說：

> 《通鑑》後唐長興三年二月辛未，初令國子監校定《九經》雕印賣
> 之，又云自唐末以來，所在學校廢絕，蜀毋昭裔，出私財百萬營學
> 館，且請刻板印《九經》，蜀主從之，由是蜀中文學復盛。〔註75〕

上文說到，後蜀官員毋昭裔（？～960）出資印經教學。後唐明宗（867～933）
命李鍔（生卒年不詳）印《九經》不過是效法蜀的毋昭裔，而毋昭裔明顯受到
印佛經的啟發，刻印經典這方式更啟發到後來的書院。書院不只盡量收藏典
籍，更校正整理殘缺的書籍，為了讓經典更廣流傳及得到更好的保存，會鏤
板刻印書籍。據趙連穩、朱耀廷《中國古代的學校、書院及其刻研究》記述書
院藏書甚盛，刻印書籍也多，雖然規模沒有政府機構那麼大，目的也在為了
教學用途。〔註76〕書院刻書，是理所當然之事。據元黃溍（1277～1357）《文
獻集》卷七上〈西湖書院田記〉說：

> 昔天下未有學，惟四書院在梁楚間，今江浙行中書省所統吳越間之
> 地，偏州下縣無不立學。而其為書院者，至八十有五，大抵皆因先
> 賢之鄉邑，及仕國遺跡所存而表顯之，以為學者之依歸，不然則好
> 義之家創為之，以私淑其人者也。獨杭之西湖書院，實宋之太學，
> 規制尤盛，舊所刻經史羣書，有專官以掌之，號書庫官。〔註77〕

江浙之西湖書院，仿宋之太學，把經史群書刻印，更有專人管理，為尊此管
理人，稱為「書庫官」。由此看，南宋時江浙一帶的書院十分重視刻書藏書。

〔註74〕〔宋〕佚名《愛日齋叢鈔》，臺北：廣文書局，1971 年 8 月，頁 5。
〔註75〕〔宋〕佚名《愛日齋叢鈔》，頁 3～4。
〔註76〕趙連穩、朱耀廷《中國古代的學校、書院及其刻書研究》，北京：光明日報出
版社，2007 年 5 月，頁 129～130。
〔註77〕〔元〕黃溍《文獻集》，文淵閣《四庫全書》1209 冊，上海：上海古籍出版，
1987 年 6 月，頁 9433。

西湖書院，實效官學的規制，對刻書十分重視，書院所刻的書更為後人所稱頌。清顧炎武（1613～1682）《日知錄》「監本二十一史」說：

> 聞之宋元刻書，皆在書院山長主之，通儒訂之，學者則互相易而傳布之。故書院之刻有三善焉，山長無事而勤於校讎一也；不惜費而工精，二也；板不貯官而易印行，三也；有右文之主出焉，其復此非難也。而書之已為豕生，刊改者不可得而正矣。是故信而好古，則舊本不可無存；多聞闕疑，則羣書亦當並訂，此非後之君子之責而誰任哉？〔註78〕

宋代書院刻書由山長親自校對，且不受制於官府，因此所刻之書甚佳，被稱為善本。據李致忠《宋代刻書述略》，宋代書院所刻的書較著名的有紹定三年（1230）婺州麗澤書院刻印司馬光《切韻指掌圖》二卷。紹定四年（1231）象山書院刻印袁燮《素（絜）齋家塾書鈔》〔註79〕十二卷。淳祐六年（1246）泳澤書院刻印大字體朱子《四書集註》十九卷。淳祐八年（1248）龍溪書院刻印陳淳《北溪集》五十卷《外集》一卷。寶祐五年（1257）竹溪書院刻印方岳《秋崖先生小稿》八十三卷。景定五年（1264）環溪書院刻印《仁齋直指方論》二十六卷、《小兒方論》五卷、《傷寒類書活人總括》七卷、《醫學真經》一卷。咸淳元年（1265）建寧府建安書院刻印《朱文公集》一百卷、《續卷》十卷、《別集》十一卷。白鷺洲書院刻印《後漢書注》九十卷、《志注補》三十卷等等。〔註80〕

袁燮（1144～1224）《素（絜）齋家塾書鈔》的序言說：

> 是編為伯兄手鈔，雖非全書，然發揮本心大旨具在。伯兄名喬天，資純正，用志勤篤，嘗宰溧陽，視民猶子，邑人德之。惜未盡行所學爾，甫悼先君子之沒，幸伯兄之有傳，今又云亡痛曷有已，遂刻是編名曰《絜齋家塾書鈔》，而納諸象山書院，以與世世學者共之。紹定四年辛卯良月己未男甫謹書。〔註81〕

據袁燮序言，堂兄把其父之學手鈔刻印，其父本是象山書院老師，象山書院

〔註78〕〔清〕顧炎武《日知錄》卷十八，上海：上海古籍出版社，1985年6月，頁1375。

〔註79〕據迪志文化出版的《四庫全書》電子版，是「絜齋」不是「素齋」。

〔註80〕參考《歷代刻書概況》第五篇李致忠〈宋代刻書略述〉，頁66。

〔註81〕〔宋〕袁燮《絜齋家塾書鈔》序，《叢書集成續編》266冊，臺北：新文豐出版公司，1989年7月，頁319。

接納把堂兄關於父親之學手鈔本刻印，編為《絜齋家塾書鈔》，可證南宋書院確有刻書。據《白鹿洞志》卷十六〈經籍〉中所言的鏤板有十一種經籍：

> 《易經》板五十九片。《書經》板五十三片。《春秋》六十八片。《禮記》板百九十七片，以上俱邵寶刻。《五禮圖》板五片。《史記》板二千片，俱田汝籽刻，按察司取去。《遵道錄》板一百零一片，王崇慶刻。《禮教儀節》板二百三十五片。《二業合一訓》板四十九片，王棒刻。《伊洛淵源》一百六十片，俱高實亨刻。《重修白鹿洞志》板壹百零八十片，鄭廷鵠刻，張純加刻四十四片，共二百二十四片。〔註82〕

據上所述，白鹿洞書院所藏鏤板也相當多，且注明刻者為誰。又據《白鹿洞志》卷十六〈經籍〉的序言中說：

> 世稱群玉之山，四徹中繩，是謂策府。故司馬氏整齊群藝，必藏之名山，以俟後世，豈非斥災厄、絕朽蠹，使鬼神為衛，以為萬世計哉！白鹿自文公興復之後，加意藏書，久矣。然世變相仍，頗易殘缺，況儲曝非時，檢覆無法。如近時貢院之弊，取有常文，歸不完壁，其散亡也，不亦宜乎！茲立補綴之法，屬借取之禁，尚恐後之君子無所稽考，作《經籍志》以鏤板，並諸器用附焉。〔註83〕

可知收藏書籍，加以整理保存，傳諸後世，是書院在文化承傳上重要的責任。鏤板刻印書籍目的也在廣為流傳，並更妥善的保存典籍，也更方便後學者較易得到書籍學習，也是書院重要事業之一；因此一些有規模的書院大多有刊印書籍，南宋書院更以刻書為保存各學術著作為目的。南宋亡後，不少是當時書院所刊刻的書傳世，《四庫全書總目》、王重民《中國善本書提要》、《北京圖書館善本書目》等記載了不少宋代書院刊印的書。〔註84〕

　　白鹿洞書院的刻書，代表了當時書院刻書的普遍狀況。書院的藏書或是刻書，受到佛教寺院所影響而書院的藏書方式及管理方法，也是參考佛寺的方式和方法。刻書方面，源於中國的碑刻摹揚，但碑刻摹揚與後來的雕板印刷不同式，然而卻為雕板印刷留下概念。印度有把佛經放入窣堵波（佛塔）

〔註82〕李夢陽編《白鹿洞書院古志五種》上冊，〈白鹿洞志〉卷十六，北京：中華書局，1995年11月，頁432。

〔註83〕李夢陽編《白鹿洞書院古志五種》上冊，〈白鹿洞志〉卷十六，頁427。

〔註84〕參考陳谷嘉、鄧洪波主編《中國書院制度》，浙江教育出版社，1997年8月，頁239。

供佛舍利。後在敦煌等地發現佛印木雕板，及藏在日本法隆寺所藏的唐代佛印，在敦煌發現了唐末雕板印刷的《金剛經》，足以證明佛教是最先運用雕板刻印技術，這方法確是有助佛教的流傳。雕板印經之法，漸為官方或民間所採用。唐末中原混亂，蜀地相對穩定，後蜀官員出資以印佛經之法印儒家《九經》，目的在延續文教。在唐末時益州已有刻板的《五經》，五代後唐收民間的雕板再作增補，刻成《九經》。到了宋代，書院更重視書籍的刻印，南宋書院更重視刻書，認為是保存學術著作的重要方法，對刻書事業十分嚴謹。雕板者必刻上雕者的名字，刻書前先由山長校對，而刻印的書，更被稱為善本，有些版本更保存至今。〔註85〕

第三節　佛教對書院建築的影響

書院最初的建立是個人修習之地，及後成為有規模的建築物，有講堂、藏書閣、齋舍、祠堂、亭園……等，演變的過程必有各種不同因素所影響。唐人修習之地有不少在寺院中，寺院多建在山林清幽地，宋代書院建置地也在較清幽之地，如白鹿洞書院、嶽麓書院等，可見是受到佛寺的啟發。現就書院的建置選址及建築規格方面，探討書院受佛教寺院影響的程度。本節內容分兩部分，一是討論書院選址與佛教的關係，二是書院的建築規格與佛教的關係。

（一）書院選址與佛教的關係

據嚴耕望先生《唐人習業山林寺院之風尚》一文指出，唐代一般文士喜過林泉生活，助長了書生肄業山林之風尚。〔註86〕換言之，唐開啟書院之風時主因在喜愛讀書於山林，當時寺院多建在清幽的山林，是文士讀書的好地方。韓愈（768～824）《復上宰相書》說：

> 士之行道者，不得於朝，則山林而已矣。山林者，士之所獨善自養，
> 而不憂天下者之所能安也。〔註87〕

〔註85〕參考《歷代書院概況》中的李致忠《宋代刻書略述》所載現存的書院刻印書籍有：北京圖書館藏有紹定三年（1230）、越州讀書刻司馬光《切韻指掌圖》二卷、和白鷺州書院刻印《後漢書》九十卷、《補志》三十卷，頁66。

〔註86〕嚴耕望《嚴耕望史學論文選集》〈唐人習業山林寺院之風尚〉，臺北：聯經出版社，1991年5月，頁311。

〔註87〕《全唐文》卷五百五十一，北京：中華書局，1987年2月，頁18。

韓愈認為山林是士獨善自養之所，當士子不得意於朝廷時，便歸隱山林。因此山林除了避世隱居外，也是修養性靈的好地方。唐代士子習業山林，喜山林寧靜致遠之境，降及宋代，書院建置也受寺院重寧靜之風影響，其建築風格與選擇地點也參考了寺院。據《白鹿洞志》卷一有以下一段話：

> 自有天地，則有此溪山；然後文物興焉。此書院所自始也。山靈峻發，鬱此匡廬，連岡作艮，爰有鉅洞，實天地之隩區焉。其崢而為峰，衍而為陸，流而為溪，塊而為石，莫非吾道之散殊也。性道所根，無往非教，異人有作，遂為神皋，億萬年與吾道為主盟者，謂不在此山耶？〔註88〕

上文所云，正代表了書院建置選地的原則，書院作為傳道授業之地，更重視其山川環境能否達到天人合德的效果，靈秀的山川自然之境，有助學者領悟道之所在。本章在第二節曾提到，古代私人講學選址很隨意，沒有刻意的選擇，有時甚至可在自己家中。至唐代，士子在山林習業成為風尚。據徐鍇〈陳氏書堂記〉：

> 元豹隱南山而成文章，成連適東海而移情性，此繫乎地者也。然則稽合同異，別是與非者，地不如人。陶鈞氣質，漸潤心靈者，人不若地，學者察此。〔註89〕

重視四周環境的作用，需要清幽環境陶冶氣質，潤澤心靈。當時有關書院之詩，描述的環境多是寧靜清幽，如韓翃（生卒年不詳）〈題玉真觀李祕書院〉：

> 白雲斜日影深松，玉宇瑤壇知幾重，把酒題詩人散後，華陽洞裏有疏鐘。〔註90〕

又楊巨源（？～1207）〈題五老峰下費君書院〉：

> 解向花間栽碧松，門前不負老人峰，已將心事隨身隱，認得溪雲第幾重。〔註91〕

又呂溫（772～811）〈同恭夏日題尋真觀李寬中秀才書院〉：

> 閒院開軒笑語闌，江山併入一壺寬，微風但覺杉香滿，烈日方知竹氣寒。披卷最宜生白室，吟詩好就步虛壇，願君此地攻文字，如煉

〔註88〕李夢陽《白鹿洞書院志五種》之《白鹿洞志‧山川》，北京：中華書局，1995年11月版，頁157。

〔註89〕《全唐文》卷八百八十八，頁9279。

〔註90〕《全唐詩》卷二百四十五，北京：中華書局，1985年1月，頁2758。

〔註91〕《全唐詩》卷三百三十三，頁3736。

仙家九轉丹。〔註92〕

又曹唐（生卒年不詳）〈題子姪書院雙松〉：

> 自種雙松費幾錢，頓令院落似秋天，能藏此地新晴雨。卻惹空山舊
> 燒煙，枝壓細風過枕上，影籠殘月到窗前。莫教取次成閒夢，使汝
> 悠悠十八年。〔註93〕

以上詩句，都說到書院環境是寧靜清幽，讓人可靜心思考，生活安閒。據嚴
耕望先生〈唐人習業山林寺院之風尚〉一文指出唐人愛好文學，不重師承，
較喜愛到山林處或寺院中修習，因為唐時寺院也多建在山林。〔註94〕據柳宗
元（773～819）〈送僧浩初序〉說：

> 吾之所以嗜浮屠之言以此，與其人遊者，未必能通其言也。且凡為
> 其道者，不愛官，不爭能，樂山水而嗜閒安者為多。吾病世之逐逐
> 者，唯印組為務，以相軋也，則舍是其焉從。吾之好與浮屠遊以此，
> 今浩初聞其性，安其情，讀其書，通《易》、《論語》，唯山水之樂，
> 有文而文之。〔註95〕

柳宗元好浮屠，主因在好浮屠者能不逐名利，安閒於山水之間，可養性情，
可靜心讀書。柳宗元所言代表了唐代一般文人的想法，因此寄住寺院的例子
也多。朱熹〈衡州石鼓書院記〉中也說：

> 予惟前代庠序之教不脩，士病無所於學，往往相與擇勝地，立精舍，
> 以為羣居講習之所，而為政者乃或就而褒表之，若此山若嶽麓、若
> 白鹿洞之類是也。〔註96〕

士子往往相與擇勝地，立精舍，或在山林勝景建舍自我獨自修習，或聚三五
士子一同講習也，正是唐人習業山林之風尚的情況。士子們有寄住寺院，也
有自行築室，目的也在追求自然閒靜之地修養心性。築在山林的寺院能提供
良好讀書環境，也導引日後書院多建置在山林間，以環境清幽，可培養心性
之地為選擇。

　　呂祖謙〈白鹿洞書院記〉說：

> 祖謙竊嘗聞之諸公長者，國初斯民新脫五季鋒鏑之阨，學者尚寡。

〔註92〕《全唐詩》卷三百七十，頁4159。
〔註93〕《全唐詩》卷六百四十，頁7342。
〔註94〕嚴耕望《嚴耕望史學論文集》，頁309～313
〔註95〕《全唐文》卷五百七十九，頁5852。
〔註96〕〔宋〕朱熹《晦庵先生朱文公集》卷七十九，頁3782～3783。

> 海內向平，文風日起。儒生往往依山林，即閑曠以講授，大率多
> 至數十百人。嵩陽、嶽麓、睢陽及是洞為尤著，天下所謂四書院
> 者也。〔註97〕

呂祖謙說儒生往往依山林，即閑曠以講授，正好解釋了書院多建置在清幽的
山林的由來。然而佛寺開始時又是否如柳宗元所說的樂山水而閒安多？其建
置地又是否以山林居多？據《石林燕語》卷八說：

> 東漢以來，九卿官府皆名曰「寺」，與省臺並稱，鴻臚其一也。本以
> 待四夷賓客，故摩騰、竺法蘭自西域以佛經至，舍於鴻臚。今洛中
> 白馬寺，摩騰真身尚在。或云寺即漢鴻臚舊地。摩騰初來，以白馬
> 負經，既死，尸不壞，因留寺中，後遂以為浮圖之居，因名「白馬」；
> 今僧居概稱寺，蓋此本也。〔註98〕

東漢時「寺」本是官署之一，用作接待國外的賓客。摩騰及竺法蘭二僧自西
域負經而至，便用「寺」接待。後摩騰更死於寺中，其屍不腐壞，長留於寺
中，後僧人居所便稱寺，更特地在洛陽建白馬寺，自始以後，寺成為了佛教
僧侶之居所。由此看，佛教在東漢傳入時，最初的寺院建置地不在山林，而
在城中或城外。據揚衒之《洛陽伽藍記》自敘中說：

> 晉永嘉惟有寺四十二所，逮皇魏受圖，光宅嵩洛，篤信彌繁，法教
> 愈盛。王侯貴臣，棄象馬如脫屣；庶士豪家，捨資財若遺跡。於是
> 招提櫛比，寶塔駢羅，爭寫天上之姿，競摸山中之影，金剎與靈臺
> 比高，廣殿共阿房等壯。豈直木衣綈繡，土被朱紫而已哉！〔註99〕

上文言，晉永嘉之際，洛陽寺院只得42所，至北魏時，因皇侯篤信佛教，捨
宅造寺，比比皆是，且豪門貴胄不惜千金捐獻佛寺，各佛寺盡壯麗豪華。據
《洛陽伽藍記》所言，陽洛城人內外達寺院千餘所。當時寺院集中在洛陽城，
而非建在山林間，且相當壯麗豪華。但也有往城外立寺，例如晉代僧人康僧
淵，曾立寺豫章山。據《高僧傳》卷四〈晉豫章山康僧淵〉說：

> 後於豫章山立寺，去邑數十里。帶江傍嶺，林竹鬱茂，名僧勝達，
> 響附成羣。〔註100〕

〔註97〕李夢陽《白鹿洞書院志五種》之《白鹿洞志》卷九，頁263。
〔註98〕〔宋〕葉夢得《石林燕語》，北京：中華書局，1997年12月，頁118。
〔註99〕〔北魏〕揚衒之撰，劉九洲注譯《新譯洛陽伽藍記》，臺北：三民書局，2006
年3月，頁1～2。
〔註100〕〔梁〕釋慧皎《高僧傳》，北京：中華書局，1997年10月，頁151。

晉時的僧人慧遠隱居於廬山。據《高僧傳》卷六：

> 遠創造精舍，洞盡山美，卻負香廬之峯，傍帶瀑布之壑，仍石壘基，
> 即松栽構，清泉環階，白雲滿室。復寺內別置禪林，森樹烟凝，石
> 筵苔合。凡在瞻履，皆神清而氣肅焉。〔註101〕

慧遠隱居廬山三十餘年，影不出山，迹不入俗，他的風骨受到後人所稱讚。
僧人如慧遠不出山受世人所景仰，乃是魏晉時代名士之風，在《世說新語》
中找到不少名士輕蔑塵俗，走進大自然，對優美林壑甚為讚嘆，以隱於自然
山林為修養性靈之地，現節錄如下：

> 簡文入華林園，顧左右曰：會心處不必在遠，翳然林水，便自有濠
> 濮間想也。覺鳥獸禽魚，自來親人。〔註102〕
> 王司州至吳興印渚中看，歎曰：非唯人情開滌亦覺日月清朗。〔註103〕
> 司馬太傅齋中夜坐，于時天月明淨，都無纖翳，傅歎以為佳，謝景
> 重在坐。〔註104〕
> 嵇（康）叔夜之為人也，巖巖若孤松之獨立，其醉也傀俄若玉山之
> 將崩。〔註105〕

魏晉時代名士雅好山水，投入自然以超脫塵俗的生活為尚，上文提到的嵇康更
是竹林七賢之一。著名的陶淵明以身體力行方式，隱於自然中，更得後世所讚
譽為高潔。唐人入山林習業之風尚也不過承繼魏晉之風而來。慧遠的遠離權力
中心，在廬山三十年，受世讚賞，也不過是受傳統觀念影響，拋開名利枷鎖視
為孤高傲骨。僧人出家，乃是方外之人，更應遠離塵俗，一般人認為建寺於山
林間，過著清淡生活，才配上修行者之名。如《李義山文集箋註》說：

> 備如來之行，願不逢慧遠已飛廬岳之書。注.《高僧傳》慧遠居潯陽，
> 見廬峯清淨，更立房殿，即東林寺是也。司徒王謐、護軍王黙等，
> 並欽慕風德，遙致師敬。〔註106〕

上文記述，魏晉時已享負盛名的慧遠，其高潔品行，得到唐代士子稱許，而

〔註101〕〔梁〕釋慧皎《高僧傳》卷六，頁213。
〔註102〕〔南朝・宋〕劉義慶《世說新語》〈語言〉，香港：中華書局，1982年4月，
　　　　頁28。
〔註103〕〔南朝・宋〕劉義慶《世說新語》〈語言〉，頁32。
〔註104〕〔南朝・宋〕劉義慶《世說新語》〈語言〉，頁35。
〔註105〕〔南朝・宋〕劉義慶《世說新語》〈語言〉，頁151。
〔註106〕〔清〕徐樹穀《李義山箋註》卷五，〈上河東公啟〉三首之二。王雲五主持
　　　　《四庫全書珍本四集》第2冊，臺北：臺灣商務印書館，1973年，頁49。

慧遠所居的東林寺，建於風景優美，山水靈秀的廬山，更為後世所仰慕。慧遠之風影響至唐代不少寺院建在山林處區。據張籍〈送朱慶餘及第歸越〉說：

> 東南歸路遠，幾日到鄉中，有寺山皆遍，無家水不通。湖聲蓮葉雨，
> 野氣稻花風，州縣知名久，爭邀與客同。

寺院多建在山林間，柳宗元留駐寺院，能享山水之樂，並寫了不少描述山水的文章。唐人這種喜愛山水、喜愛在山林寺院習業的風尚，影響到後來宋代儒生依山林而建書院。總的來說，寺院建置地的取向，本受魏晉以來清談玄風影響，此風延續至唐宋以後，而書院的建置地取向也不過是承此風而來，只能說佛寺傳入中土後，擇地建佛寺取向除了本身以清淨為教義外，同時也是佛教漢化後的現象之一，書院不過繼承而已。書院選址多在山林，根本上是傳統士子認為山水陶冶性情，是修養性靈的地方，是儒佛融合的具體現象。

（二）佛教對書院建築形式的影響

前文說到書院的建置地點多選擇在山林，主因在魏晉以降，盛行清談玄風，同時以歸於自然山水為時尚，也影響到建佛寺的選址。佛教主張離開塵俗修行，在山林間最能達到此目標，書院選址受此觀念所影響，也以山林作為首要的考慮之地，此乃佛教漢化後的產物。建築形式方面，寺院同樣受到佛教漢化影響，建築形式已離不開中國的建築特色。影響書院的建築特色不在於整體的建築架構，而在於建築群的布局除了承繼著傳統建築架構外，也受佛寺的影響，例如藏經閣及講壇的位置等。

甲、佛寺建築形式

中國佛寺最初是由官方建設院舍讓西來僧人居住的地方，後來便有寺院之設，北魏時更有不少是皇室貴冑捨宅改建成佛寺，因此不少寺院是中國傳統式建築，即殿宇式建築。據張馭寰《圖解中國佛教建築》認為中國早期佛寺是由住宅演變而來，因此按四合院形式，基本上是以傳統禮制原則而建造，採中軸線形式，中軸線上由主要的佛殿組成，如前殿、大雄寶殿、後殿、高閣等，兩邊則分東西兩院，為主要是各僧房所在。〔註107〕且看河南開元寺的佛寺圖（見開元寺圖）〔註108〕，從圖看開元寺是中軸式的建設，所有主殿在中

〔註107〕張馭寰《圖解中國佛教建築》，北京：當代中國出版社，2012年3月，頁34～36。

〔註108〕此圖轉印自戴儉《禪宗寺院建築布局初探》，臺北：明文書局，1991年9月，附錄三「開元寺圖」，頁81。

軸線上，三門、石佛殿、藏經閣等，兩旁有僧寮，右有大悲殿，左有三官殿，是一般的寺院格局，這種格局在中國相當普遍。佛塔則並非中國所本有，據說是源於印度的「窣堵坡」，即漢語的「浮屠」。〔註109〕據張馭寰的考察，佛教初傳入中國已和中國的宮庭、廟宇、衙署建築形式分不開；他考察了眾多寺院，發現寺院是按照中國傳統的禮制制度標準來建造，其標準更比一般廟宇更嚴格，佛教雖是外來宗教，其建築是完傳體現中國文化。〔註110〕

開元寺圖

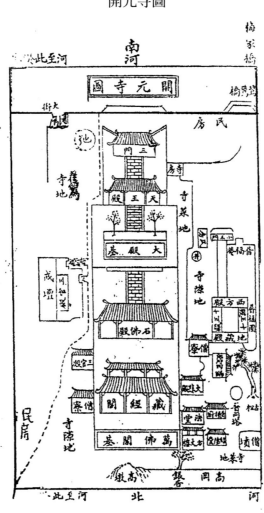

〔註109〕張維明《塔・寺廟》，《中國古典建築美術叢書》，上海：人民美術出版社，1996 年 5 月，頁 6。

〔註110〕張馭寰《圖解中國佛教建築》，香港：三聯書店，2014 年 5 月，頁 6～8。

漢末時有建浮屠寺的記載，據《後漢書》卷七十三〈陶謙傳〉：

> 初，同郡人笮融，聚眾數百，往依於謙，謙使督廣陵、下邳、彭城運糧。遂斷三郡委輸，大起浮屠寺。上累金盤，下為重樓，又堂閣周回，可容三千許人，作黃金塗像，衣以錦綵。〔註111〕

上舉史料比較具體地描述佛寺，文中言這寺院能容納三千人，可見面積相當大，且有重樓。據梁思成的《中國建築藝術》說，重樓在漢代已有，漢武帝曾建造多層高樓來迎接神仙。後來卻與印度佛教的窣堵坡融和了，成為了塔的建築。〔註112〕窣堵坡本為印度墳塚，當佛祖釋迦牟尼涅槃火化後，留下的舍利便供奉在窣堵坡內，後來的高僧圓寂後也埋藏舍利在窣堵坡內（佛塔）。北魏未遷都以前，在山西雲岡開鑿的石窟還帶有西域或印度的色彩，遷都洛陽後不論建佛寺或是開鑿龍門石窟，已是中國化了。因此在洛陽的永寧寺也是中國化的塔寺，基本上佛塔是漢代的重樓加以擴張，把原有的窣堵坡作為象徵物放在頂部。〔註113〕張馭寰《圖解中國佛教建築》說，宋以前有以塔單獨建造的院子，四面做牆，在中軸線上開院門，中間形成院落建塔。〔註114〕據《洛陽伽藍記》所載，塔寺式的寺院達十所，最高最大的便是永寧寺寺塔，塔高九層且相當宏偉。〔註115〕如張馭寰所述，永寧寺正是一座塔院。〔註116〕塔院的建造在唐代以前都有固定的規模，以山西洪同廣勝上寺飛虹塔塔院為典型。宋以後所建的塔院，因佛教分化，出現不同宗派，各派對塔的尊崇程度不同，因而出現了建塔不同的規模及位置。〔註117〕除了塔稍稍與印度有淵源外，佛教寺院建築開始時已受中國文化所影響，因此中國寺院一開始已是中國房屋的建築格式。

唐末時百丈禪海法師所創的禪門規式，不立佛殿，設法堂，法堂便成為禪寺的一大特色。據戴儉《禪宗寺院建築布局初探》，佛殿裏的佛像在世俗社會裏有一定的作用，佛像有具體的一種「神」的形象來吸引信眾，戴檢用了「令人升信」之說，意思是佛殿的佛像對弟子或信眾有一種信仰的威懾。不

〔註111〕〔劉宋〕范曄《後漢書》，北京：中華書局，1996年5月，頁2368。

〔註112〕梁思成《中國建築藝術》，香港：香港中和出版有限公司，2019年4月，頁151。

〔註113〕《中國建築藝術》，頁119。

〔註114〕張馭寰《圖解中國佛教築》，頁88。

〔註115〕《洛陽伽藍記》卷一，頁5。

〔註116〕張馭寰《圖解中國佛教築》，頁88。

〔註117〕張馭寰《圖解中國佛教築》，頁89～90。

立佛殿的作用，是以法堂的規則使上下僧眾在法堂內，接受長老的開示，長老昇堂說法，更像學校裏老師與學生的關係。長老在講壇上說法，重視尊嚴，平日生活則上下均力，這樣便平等起來。佛、法、僧為佛教三寶，法堂之設強調了法為中心的意義。長老在法堂昇堂講說，眾僧站立側聽，來訪的僧人或其他來賓，也須在法堂與眾僧一起聆聽長老說佛。〔註118〕法堂之設正是對書院建築產生重大的影響。

　　據戴儉《禪宗寺院建築布局初探》，禪修源於印度佛教經典，修禪的人要離開喧鬧的城市，遠居無人的山區，獨坐瞑想。〔註119〕禪師修行會另建禪堂，據《洛陽伽藍記》載景林寺西有一禪房，是為靜隱之室，可說是供僧人禪定之用。〔註120〕據《禪門規式》所述，僧房重視集體制，內中不是獨立牀，而是連牀，眾僧在內一起禪修和作息。百丈懷海禪師設的僧房，並非禪房，而是供僧人睡覺、禪定之用，一方面既是禪修之用，一方面是休息之地，顯然與傳統上的禪堂不同；傳統的寺院，僧侶吃飯有食堂，睡覺有僧房，禪修有禪堂。禪宗的僧堂則是透過生活起居來禪修，因此在建築設計上也要配合此種觀念，可說是禪宗下的新興禪寺。〔註121〕

　　上文提到佛教建築是採用中國建築方式，因此有所謂中軸線的概念，這是原於西周以來的禮制〔註122〕，具有宗法制的色彩，因此會把重要的建築物放在中軸線上，其中法堂便是其中重要地方。法堂是說法之堂，禪宗的不立佛殿為樹法堂。據戴儉《禪宗寺院建築布局初探》所言，傳統佛教是戒、定、慧，是先戒，後定，最後是慧，即悟。戴儉則認為唐以後的禪宗是新禪宗，是先慧後戒。六祖慧能曾言「人皆有佛性」，透過說法函養心性。法堂內，馬祖昇堂說法，眾僧集結列席聽講（前段講學形式有提及），法堂正是配合此種理念而設計。法堂是接受開悟之地，因此被視為重要的地方，〔註123〕新禪寺內

〔註118〕戴儉《禪宗寺院建築布局初探》頁17～18。

〔註119〕戴儉《禪宗寺院建築布局初探》，頁19～20。

〔註120〕〔北魏〕楊衒之《洛陽伽藍記》卷一「中有禪房一所，內置祇洹精舍，形製雖小，巧構難比。加以禪閣虛靜，隱室凝邃，嘉樹夾牖，芳杜匝階，雖云朝市，想同巖谷。靜行之僧，繩坐其內，餐風服道，結跏數息。」頁65。

〔註121〕戴儉《禪宗寺院建築布局初探》，頁19～22。

〔註122〕張馭寰《中國佛教建築講座》言到中國禮制建築主要構築物中軸線上，左右則是對稱，左祖右社，前市後寢，前低後高，主次分明，長幼有序。北京：當代中國出版社，2008年1月，頁6。

〔註123〕戴儉《禪宗寺院建築布局初探》，頁17～19。

多有法堂和僧堂。禪寺建築，建在中軸線上不只有法堂，還有方丈和山門都同在中軸線上，如南京的天界寺，方丈倚靠著法堂，法堂上建高樓，為昆盧閣，顯示法堂的重要，高閣一般是藏經閣所在，顯示佛寺所最珍重是經典，故放在高閣上。據《禪宗寺院建築布局初探》，宋代後因受禪宗影響寺院建築格局是按「禪門規式」而設計（如下圖）〔註124〕。中軸線上，前面入口是山門、佛殿，最後是法堂。右圖所顯示人生理組織，法堂是頭、僧堂及廚房是左右手，佛殿是心藏、浴室和净室是左右兩腳，山門是陰位，喻出了山門便是塵俗。（見附錄七）

禪宗寺院布局與人體生理組織象徵圖

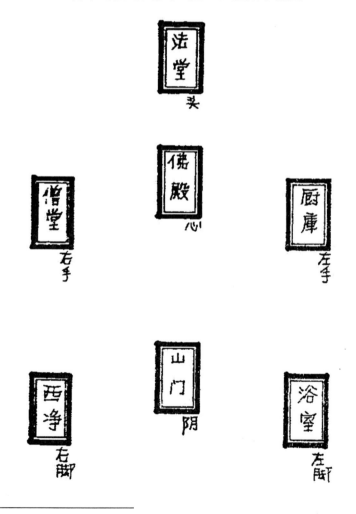

　　新禪宗與其他佛寺無異，中軸線外的建築分左右兩旁建築，左是僧堂、西淨，右面是廚庫、浴室。據《圖解中國佛教建築》的介紹有所謂「伽藍七堂」，「伽藍七堂」是：1. 佛殿；2. 講堂、法堂；3. 禪堂；4. 廚房；5. 山門；6. 西淨（廁所）；7. 浴室。〔註125〕禪宗的法堂是他派佛寺所無，最具教學意義的建築特色。據《禪宗寺院建築布局初探》所言新禪寺兩旁建築是分東西兩序，右為西，左為東。傳統中國建築是尚左，尊東。佛教觀念是尚右尊西。禪寺更重視佛教原始觀念，故尚右，如僧堂設在右面，而廚庫等世俗之務則設在左面。（看上圖）清楚看到廚庫，浴室在左面，僧堂、西淨在右面。

乙、寺院建築對書院建築的影響

　　前面提到新禪宗，不立佛殿，為樹法堂，影響書院建築最大者應是法堂。馬祖升堂說法，書院也有升堂講學，講堂之設顯然是參考自禪宗的法堂。（見附錄八圖一及圖二）書院原於私人習業之地，多是用私人住宅聚徒講學，官學才有講堂之設〔註126〕。書院的講堂要待五代後，書院制確立後才採用。禪宗的法堂，是長老或住持講說佛經之處。構建書院時也參考了禪宗的法堂，把講學用的講堂建築起來〔註127〕。講堂是書院的重要建築，不少書院的講堂放在中軸線上。如下圖的嶽麓書院。由於書院建築位置，為了配山水地形，有部分書院不一定是傳統中軸線形式，但講堂也築在重要位置。講堂建築及擇勝地而建的理念，正是受禪學所影響，建築環境配合教學，培育學生。楊慎初《中國建築藝術全集》之〈書院建築〉嶽麓書院山長羅典曾創闢「書院八景」，目的在「先生立教，務令學者陶咏天趣，堅定其德性，而明習于時務。晨起講經義，暇則率生徒看山花，聽田歌，徜徉亭臺池瀉之間。……先生隨觸使為示」。這是把環境與教學有機結合，成為了書院的第二課室。〔註128〕（見附錄九圖及圖二）〔註129〕這種教學模式與佛教的禪宗，透過環境起居生

〔註125〕張馭寰《圖解中國佛教建築》，頁 12。

〔註126〕〔宋〕王欽若《冊府元龜》卷六百零四：「太和七年八月，可特立學官，更請依舊附入中經，勅旨依奏，其年十二月，勅於國子監講堂兩廊，創立石壁九經，并《孝經》、《論語》、《爾雅》共一百五十九卷。」可見講堂是在官學為主。香港：中華書局，1960 年 6 月，頁 7255。

〔註127〕楊慎初《書院建築的文化藝術特色》，《中國建築藝術全集》第十冊，北京：中國建築工業出版社，2001 年 5 月，頁 16。

〔註128〕楊慎初、蔡道馨、蔡凌主編《中國建築藝術全集》第十冊，頁 21。

〔註129〕圖則資料原於楊慎初、蔡道馨、蔡凌主編《中國建築藝術全集》第十冊，敷文書院，頁 8、鰲峰書院，頁 9、東山書院，頁 15、游文書院，頁 16。

活來修行是如出一徹。

上面又提到禪宗的建築有所謂伽藍七堂，現在且看書院的建築格式，據張元禎（1437～1507）〈重建白鹿洞書院記〉說：

> 院制：中為文廟，為重門；左為明倫堂，（右）為文會堂。堂前為延賓之館，規皆仍舊，而棟宇堅壯數倍。兩隅列諸生書舍，凡二十楹間，則多新增者。〔註130〕

白鹿洞書院的建築形式也是中軸線，中為廟，左有明倫堂，右為文會堂，兩隅有學生宿舍，中為廟，顯示祭祀的重要，是傳統的中國式建築。楊慎初《書院建築的文化藝術特色》認為，書院的建築大多採取中軸對稱的布局，是反影出中國建築傳統的共性。〔註131〕但因禪宗寺院的出現，書院的建造，也會吸納禪宗的建築理念。據楊慎初《書院建築的文化藝術特色》所說，書院是以居學為重，自學為主，因此多建有齋舍供學生住宿用。構建時，一方面須要建講堂作教學之用，同時又須建齋舍供住宿之用，還需要有藏書及祭祀用的地方。曾寄讀於山林寺院的儒者，會先參考寺院的建築模式來構建書院。據歐陽守道《贈了敬序》說嶽麓書院是因寺僧割地建屋而為書院〔註132〕，北宋開寶九年（976）因襲舊院，增拓而擴建書院，作講堂五間，齋序二十五間。〔註133〕按理書院的講堂是受佛教影響，當時影響最大應是禪宗的建築理念。據元代吳澄《嶽麓書院重修記》：

> 前禮殿，傍四齋，左諸賢祠，右百泉軒，後講堂，堂之後閣曰尊經閣，之後亭曰極高明，悉如其舊，門、廡、庖、館宮墙四周靡不修完善。〔註134〕

所謂講堂、齋舍、禮殿、尊經閣等，與禪寺甚為相似，且看下方嶽麓書院圖〔註135〕，前禮殿後便是講堂。講堂猶如禪宗寺院的法堂，顯示講堂的重要，

〔註130〕李夢陽《白鹿洞書院志五種》之《白鹿洞志》，頁271。

〔註131〕楊慎初《書院建築的文化藝術特色》，《中國建築藝術全集》第十冊，中國建築工業出版社，2001年5月，頁16。

〔註132〕〔宋〕歐陽守道《巽齋文集》卷十四，頁5。

〔註133〕〔宋〕王應麟《玉海》卷一百六十七，文淵閣本《四庫全書》九百四十七冊，上海：上海古籍出版社，1987年6月，頁353。

〔註134〕〔元〕吳澄《吳文正集》卷三十七，文淵閣本，《四庫全書》1197冊，上海：上海古籍出版社，1987年6月，頁391。

〔註135〕楊慎初《湖南傳統建築》近代嶽麓書院平面圖，長沙：湖南教育出版社，1993年8月，頁115。

同樣放在中軸線上。從這方面看，明顯是受禪宗所影響。此外，上圖更有高閣藏經，稱為「尊經閣」，高閣藏經是佛寺通常的建築特色，以顯示經典的重要，這觀念明顯影響到書院，也把經典藏於高閣上。據楊慎初《湖南傳統建築》所言嶽麓書院宋以後每代有重修，更不斷的加建樓閣，如今成了湖南大學部分。下頁附圖顯示，是清代重修後的嶽麓書院，圖中見到有講堂和藏書樓，兩旁是學齋，大成殿則建在書院旁，與南宋時的萬年寺建築格局相同（見附錄十圖一及圖二）。〔註 136〕〔註 137〕

嶽麓書院圖

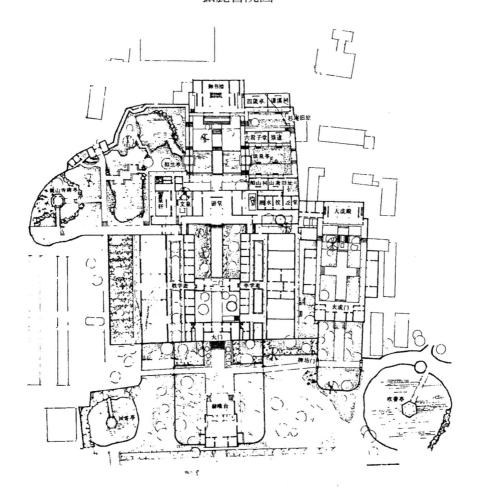

<hr />

〔註 136〕張十慶《五山十剎圖與南宋江南禪寺》，南京：東南大學出版，2000 年 1 月，頁 44～45。
〔註 137〕張十慶《五山十剎圖與南宋江南禪寺》，頁 44～45。

下圖是洣淥書院平面圖〔註138〕，書院在湖南酃縣，其建築布局便是典型的書院方式，後有大成殿，中佔地最廣是講堂，前有大門，左右有東西兩齋。這書院的建築布局與禪宗的建築布局極為相似，但禪宗的法堂在佛殿後，而書院的講堂則在大成殿前，這點可看出書院不是宗教場所，祭祀雖是重要，但不能超越了教學，然而祭祀也是教學的一種方式，從這方面看，佛教寺院的建築已影響到書院建築。

洣淥書院平面圖

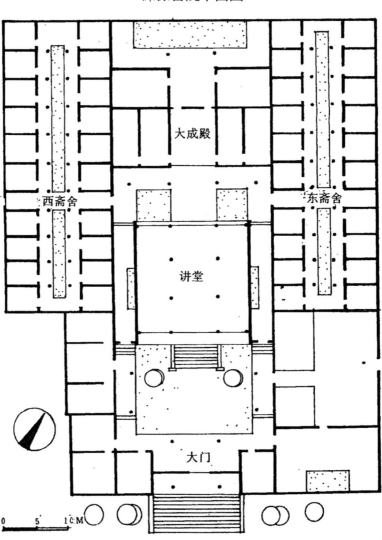

〔註138〕楊慎初《湖南傳統建築》，頁132。

　　張大慶《五山十剎圖與南宋江南禪寺》指出，禪宗從興起到繁盛，倡議以隱遁山林作為修行的方式，過程中幾乎佔據大部分名山。〔註139〕禪寺普遍建於山，建築上也須依山勢而建（見附錄十一）的天童寺圖。〔註140〕人與天地和諧，以達修行之效，因此建寺時盡量配合自然環境之美，例如建在山西的玄宗寺，寺內配合山勢而建（見附錄十二）。〔註141〕書院也受其影響，所謂通天地之寧，修養心性，超脫世俗，清心寡慾，便需擇勝而建，築在山林間，要配合地理環境而建，依山林的地勢變化而建，書院可以是很多不同模式。〔註142〕所謂層層疊進，錯落有致。據楊慎初《書院建築的文化藝術特色》認為，不少書院適應自然環境，採取局部軸線或無明顯軸線的布局。〔註143〕如在廣東的順德的梯雲書院（看附錄十三之「梯雲書院圖」），整座書院依山而建，布局簡單，文昌宮在書院旁，門高而大，書院正門在側。〔註144〕在浙江的敷文書院，登石級而上，有御書樓、正誼堂、魁星閣，依山勢來升高地台（看附錄十三之「敷文書院圖」）。〔註145〕相信書院建築在布局上有中國傳統文化的傳承，但也吸納了禪寺建築的理念，特別因為受到佛教的出塵脫俗觀念所影響，構建時盡量要達到修養心性的目的。

小結

　　第五、第六章都是討論書院的各項制度與佛教的關係，因此「小結」安排在第六章之後。這兩章主要是述論的制度包括祭祀制度、講學形式、講義與經講義疏、學規、管理制度、藏書、刻書、建築等。鄧洪波曾言書院有四大基本規制：講學、藏書、祭祀、學田。〔註146〕為了方便討論現把學田歸入管理制度，講學拆分為講學形式，經講義疏及學規，藏書與刻書合一節，最後

〔註139〕張十慶《五山十剎與南宋江南禪寺》，頁17。
〔註140〕張十慶《五山十剎與南宋江南禪寺》，頁39。
〔註141〕曹昌智《佛教建築》，《中國建築藝術全集》第十二冊，北京：中國建築工業出版社，2000年12月，頁31。
〔註142〕楊慎初《書院建築的文化藝術特色》《中國建築藝術全集》第十冊，頁19。
〔註143〕楊慎初《書院建築的文化特色》，頁17。
〔註144〕〔清〕郭汝誠等修《順德縣志》書院圖，咸豐三年刊本，成文出版社。
〔註145〕楊慎初《書院建築的文化藝術特色》《中國建築藝術全集》，頁8。
〔註146〕據鄧洪波《中國書院史》第三章，書院的四大基本規制是祭祀、講學、藏書和學田，頁154。

加上了建築等共有七項來討論。

古代祭祀與政治分不開，學由祀而來，這便是所謂「廟學」。「廟學」起源甚早，學習與祭祀不能分割，這是傳統。書院雖起於私家講學，但當定下規制後，自然地走向「廟學」化，因此便以書院祭祀作為首項討論的題目。元代後，書院祭祀成為了書院重要的制度，書院祭祀目的是透過祭祀形式顯示儒家的神聖地位，讓士子能仰望崇敬，以達希賢希聖之效，從而繼承道統，薪火相傳的作用。廟學是結合祭祀與教育而成，原只有官學才會舉行祭祀儀式，因此廟學即官學。中晚唐的書院還只停留在私家講學形式，沒有甚麼祭祀儀式。唐代佛教興盛，佛寺經濟實力雄厚，為了弘揚佛法，大力興辦教育，同時也出現了不少學識淵博的大德高僧，受世人所敬仰，於是吸引不少士子寄讀於寺院，寺學相當普遍。據敦煌殘卷中發現寺學不只學習佛教經典，還會學習儒家、道家等學說，又會興辦蒙童學，讓年幼的兒童有受教育的機會。寺學裏學習的士子，親身感受佛寺莊嚴的禮佛儀式，漸體會到祭祀對文化傳承的重要。中唐時韓愈大力提倡道統，力排佛教對傳統的衝擊，晚唐時佛教與道統相互的激盪下，影響書院的形態，廟學的形式漸引進到書院中，祭祀更成為書院的四大基本規制之一。

中國自春秋時已有私家講學之風，孔子便是最佳例子。自始以後，私家講學之風從沒間斷。歷史雖未詳盡記載孔子講學的形式，在《論語》中已找到有升堂講學的情況，升堂講學方式延續至漢代。佛教初傳入沒有一套說法的規儀，至魏晉時，釋道安才訂定講經之法。《高僧傳》中記載了魏晉時已有升座說法的情況，佛教法師可能參考了中國傳統講學之法而有升高座講經，更訂定了講經儀式。都講在中國傳統中本是太學助教，佛教傳入後，都講有質的變化，漸協助主講者離文析句，於是便有若佛寺都講的互為答問的功效。佛寺講經並不只一人，很多時是二人，他們的分工不同，一問一答，有辯難情況，一位是法師負責主講，另一是都講負責唱經問難，明顯地佛教傳入後影響到都講有質的變化。問難與主講等被應用在書院中，書院也出現辯難情況〔註147〕，主講者也在講壇上升座主講。之後佛教有俗講情況，這一講一唱等方式更廣泛地推進各階層。佛教俗講雖然到宋代被禁止，但書院的會講制，主張論辯學術之風，也受佛教此種公開論辯之風所影響，在書院成為一重要

〔註147〕據陳谷嘉、鄧洪波《中國書院制度研究》說，書院有都講一職，但不常見，頁108。

學習形式。書院的講學規儀與佛教講經規儀甚為相似，如鳴鐘集眾，鳴鼓肅眾等講經規儀，應是佛教與書院相互影響的結果。

問難答辯等在書院常設的學習方式，是受佛教影響外，經講義疏也受佛教所影響。中國傳統對經典解釋多只有註而沒有疏。佛教自漢末傳入後，外來的僧人講經時，聽者便筆錄，隨機性較大，之後法師講經時便擬定講義，可更有系統地向眾僧人或教徒講經，此講義便是義疏。因此義疏本不是為註再作解釋，而是佛僧講經時的講義。擬定講義，然後按講義來講經之風影響到魏晉時代儒家講學形式。在佛教興盛的魏晉時代，崇佛的梁武帝效法佛教法師講經之形式，擬定了講義講佛經；這位帝主同時顯示重視傳統儒家正統文化，也採取了佛教講經方法，在宮中講儒家經典，講經前也擬定了講義。此講義編著成書，成為了義疏，這書籍已記載在史籍的經籍志內。宋代書院興起，理學各家的名士，透過書院這平台，用作宣揚自己的主張，對儒家經典作新的詮釋，因此在書院講學時也擬定講義，不少《書院志》中也保留這些講義。佛教的講經義疏也影響到書院的講書之法，同時也影響到後來傳統儒家典籍疏證的出現。

唐時書院多是個人修習之所，及至宋代才有具規模的書院，自然地需要規則規範學生士子的日常生活及學習情況。佛教傳入初時也沒有特定規制去規範僧人。東晉時的道安，制定《僧尼軌範》、《佛法憲章》，定下講經之法、行道飲食唱時法、布薩差使悔過法。魏晉到唐代，佛教甚為興盛，經濟實力雄厚，墮落的僧人也不少，作奸犯科者多。唐代中葉時禪宗的百丈懷海禪師，定立〈禪門規式〉採取平等而嚴厲的方式規範僧人。北宋末時滲入儒家倫理，改良了〈禪門規式〉，制定了《禪苑清規》，成為禪宗規範僧人的指南。北宋時理學家胡瑗也制定了教學法，與《禪門規式》那樣從嚴厲方式規範學生。南宋時理學家也受《禪苑清規》所影響制，定了學規去規範學生，雖然學規的條文也以儒家的倫理觀為主，然而制定學規概念的由來卻源於《禪苑清規》。且看《程董二先生學則》與《禪苑清規》的〈訓童行〉，其內容十分相似，可見二者是儒佛兩家思想互動下的產物。

儒佛兩家思想的互動不只影響到書院學規的制定，還影響到書院管理制度的確立。早期的佛教寺院及書院同樣是從個人修習開始，漸漸發展到團體的生活模式；團體生活必須訂立管理制度才能維持下去，管理制度由此而來。早期的僧團期管理制度主要是按照天竺的僧團戒律，自東晉的道安講經法及

沙門以釋氏為姓後，漸漸出現較符合中土情況的僧團管理之法。唐末的〈禪門規式〉制定後，僧人不再倚賴別人供食，卻以自行務農方式為自耕自給，因此更需要訂立管理制度；南宋時《禪苑清規》的制定，便由此而產生，此《清規》更是禪門管理制度的準則。隨著禪寺的規模擴大，之後的禪門更出現繁複職事，分層分科的管理便出現。五代至北宋初年，士子因亂世退隱山林講學，那時的書院談不上有規模的管理制度。南宋後，書院的管理制度確立，明顯是參考了禪林的管理，以山長為例，其職能極像佛寺內住持，其他職事與禪林有相當多相似的地方，例如山長、堂長、掌書、錢糧官等都與寺院有共通的地方。書院的管理的制度模式，雖不是全抄襲禪林，但概念的淵源離不開佛教的禪林制。

　　書籍，是書院的主要基石，可說書院之始由藏書修書而來，藏書是書院四大基本規制之一。書院制未形成時，不少儒士因家中藏書豐富而聚徒講學，因此書院藏書並非是受佛教所影響。佛、法、僧為佛教三寶，經書是三寶中的法，佛寺初傳入時，僧團已相當重視自西域帶來的經典。魏晉時，佛教興盛，經濟實力雄厚，更能撥出資金建地築樓把典籍好好收藏，且有專責人員管理。寺院的藏書不限佛教典籍，更旁及儒家、道家等不同典籍，故唐時士子喜習業山林寺院，除了提供清靜環境讀書外，還有大量的書籍可參考。書院藏書的管理制卻受佛寺所影響，如建高閣把典籍好好收藏，更稱為藏經閣，有專責人員管理及修補書籍，把藏書之地放在中心位置，顯示對典籍的重視等，這一切都是受佛教所影響。

　　雕板印刷雖是中國人所發明，但考其源頭，卻與佛教有關。佛教傳入後，印度人抄經存入佛塔供奉佛舍利的方式也傳入中國，在新疆發一現的佛像木刻板，是從唐代時從中土傳入新疆等地，此就是所謂佛印，印了佛像圖作供奉，後來更刻印佛經作供奉，敦煌殘卷中的雕板印刷的《金剛經》正是好例子。唐代時，印佛經之風甚盛，動輒印千百以上，對佛教流布甚有幫助。晚唐五代時，中原政局不穩，相對安定的四川，把佛印的方式轉而運用在印儒家經典上。蜀官員毋昭裔仿效佛印，出資印《九經》以保留文化。自始以後，由印佛經轉向了印儒家經典，後唐明帝宗佔領了蜀後，明白到雕板印刷有助經典流傳，學術因而普及，故此命李鍔也效法佛印方式印行《九經》。後世君主大都以儒家為學術正統，也利用雕板印刷術刻印儒家經典。降及宋代，雕板印刷更為普遍，刻書更廣及書院。書院刻書規模雖不及官方，所刻之書由山

長審定校對，相當嚴謹，因而被稱為善本書。總括而言，不論是藏書管理及刻書，其淵源也與佛教有關。

最後一項是書院的建置地的選擇及建築佈局。書院多建在清幽之地，甚至在較遠的山林地區，目的在書院學習的學生能藉自然環境培養心性。究其原因，淵源於唐時士子喜寄讀在寺院，除了因為寺院能提供豐富的書籍外，更重要是寺院能提供清幽的環境讓士子專心讀書。寺院非全都在山林間，魏晉時不少寺院建在城市內，但也有僧人選擇在山林間建寺。在山林間建寺，且長年住在山林間清修，往往得到世人稱頌，被視為清高，魏晉時慧遠隱居在廬山三十年便是著名例子。唐人對此等僧人更特別仰慕，士子也紛紛仿效，寄讀在山寺中。此風更影響到後世的文人雅士，他們認為到山林間專心攻讀，遠離煩囂，是最理想的學習環境。這種想法深深植根在士子的心中，延續至後世，文士在山林間清修學習，陶冶性情，是培養高尚情操所必須。宋代理學盛行，選址建書院也會選擇自然環境秀麗之地，以達致培養心性的效果。

寺本是漢代的官署名稱，漢代鴻臚寺是接代外賓的地方，當時便用「寺」接待兩位來自西域的僧人，後摩騰更死於寺中，其屍不腐壞，長留於寺中，後僧人居所便稱寺。因此佛寺建築布局上一開始便是中國模式。中國傳統建築是以中軸線為主，左右兩邊對稱，通常重要的建築物會築在中軸線上，佛寺初期多是皇宮大臣捨宅建寺，故佛寺入中土後即以中國傳統建築為形式，書院建築也不離這格式。在建築布局上影響書院最大是禪宗寺院；禪宗興盛後，用作講經的法堂，地位比佛殿更高，有些新禪寺更不立佛殿，更重視從日常起居中修禪，這理念反影在建築布局上，法堂往往建在中軸線的後方，顯示法堂的地位高。書院仿禪宗建築佈局，在中軸線上建講堂，及把藏書樓建在高閣上。左右兩院是齋舍，是學生日常生活之地，也是研習之地，好比禪寺的禪堂，是僧人禪修生活之地，書院也採此理念，把日常生活也成為教學部分，透過日常生活的體會培養靈性。可以說，書院的選址與書院的建築布局受佛教建築所影響。

綜合以上各項制度，可見佛教對書院是有影響的，有些是直接影響，有些間接影響，有些是互動下相互影響。總括而言，佛教自東漢傳入後，一開始便是與漢文化接觸後的佛教，因此佛教的漢化是必然的，當中包括道家與儒家。儒家對宗教採取存疑不論的態度，不重視鬼神之說。佛教能吸引知識分子的信仰，不是非理性的輪迴因果報應之說，而是修養性靈的道德情操，

正正是能讓一眾儒家學者所認同。對書院的影響最深遠，也是這種漢化後的佛教，禪宗正是漢化後佛教最接近儒學的宗派，禪宗不論其思想、規制乃至各項制度都影響著書院。漢化後的佛教也受儒家文化所薰陶，成為漢傳佛教，而禪宗更是漢傳佛教的代表，書院是揉合禪宗與儒家思想的產物。書院發展長達千年，舊式書院隨著科舉完結而結束，但書院沒有就此而消失，只是以另一形態出現。中國歷代的書院以傳統儒家教育思想為主，但由於佛教的漸漸興盛，佛教的影響已深入成書院的一部分。至於新的書院，則是在舊書院的基礎上再結合西方教育觀念而建立。

第七章　總　結

　　中國傳統讀書人，重視個人修習，透過學習來修養德性，稱之為「為己之學」，重視個人的學習歷程，學習不是為某個人外在因素而學習，如事業、名譽等等，而是從學習中得個人的喜悅和滿足，能夠不為功名利祿而讀書的知識分子，被視為清高，普遍受到讚賞。佛教禪宗講求個人的悟，包括漸悟與頓悟，所謂「自心歸依淨，一切塵勞愛欲境界，自性皆不染著，名眾中尊，若修此行，是自歸依。」〔註1〕追求清淨無為的境界中而有所悟，與中國傳統知識份子所追求的境界，不謀而合。儒與佛在思想上有相通之處，發展至唐宋以後便成就了書院教育。

　　上文提到的「為己之學」，是傳統知識份子的學習取向，孔子以個人的學問，打破階級觀念下，把自己生平所學，講述給願意求學的人，不管求學者的背景和階級，此所謂私家講學；相信孔子之前或同時代已有這種私家講學的情況，只是不如孔子那樣打破階級觀念，廣收學生而已。這種私家講學形式，經漢、魏晉、六朝、隋、唐，漸漸發展至私校形式的書院。在發展過程中，佛教的禪宗對之影響甚大。稱為儒家大學堂的書院，以儒學為宗的私家學校，反過來也影響著佛教的發展，在文化長河中，二者的互動正是代表著中國文化的核心所在，研究書院與佛教關係，可更清晰地看到文化面貌的演變。

　　嚴耕望先生在〈唐人習業山林寺院之風尚〉一文說，唐人習業山林以佛寺為多，這也是提起筆者研究這論題興趣的主要原因。本書先從佛教自東漢

〔註 1〕演培法師《六祖壇經講記》，財團法人佛陀教育基金會，2003 年 4 月，頁 317。

傳入時的情況作為研究的切入點，分析自漢末至隋唐佛教如何與儒家思想融合，唐中葉後又如何從融合變為紛爭。中國書院制便是在相互激盪下產生。本書主要綜合分析各項因素互相交織下，造就這本來兩種截然不同的制度相互共融，在歷史長河中，不斷的互動下發展，影響中國的文化面貌至今。因此筆者認為，研究中國書院發展與佛教的關係，對了解中國文化發展起了很重要的作用。研究不是只從單一的原因作分析，而是會從社會、文化、政治等各方面綜合思量。

東漢時，佛教自天竺傳入，東漢人的思想、政治環境乃至教育制度，製造了適合的土壤使佛教能落地生根，茁壯成長。究其原因，漢代人的天人合一思想，董仲舒之學說為漢武帝所重，表面上是獨尊儒術，罷黜百家，但董之思想不過是戰國以來，陰陽五行之說配以法家思想而見重於武帝，陰陽五行之說使讖緯觀念彌漫於朝野，促使道教流行。漢代經學盛行，經學所重是訓詁，而訓詁講求家法，經學與仕途相銜接，無形中製造了一批特權階級，士族由此而產生。訓詁學漸到了瑣屑枝蔓情況，所謂「一經說成萬言」的地步，使真心向學者有意另覓他途，於是私家講學甚為盛行，精舍便是私家講學的場所。魏晉時，精舍漸成為佛僧修行之室，其用途上的轉變，正代表了佛教的影響已觸及私學教育，也代表了佛教勢力的大增。東漢末，此情況沒有改變，還變本加厲。剛傳入中國之佛教便借助道教之力，得到一般民眾接受，魏晉時更超越了道教，成為主流宗教之一。東漢末年社會動盪，人心慌亂，加上黨錮之禍，使知識分子轉向玄學的探究，學術和政治的腐敗，導致東漢滅亡。在亂世下，佛教得到進一步的發展。

魏晉時，北方為胡人所據，胡人統治者多奉佛，大力興建寺院和佛窟，使佛教能得進一步發展，大有超越道教之勢。當時來華的高僧也多，使佛教教義得到發揚，並得到知識分子所敬重，提升了知識分子對佛學的興趣。這時代政治上雖是南北分裂，在宗教上卻是相同。當時名僧輩出，研佛者不斷增加，使佛學成為主流學術之一。隋唐時，南北統一，佛教勢力不斷擴大，經濟實力雄厚，著力興辦教育，寺學便由此而產生，唐人習業山林之風興起，士子習業以寺院為多，書院從個人習業之地結合了佛教教育，漸形成了宋代的書院制。以上是佛教初傳入中國至唐代，影響了中國私學的發展的情況，但佛教自身發展過程中也已融合了儒家思想，成為漢傳佛教，禪宗正是漢傳佛教的一大宗派，影響甚為深遠。

漢末至魏晉，一般人言儒學式微，玄學興盛之時，儒學在政治上仍居正統位置。玄學家鼻祖王弼與何晏等，儒學基礎甚厚，他們援儒入道，以道家的思想為儒家經典重新解說，玄學可說是儒學與道家思想融合的結果。當時的「荊州學派」從古文經學派中，自創出重視義理的方式研究儒家經典，與玄學相契合，為日後儒學尋得另一出路。名士談玄是時代的風氣，僧人也難逃這時代的趨勢，紛紛起來談玄；然而僧人談玄說佛之餘也不忘儒家傳統思想，因此儒釋道三家思想融合是必然的事。正如牟宗三先生所言，儒釋道融合是「象山陽明固是孟子靈魂之再現，即竺道生慧能亦是孟子靈魂之再現佛家」〔註2〕佛學從中華文化中吸收養分，配合儒家精神展現了漢傳佛教的特色，而理學則吸收佛學的思辨方式，展現了精細而慎密的理學精神。

隋唐是佛學發展高峰之時，宗派林立，名僧甚多，且唐代寺院經濟勢力甚為強大，知識分子漸漸意識到佛教帶來的問題。唐代中葉後，排佛風氣漸起，韓愈成為排佛的先鋒，其弟子李翱繼之；他以慎密的研理方式力主回復儒家道統之地位，然而其論述方式，正是佛家一向以來所採用；換言之，李翱的論述是以佛補儒。李翱的排佛思想及論述方式影響至宋代，可以說宋代的理學是繼承這理念而來。北宋時，理學漸盛，由於官學的發達，書院尚未蓬勃發展，理學家多以私家講學形式教授學生，把自己的學術思想傳揚。南宋時，半壁江山被奪去，知識分手子以興學救國為己任，理學家前仆後繼，不辭勞苦要復興儒家道統；他們以大量的論著，廣設書院等方式以宣揚自己的學說，更成為了時代學風，書院成了理學發表的平台，理學越是興盛，書院數量越多，兩者相輔相成。理學家以佛學的思辨方式說理，儒學受到佛教不同程度所影響。

前人已有很多論述關於理學學說受佛教影響，故不作詳談，便以地緣因素看宋代理學與佛教的關係。宋代理學的四大派別是濂、洛、關、閩。經翻查不同資料後，發現四派所處的地理位置都是佛教中心，也是佛寺林立之地，證明了從地緣方面佛教對理學的影響。本書的附錄上加插了各學派的書院分布圖，從這分布圖中可證明兩宋時，書院與佛教有很大的關係。不同理學派別建置不同的書院，這是南宋書院數量增長迅速的主要原因。據鄧洪波的兩宋各省書院統計表，看到江西、浙江、湖南增長最為顯著，肯定和理學發展有關。南宋三賢朱熹、呂祖謙、張栻對書院建置作出了貢獻；陸九淵雖不熱

〔註2〕牟宗三《心體與性體》之附錄，臺北：正中書局，1989年5月，頁597。

衷於建置書院，但他能濃縮了儒釋道的學問，對精舍的釐定，吸取精舍的養分，對書院建置有莫大的裨益，日後能發展出新的書院文化。

書院與寺院要繼續長存下去，必須要有一定的經濟支持，古代社會經濟元素較為簡單，田地往往是主要的經濟來源，寺院與書院同樣是倚靠田地作為主要的收入來源，因此在田地的多寡會影響著寺院或書院的生存，統治者往往以田地作為控制寺院或書院的手段。寺田源於魏晉時代皇帝的賜贈，或是皇室貴胄的捨宅捐獻。大的寺院往往擁有面積龐大的土地，發展出多元的經濟模式，例如寺領莊園，租賃碾磑等，使寺院經濟實力強大。學田源於宋代，以文人養士之觀，得到君主的賜贈，也有很大部分來自官民的捐贈。學田重點在養士和教學上的開支，不重經濟發展，如非有政策上的支持，寺院與書院在經濟上的相較，書院往往處於下風。

教育與宗教往往受制於統治者個人喜好，與其所能利用的價值而興衰，尤以元、明兩代為甚。元代君主奉佛，佛教勢力也達到顛峰，政府縱容下，密教的經濟勢力更不斷膨脹，不斷侵奪書院學田。表面上元政府也鼓勵學術，興辦教育，曾下詔歸還學田給書院，更明文規定學田免稅；然而實質只把過往屬於書院的學田歸還，新捐贈的或是其他方法得到的學田，卻要徵稅；換言之，書院如要擴充，有一定的困難，需在夾縫中努力，才可得到進一步的發展。元代時，書院與佛教是此消彼長之時；明代情況剛好相反，明代政府對佛教採取較嚴厲的控制手段，使佛教難於進一步發展。明中葉後，隨著王守仁之學盛行，地方政府與民間合作下，各地紛紛興建書院，書院數量激增，佛教勢力減弱時，地方官與民間常常侵奪佛寺用地及寺田而建書院，書院與佛教便出現了此長彼消的情況。

南宋書院總數是 442 所，元代書院總數是 406 所，元代書院比南宋時書院數量沒有增加還有減少，減幅是 8.8%；明代書院總數是 1962 所，元、明對比，明代比元代增幅達 383%。〔註3〕元代與明代政府皆有對書院的迫害，兩者相較，元甚於明。且看兩代各朝的書院數量，發現元世祖與元順宗為最多，尤以元末的數量增長最為明顯；明代則以嘉靖、萬曆、正德朝為多，尤其嘉靖朝，達 348 所之多。〔註4〕元代時，蒙古人為了收買人心，也不得不承認書院的作用，更採取了官學化的手段，山長的任命操控在朝廷，又重興科舉，

〔註3〕鄧洪波《中國書院史》，頁 189，267。
〔註4〕見附錄 5。

雙管齊下，以達控制之效，明顯地對書院發展有一定的打擊。從本著作的附錄表列中得到啟發，基於書院官學化，其發展與興衰往往受制於統治的政策。

　　書院與佛教彼此消長的情況不單從經濟可以看到，也可從學術上顯示出來。佛寺龐大的經濟勢力反令佛教腐化，在學問上難有突破之餘更走向下坡。宋以來禪宗獨盛，禪宗不立文字，直指本心的教學方式，令新進者不重視經典，佛教更為衰落。降及明代，此情況沒有改善，明太祖雖定下了一系列措施改善日趨墮落的佛教，卻反令佛教僧人的活動限制於佛寺內，與世俗士人相隔絕，無助於佛學精進，創見甚少。釋袾宏更進一步提出儒釋相資，認同要遵守禮教，使佛學失去其獨特性，釋儒界線模糊。明末清初時，臨濟宗與曹洞宗兩派門戶勢力之爭，佛教教義的出世思想顯未發揮作用。明亡後出現大批遺民僧，主因在不少遺民不甘為異姓臣，於是相率逃禪。不少遺民僧卻奉敕開堂，故有祝頌之詞，甚至與權貴交往，他們並非真心在信仰上鑽研，只不過為了逃避政治打壓而已，更使明末清初佛教進一步墮落。

　　元代科舉所重只是朱子之學，使元一代閩學獨盛，與朱子相關的書院增長迅速。到了明代，八股文作為考試的方式，使士子難於在學問上有所發揮，卻造就了以王守仁為首的理學發展。王學滲入了禪學，禪學從儒學中展現出來，王學的廣泛流傳，使明中葉後書院之盛，為前代所無。宏觀上看，禪學在寺院中沒落，在書院中重生。書院與佛教所謂彼此消長，從學術來說是曲線的、界線並不明顯。明末書院受到打擊，據鄧洪波《中國書院史》明代經歷了三次毀書院，第一次是嘉靖朝，第二次是萬曆朝，第三次是天啟朝。〔註5〕明代書院卻推廣至鄰國，如日本、韓國。此風更延續至清代，雍正年間開始向海外發展，如意大利那不勒斯、美國三藩市、印尼巴達維亞、馬來西亞、新加坡等。〔註6〕佛教與書院的彼此消長顯得模糊不清，主因在你中有我，我中有你。

　　以上是儒學與佛教的融合過程，第五章與第六章集中談及書院的各項制度與佛教的關係。佛教禪宗的叢林制對書院制影響尤大，故此先討論百丈懷海禪師所創的叢林制，叢林規制嚴密，架構完整，既顯出僧團的團結力量，也對教育及培育新生代起了很大的作用。上文提到中晚唐士子習業以山林寺院為多，與儒學結合的禪學最為士子所仰慕。宋代以後，士子漸吸收了禪宗

〔註5〕鄧洪波《中國書院史》，頁364。
〔註6〕鄧洪波《中國書院史》，頁515～539

的叢林制，運用在日益發達的書院上，使書院制度漸趨成熟。這兩章提到書院的各項制度，可說無一不受叢林制所影響。分析過程中看到儒佛的融合不只在學術上，更實質在各項制度展現出來，還涉及各種層面，影響之廣之深，是前所未有，是中國文化史上甚為重要的部分。

　　鄧洪波認為書院制基本有四大元素，包括祭祀、講學、藏書、學田。筆者認為書院能有效運作，不應限於四大元素，還包括：經講疏義、學規、管理制度、藏書、刻書、建築等，每項均有討論價值。本書的第五章起，首要談便是祭祀制度，主因是中國傳統教育源於祭祀，這便是所謂「廟學」。元代後書院以祭祀為首，一方面是朝廷所鼓動〔註7〕，另方面是士子本身也受到佛教祀禮的崇高感所影響，使他們更重視祭祀。他們想透過宗教儀式的祭祀，把儒家的道統提升到神聖的地位。宋代是書院制發展的成熟時期，因此也發展出一套隆重的書院祭祀儀式，當中不少參考自佛教。

　　之後便討論到書院講學形式和經講義疏。講學發展出一套莊嚴的儀式，對老師的恭敬，顯出書院教育對人的重視，每位老師的言行均是學習對象，應受到尊敬，這套講學儀式卻參考自佛教。此外，還有佛教法師講經時的方式，他們講經時先擬定講義，稱為「經講義疏」，為書院老師所仿傚，於是不少書院留下了大批講義，記錄在各地的書院志中，有部分更獨立成書。歷史往往有吊詭之處，禪宗法師卻反過來仿傚古人講經，不立文字，後學僧人筆錄，成為《禪師語錄》等著作，這又說明了儒釋互動下那種曲折的情況。彼此互動更不限教學形式，還有對學生的規管，便是書院學規。在第五章的表列中，可看出二者極多相同的地方，證明了書院學規與禪宗有相互參照的情況。

　　管理制度同樣是參考了寺院後訂定，往後也不斷改良。管理制度中，不能不提及經籍的收藏及管理。佛教以佛、法、僧為三寶，經書正是法的代表，因此十分重視經書的收藏，唐以前的佛寺已建有藏經閣並有專人管理，宋代書院紛紛興建藏書樓在高閣上，並設有專責人員管理，顯然是仿傚寺院管理藏書的方式。中國印刷術據說起源於石碑的摹搨（或稱拓碑），發展成後來的雕板印刷，這便是印刷術的起源，究其原因，是與佛教有關，這便是第六章所提及的佛印。唐末五代時，中原烽煙四起，相對安定的蜀地，官員毋昭裔極可能受印刷佛經所影響，出資印儒家經典教學，使當地文教復盛，啟發了書院也十分重視刻印書籍。

〔註7〕徐梓《元代書院研究》，北京：社會科學文獻出版社，2000年1月，頁146。

　　佛教在東漢傳入時，接待兩位外來僧人是政府的官署─寺，其中一位僧人摩騰更死於寺中，其屍不腐壞，便長留於寺中，之後的僧人居所便稱為寺。基於寺院源於官署，加上不少寺院是侯王第宅改建，或是帝主所賜，東漢至北魏時代的寺院多建在城中；然而寺院被稱為清修之地，僧人多寧願選擇山林之地建寺。環境影響教育質素，創建書院的學者們，為培育弟子的身心發展，除了知識上的傳授外，也重視環境帶來的影響，他們認同寺院選擇在山林間建置的理念，因此，創建書院者也盡量仿傚佛寺，建於山林間。書院建置時往往遇到不同境況，也會因地制宜被迫建在城中，但設計方面也盡量加上山水園林等建設，目的也在有限的環境下能做到怡情養性，因此仿禪宗寺院的建築布局，透過日常生活的體會培養性靈。可以說，書院的選址與書院的建築布局受佛教建築所影響。

　　全書是主要論述佛教傳入初期至明代的書院發展過程，及各項制度受佛教影響的情況，歸結出佛教與儒學融合是可使文化能得到進一步發展。這研究對中國文化發展有更深刻的體會，不同的文化可透過互動能得到進一步的發展，若狹隘地排拒其他文化，既不能得到進一步發展，也會導致自身文化走向衰落。第四章說到書院與佛教彼此消長，卻發展出佛中有儒、儒中有佛的境界，感受到中國文化的包融性。儒釋互動的過程是多變，但整體是向前向上的發展，宗教與學術是相輔相成。筆者也發現政治是不可或缺的因素，元明兩代最為明顯，為政者的鼓勵與打壓十分影響宗教與學術的發展。當政者如能以較寬容的態度，鼓勵學術自由，獨立思考，學術發展必更蓬勃。

　　宋代是書院制的完成時期，往後千年至清末，隨著科舉制的停止，傳統書院完成了歷史任務而終結。百多年來西方教育思想傳入中國，外地教會同時傳入，書院便以另一形態出現，即現代新式書院，書院的研究方向可從傳統式的書院轉向新式書院。傳統書院在千年以來，稱為儒家大學堂，卻與宗教教育密不可分，只要細心翻閱書院史論著，發現不少書院的前身是佛寺或道觀。宋代書院制能發展成熟，與宗教關係甚大。影響中國文化發展首推佛教，次為本土的道教。本文選佛教的原因，正是佛教的影響力高於道教，但也不容忽視道教的作用，期望將能有時間研究道教與書院關係。

　　撰寫這書使筆者更能清晰了解到中國文化不是鐵板一塊，而是可融和不同的文化，使自身的文化發展更燦爛。透過是次的研究，筆者深入地就儒釋

在書院各項主要制度的源起、演變過程、互動過程作了深入的探討。當中明白到不同文化的融和，必有其不同的原因，包括政治因素，有識之士的反省與改良，自身文化上的特質等等。儒家文化在五四運動後被批評落後、保守、迂腐、排外等，筆者則相信儒家文化是可融和不同的文化，佛教便是明顯例子，因此推論儒家文化能在保留自身文化之餘，並能融和其他文化，並且反過來化身為自己文化的一部份。

以上是著作論述的總結，佛教自明代起已步進了衰落期，第四章已討論過，到了清代衰落的情況持續。陳垣《清初僧諍記》中說及清初的高僧有為門戶、有為宗旨學說等而互相傾軋。〔註8〕陳氏所言如木陳道忞、玉林通琇等都是「藉新勢力以欺壓同儕，所以彼此謗書皆盈束，非至死而諍不息也」。〔註9〕郭朋更說清代的佛教是末期佛教，是一種微弱的歷史回聲和即將乾涸了的歷史長河中的餘濕，不用多費筆墨敘述。〔註10〕清代書院則繼續發展，不過王陽明學之末流，發展到束書不觀的地步〔註11〕。明朝滅亡後，清初如黃宗羲、顧炎武等倡議經世致用之學，讓書院繼續發展。清政府安定大局後便對書院加以管束，先是官學化，繼而以科舉等利誘士子投向政府屬意的程朱之學，讓書院在有形與無形間掌控於政府手中。清中葉，乾嘉之學興起，以乾嘉之學為主的書院也同時興起。據鄧洪波的《中國書院史》統計數字，乾隆時代所建之書院為最多，達一千一百多所〔註12〕，之後書院的發展便趨向末落，直到晚清，列強入侵後再興。然而佛教對書院影響已大不如前，這時可說是互不相干地發展。

晚清時，受了儒家教育的佛教居士，興辦佛學院。最著名有楊仁山居士，1897 年楊仁山在金陵北延齡巷創金陵刻經處，又於 1907 年在金陵刻處基礎上，開辦祇洹精舍佛學學堂。就學者多為俊才英傑，包括釋仁山、太虛法師、歐陽竟無、梅光羲等。更影響到梁啟超、譚嗣同、章太炎等，對學術界影響深

〔註8〕陳垣《清初僧諍記》，北京：中華書局，1962 年 9 月，頁 87。

〔註9〕陳垣《清初僧諍記》，頁 85。

〔註10〕郭朋《明清佛教》，福州：福建人民出版社，1985 年 4 月，頁 321。

〔註11〕明清之際，不少王學及陸學相互攻擊，清末學者章學誠批評這些人不讀書，固步自封，實淺陋無比，他在《文史通義》卷三〈朱陸〉：「而來自門戶之交攻，俱是專己守殘，束書不觀，而高談天之流也。」他稱這些人是偽陸、王，與王學爭辯的朱學，同樣是偽朱學。北京：中華書局，1985 年 5 月，頁 262～263。

〔註12〕鄧洪波《中國書院史》，頁 411。

遠。〔註 13〕曾在祇洹精舍就學的太虛法師，其弟子有印順法師及羅時憲教授。
還有歐陽竟無，1923 年創立支那內學院，著名的湯用彤、熊十力先生也曾在
內學院聽課。〔註 14〕在內學院就學的還有呂澂和唐迪風先生（唐君毅先生的
父親）等人。熊十力先生也是唐君毅先生、牟宗三先生、徐復觀先生的老師。
〔註 15〕熊十力先生被譽為新儒家的創始者，他自言「游乎佛儒之間」〔註 16〕，
努力在中國文化本位中為佛學尋求新出路，重塑內聖外王之道。〔註 17〕因此
儒與釋等又在近世相逢，以援佛入儒或援儒入佛等書院在海峽兩岸出現。香
港的新亞書院，為新儒家的基地，唐君毅先生、牟宗三先生、徐復觀先生等
對佛學皆有研究。創校的錢穆先生曾說過，新亞書院的學者以宋明書院精神
辦學〔註 18〕，同樣地融合了儒佛思想以至西方哲學，成為儒學的新基地。限
於時間，本書未能把清代至近世儒釋兩家互相影響的演變過程，包括在研究
的範圍內，將來時間許可，筆者希望可對上述範圍，能作詳細的探討，為近
世書院發展的研究加入較新元素。

〔註 13〕麻天祥《晚清佛學與近代社會思潮》，開封：河南大學出版社，1992 年 7 月，
　　　　頁 289～290。
〔註 14〕麻天祥《晚清佛學與近代社會思潮》，頁 30 頁。
〔註 15〕郭齊勇〈熊十力年表〉載於蕭萐父主編《熊十力全集》第八卷附錄，武漢：
　　　　湖北教育出版社，2001 年 8 月，頁 897～913。
〔註 16〕蕭萐父主編《熊十力全集》第一卷〈編者序〉，頁 7。
〔註 17〕麻天祥《晚清佛學與近代社會思潮》，頁 193。
〔註 18〕李學銘《讀史懷人存稿》丙輯〈中國書院教育精神與新亞〉：「新亞的辦學宗
　　　　旨，正如上文提到，是「上溯宋明書院講學精神」，以人（人物）為中心，來
　　　　傳授各門課程，或以各門課程來完成以人為中心的教育。也就是說為學是過
　　　　程，做人才是目的。」臺北：萬卷樓，2014 年 8 月。頁 215。

參考資料

一、古代文獻（按時代先後排序）

1. 《禮記註疏》，《四部備要》中華書局據阮刻本校刊本，臺北：臺灣中華書局，1966 年。

2. 《禮記註疏》，臺北：新文豐出版公司，2001 年 6 月。

3. 李學勤主編《十三經注疏》十二冊《禮記正義》，北京：北京大學出版社，2000 年 12 月。

4. 〔西漢〕董仲舒《春秋繁露》，臺北：臺灣商務印書館，1968 年 3 月。

5. 〔漢〕劉珍《東觀漢記校注》吳樹平校注，北京：中華書局，2008 年 11 月。

6. 〔東漢〕班固《漢書》，北京：中華書局，1975 年 4 月。

7. 〔晉〕陳壽《三國志》，北京：中華書局，1973 年 1 月。

8. 〔晉〕常璩，劉琳校注《華陽國志校注》，成都：巴蜀書社，1984 年 7 月。

9. 〔北魏〕崔鴻《十六國春秋》，北京：商務印書館，1958 年 6 月。

10. 〔北魏〕楊衒之《洛陽伽藍記校注》，臺北：三民書局，2006 年 3 月。

11. 〔北齊〕魏收《魏書》，北京：中華書局，1974 年 6 月。

12. 〔南朝‧宋〕劉義慶《世說新語》，香港：中華書局香港分局，1982 年 4 月。

13. 〔南朝‧宋〕范曄《後漢書》，北京：中華書局，1965 年 5 月。

14. 〔梁〕釋慧皎《高僧傳》，北京：中華書局，1997 年 10 月。

15. 〔梁〕蕭統《昭明文選》,香港:廣智書局,缺出版年份。

16. 〔梁〕沈約《宋書》,北京:中華書局,1974 年 10 月。

17. 〔梁〕蕭子顯《南齊書》,北京:中華書局,1972 年 1 月。

18. 〔唐〕房玄齡《晉書》,北京:中華書局,1974 年 11 月。

19. 〔唐〕李延壽《南史》,北京:中華書局,1975 年 6 月。

20. 〔唐〕釋道世《法苑珠林校注》,北京:中華書局,2003 年 12 月。

21. 〔唐〕釋道宣《廣弘明集》,臺北:佛光出版社,1998 年。

22. 〔唐〕釋道宣《廣弘明集》中華書局據常州天寧寺校刊,臺北:臺灣中華書局,1966 年。

23. 〔唐〕段成式《酉陽雜俎》〈叢書集成簡編〉,臺北:臺灣商務印書館,1966 年 3 月。

24. 〔唐〕王溥《唐會要》,北京:中華書局,1955 年 6 月。

25. 〔唐〕釋惠能《六祖壇經》,臺北:佛光出版社,1979 年 4 月。

26. 〔唐〕圓仁《入唐求法巡禮行記》,桂林:廣西師範大學出版,2007 年 12 月。

27. 〔唐〕韓愈著,劉真倫、岳珍校注《韓愈文集彙校箋注》,北京:中華書局,2010 年 8 月。

28. 〔唐〕釋道宣《高僧傳二集》,臺北:菩提書局,1960 年 3 月。

29. 〔唐〕釋道宣《續高僧傳》,臺北:臺灣印經處,1970 年 9 月。

30. 〔唐〕柳宗元《柳宗元集》卷六,北京:中華書局,1979 年 10 月。

31. 〔唐〕趙璘《因話錄》,上海:上海古籍出版,1979 年 1 月。

32. 〔唐〕蘇鶚《杜陽雜編》,臺北:臺彎商務印書館,1974 年 5 月。

33. 〔唐〕徐堅《初學記》,日本宮內廳書陵部藏宋元版漢籍選刊,上海:上海古籍出版社,2012 年 10 月。

34. 〔唐〕李百藥《北齊書》,北京:中華書局,1972 年 11 月。

35. 〔唐〕魏徵《隋書》,北京:中華書局,1973 年 8 月。

36. 〔唐〕姚思廉《梁書》,北京:中華書局,1973 年 5 月。

37. 〔唐〕令狐德棻《周書》,北京:中華書局,1971 年 11 月。

38. 〔唐〕玄奘、辯機《大唐西域記》,北京:中華書局,2009 年 8 月。

39. 〔唐〕司空圖《司空表聖文集》,上海印書館縮印舊鈔本,臺北:臺灣商

務印書館，1967 年。

40. 〔唐〕王定保《唐摭言》，《叢書集成簡編》，臺北：臺灣商務印書館，1965 年，12 月。

41. 〔後晉〕劉昫《舊唐書》，北京：中華書局，1986 年 5 月。

42. 〔宋〕歐陽修、宋祁《新唐書》，北京：中華書局，1997 年 3 月。

43. 〔宋〕司馬光《資治通鑑》，北京：中華書局，1987 年 4 月。

44. 〔宋〕歐陽修《歐陽修全集》，北京：中華書局，2001 年 3 月。

45. 〔宋〕計有功《唐詩記事》，香港：中華書局，1972 年 4 月。

46. 〔宋〕李昉《太平廣記》，北京：中華書局，1994 年 4 月。

47. 〔宋〕張載《張子全書》。國學基本叢書，臺北：商務印書館，1968 年 3 月。

48. 〔宋〕胡宏《五峰集》，文淵閣本《四庫全書》第 1137 冊，上海：上海古籍出版社，1987 年 8 月。

49. 〔宋〕陳舜俞《廬山記》，叢書集成初編，長沙：商務印書館，1939 年 12 月。

50. 〔宋〕釋贊寧《宋高僧傳》，北京：中華書局，1987 年 8 月。

51. 〔宋〕馬令《南唐書》，李海榮、陸蓉編《南唐書（兩種）》，南京：南京出版社，2010 年 4 月。

52. 〔宋〕陸游《南唐書》，李海榮、陸蓉編《南唐書（兩種）》，南京：南京出版社，2010 年 4 月。

53. 〔宋〕程頤《二程文集》，北京：中華書局，1981 年 7 月。

54. 〔宋〕原道撰，顧宏義注譯《新譯景德傳燈錄》卷七，香港：海嘯出版事業有限公司，2005 年 5 月。

55. 〔宋〕普濟《五燈會元》，北京：中華書局，1984 年 10 月。

56. 〔宋〕朱熹《伊洛淵源錄》《朱子全書外編》，上海：華東師範大學出版社，2010 年 9 月。

57. 〔宋〕朱熹《朱子全書》《晦庵先生朱文公文集》，上海：華東師範大學出版社，2010 年 9 月。

58. 〔宋〕朱熹《四書集註》，臺北：文化圖書公書，1984 年 8 月。

59. 〔宋〕呂祖謙撰，黃靈庚、吳戰壘主編《呂祖謙全集》，浙江：浙江古籍

出版，2008 年 1 月。

60. 〔宋〕王欽若《冊府元龜》，臺北：臺灣中華書局，1967 年 5 月。

61. 〔宋〕張表臣《珊瑚鈎詩話》《叢書集成初編》，長沙：商務印書館，1939 年 12 月。

62. 〔宋〕張舜民《畫墁集》，上海：進步書局，192？年。

63. 〔宋〕王應麟《玉海》，文淵閣本《四庫全書》第 947 冊，上海：上海古籍出版社，1987 年 8 月。

64. 〔宋〕李燾《續資治通鑑長編》，北京：中華書局，2004 年 9 月。

65. 〔宋〕周應合《景定建康志》，清嘉慶六年刊本，成文出版有限公司，1983 年 3 月。

66. 〔宋〕王禹偁《小畜集》，臺北：臺灣商務印書館，1968 年 9 月。

67. 〔宋〕李心傳《建炎以來繫年要錄》，光緒庚子年廣雅書局刊本，文海出版社，1968 年 1 月。

68. 〔宋〕袁甫《蒙齋集》《叢書集成初編》，上海：商務印書館，1936 年 6 月。

69. 〔宋〕歐陽守道《巽齋文集》，《四庫全書珍本二集》，臺北：臺灣商務印書館，1971 年。

70. 〔宋〕黎靖德編《朱子語類》，臺北：中正書局，1973 年 12 月。

71. 〔宋〕馬永易《實賓錄》，合肥：安徽教育出版，2001 年 1 月。

72. 〔宋〕馬端臨《文獻通考》，北京：中華書局，2011 年 9 月。

73. 〔宋〕釋元照《四分律行事鈔資持記》，福建：三行基金會，2005 年 3 月。

74. 〔宋〕魏了翁《鶴山集》，文淵閣《四庫全書》，上海：上海古籍，1987 年 6 月。

75. 〔宋〕葉夢得《石林燕語》，北京：中華書局，1984 年 5 月。

76. 〔宋〕袁燮《絜齋家塾書鈔》，《叢書集成續編》，臺北：新文豐出版公司，1989 年 7 月。

77. 〔宋〕佚名《愛日齋叢鈔》，臺北：廣文書局，1971 年 8 月。

78. 〔宋〕饒魯《程董二先生學則》，《叢書集成》，臺北：臺灣商務印書館，1965 年。

79. 〔元〕釋常念《佛祖歷代通載》，《四庫全書》電子版，迪志文化出版，

2012 年。

80. 〔元〕脫脫《宋史》，北京：中華書局，1977 年 11 月。

81. 〔元〕佚名《廟學典禮》《四庫全書珍本初集》，上海：商務印書館據文淵閣本印行，1934 年。

82. 〔元〕虞集《道園學古錄》，中華書局據明刻本校，臺北：中華書局，1966 年。

83. 〔元〕劉岳申《申齋集》，王雲五主編《四庫全書珍本十二集》，臺北：商務印書館，1982 年。

84. 〔元〕傅若金《傅與礪文集》，北京圖書館古籍珍本叢刊 92 冊，北京：北京書目文獻出版社，1988 年。

85. 〔元〕黃溍《文獻集》，文淵閣本《四庫全書》，上海：上海古籍出版社，1987 年 6 月。

86. 〔元〕程文海《雪樓集》，《圖書集成續編》，臺北：新文豐出版公司，1989 年 7 月。

87. 〔元〕吳澄《吳文正集》，王雲五主編《四庫全書珍本二集》，臺北：臺灣商務印書館，1971 年。

88. 〔元〕程端禮《讀書分年日程》，文淵閣《四庫全書》，上海：上海古籍出版，1987 年 6 月。

89. 〔明〕宋濂《元史》，北京：中華書局，1976 年 4 月。

90. 〔明〕宋濂《佛日普照慧辯楚石禪師語錄》，《中國禪宗大典》，北京：國際文化出版公司，1995 年 2 月。

91. 〔明〕劉基《劉伯溫集》，杭州：浙江古籍出版社，2011 年 5 月。

92. 〔明〕胡粹中《元史續編》第五冊，王雲五主編《四庫全書珍本六集》，臺北：臺灣商務印書館，1976 年。

93. 〔明〕葛寅亮《金陵梵剎志》《中國佛寺志叢刊》，楊州：江蘇廣陵古籍刻印社，1996 年 8 月。

94. 〔明〕李夢陽編《白鹿洞書院古志五種》，北京：中華書局出版，1995 年 11 月。

95. 〔明〕李夢陽《空同集》，四庫明人文集叢刊，上海：上海古籍出版社，1991 年 12 月。

96. 〔明〕李東陽《大明會典》，臺北：東南書報社，1963 年 9 月。

97. 《明太祖實錄》，臺北：中央研究院歷史語言研究所校印，1966 年 9 月。

98. 《明世宗實錄》，臺北：中央研究院歷史語言研究所校印，1966 年 9 月。

99. 〔明〕錢穀《吳都文粹續集》，文淵閣本《四庫全書》，上海：上海古籍出版社，1987 年 6 月。

100. 〔明〕王守仁《王文成公全書》，上海：商務印書館據萬有文庫本印行，1933 年，12 月。

101. 〔明〕羅洪先《念庵文集》，四庫明人文集叢刊，上海：上海古籍出版社，1993 年 6 月。

102. 〔明〕釋袾宏《竹窗三筆》，涵芬樓據雲棲法彙本影印，上海：商務印書館，1935 年。

103. 〔清〕袁枚的《隨園隨筆》王英志主編《袁枚全集 第五冊》江蘇：江蘇古籍出版社，1997 年 7 月。

104. 〔清〕董誥《全唐文》，北京：中華書局，1987 年 2 月。

105. 〔清〕黃宗羲《宋元學案》臺北：中正書局，1968 年 5 月。

106. 〔清〕王昶《金石萃編》，臺北：國風出版社，1964 年 7 月。

107. 〔清〕彭定求《全唐詩》，北京：中華書局，1985 年 1 月。

108. 〔清〕黃宗羲《宋元學案》北京：中華書局，2011 年 11 月。

109. 〔清〕徐松《宋會要輯稿》，北京：中華書局，1957 年 11 月。

110. 〔清〕王懋竑《朱子年普》，北京：中華書局，1998 年 10 月。

111. 〔清〕黃之雋《江南通志》，乾隆二年重修本，臺北：京華書局，1967 年 8 月。

112. 〔清〕沈翼機《浙江通志》，乾隆元年刊本，臺北：京華書局，1967 年 8 月。

113. 〔清〕趙之謙《江西通志》，光緒七年刊本，臺北：京華書局。1967 年 12 月。

114. 〔清〕張廷玉《明史》，北京：中華書局，1974 年 4 月。

115. 〔清〕孫灝《河南通志續通志》，光緒八年刊本，台灣：華文書局，1969 年 1 月。

116. 〔清〕胡鳴玉《訂譌雜錄》，臺北：世界書局，2009 年 2 月。

117. 〔清〕顧炎武《日知錄》，上海：上海古籍出版，1985 年 5 月。

118. 〔清〕高宗敕《續文獻通考》，臺北：新興書局，1958 年 10 月。

119. 〔清〕黃彭年《畿輔通志》，宣統二年刊本，臺北：華文書局，1968 年 12 月。

120. 〔清〕王軒《山西通志》，光緒十八年刊本，臺北：華文書局，1969 年 5 月。

121. 〔清〕陳壽祺《福建通志》，同治十年重刊本，臺北：華文書局，1968 年 10 月。

122. 〔清〕謝啟昆《廣西通志》，嘉慶五年輯，臺北：文海出版社，1966 年 6 月。

123. 〔清〕沈清崖‧吳廷錫《陝西通志續志》，雍正十三年刊本，臺北：華文書局，1969 年 7 月。

124. 〔清〕邁柱《湖廣通志》文淵閣《四庫全書》，531～534 冊，上海：上海古籍，1987 年 6 月。

125. 〔清〕黃宗羲《明儒學案》，北京：中華書局，1985 年 10 月。

126. 〔清〕孫希旦《禮記集解》，北京：中華書局，1995 年 5 月。

127. 〔清〕李清馥《閩中理學淵源考》，《四庫全書珍本二集》，臺北：臺灣商務書館，1971 年。

128. 〔清〕王懋竑《朱熹年譜》，北京：中華書局，1998 年 10 月。

129. 〔清〕曾國荃《湖南通志》，清‧光緒十一年刊本，臺北：華文書局，1967 年。

130. 〔清〕徐樹穀《李義山箋註》，王雲五主持《四庫全書珍本四集》，臺北：臺灣商務印書館，1973 年。

131. 〔清〕郭汝誠等修《順德縣志》書院圖，咸豐三年刊本，臺北：成文出版社，1966 年。

132. 〔清〕張伯行《宋周濂溪先生惇頤年譜》，《新編中國名人年譜集成》，臺北：臺灣商務印書館，1978 年。

133. 〔清〕章學誠《文史通義》，北京：中華書局，1985 年 5 月。

134. 《卍續藏經》第 123 冊，香港：香港佛教雜誌社，1967 年。

135. 《中國歷代書院志》，南京：江蘇教育出版社，1995 年 9 月。

136.《北京圖書館藏珍本年譜叢刊》，北京：北京圖書館出版社，1999 年 4 月。

137. 藍吉主編《禪宗全書》《禪苑清規》，臺北：文殊文化有限公司，1990 年 4 月。

138. 郝春文編《英藏敦煌社會歷史文獻釋錄》，北京：社會科學文獻出版社，2001 年 8 月。

139. 趙曉梅編《中國禪宗大典》，北京：國際文化出版有限公司，1995 年 2 月。

140.《百丈叢林清規》，香港：法喜精舍，1993 年 12 月。

141. 陳叔諒，李心莊《重編宋元學案》，臺北：國立編譯館出版，1986 年 4 月。

142. 于浩輯《宋明理學家年譜》，北京：北京圖書館出版社，2005 年 4 月。

143.《四庫全書》電子版，廸志文化有限公司，2012 年。

二、近人著作：專書（按姓氏筆畫排序）

（一）書院

1. 丁綱、劉琪《書院與中國文化》，上海：上海教育出版社，1992 年 10 月。

2. 江堤、彭愛學《嶽麓書院》，長沙：湖南文藝出版社，1995 年 12 月。

3. 白新良《明清書院研究》，北京：故宮出版社，2012 年 7 月。

4. 李弘祺《學以為己：傳統中國的教育》，香港：中文大學出版社，2012 年。

5. 李學銘〈中國書院教育精神與新亞〉，《讀史懷人存稿》，臺北：萬卷樓圖書公司，2014 年 8 月。

6. 朱漢民編《嶽麓書院》，長沙：湖南教育出版社，2006 年 10 月。

7. 朱漢民、李弘祺主編《中國書院》，長沙：湖南教育出版社，1997 年 11 月。

8. 朱漢民、李弘祺主編《中國書院》第二輯，長沙：湖南教育出版社，1998 年 12 月。

9. 朱漢民、李弘祺主編《中國書院》第三輯，長沙：湖南教育出版社，2000 年 1 月。

10. 朱漢民、李弘祺主編《中國書院》第四輯，長沙：湖南教育出版社，2002 年 5 月。

11. 朱漢民主編《中國書院》第五輯，長沙：湖南教育出版社，2003 年 10 月。

12. 朱漢民、李弘祺主編《中國書院》第六輯，長沙：湖南教育出版社，2004 年 12 月。

13. 朱漢民、李弘祺主編《中國書院》第七輯，長沙：湖南大學出版社，2006 年 10 月。

14. 朱漢民主編《中國書院》第八輯，長沙：湖南大學出版社，2013 年 1 月。

15. 李鎮岩《臺灣的書院》，臺北：遠足文化事業股份有限公司，2008 年 1 月。

16. 吳萬居《宋代書院與宋代學術之關係》，臺北：文史哲出版社，1991 年 9 月。

17. 高明士《中國教育史》，臺北：臺大出版中心 2004 年 9 月。

18. 高士明主編《東亞傳統教育與學禮學規》，臺北；臺大出版中心，2005 年 8 月。

19. 高明士《中國中古的教育與學禮》，臺北：國立臺大出版中心，2005 年 9 月。

20. 胡青《書院的社會功能及文化特色》，武漢：湖北教育出版社，1996 年 11 月。

21. 徐梓《元代書院研究》，北京：社會科學文獻出版社，2000 年 1 月。

22. 陳元暉、尹德新、王炳照《中國古代的書院制度》，上海：上海教育出版社，1981 年 12 月。

23. 陳谷嘉、鄧洪波《中國書院制度研究》，浙江教育出版社，1997 年 8 月。

24. 陳雯怡《由官學到書院》，臺北：聯經出版社，2004 年 4 月。

25. 楊慎初、朱漢民、鄧洪波《嶽麓書院史略》，長沙：嶽麓書社出版，1985 年 5 月。

26. 楊布生、彭定國《書院文化》，臺北：雲龍出版社，1997 年 12 月。

27. 楊慎初《書院建築的文化藝術特色》，《中國建築藝術全集》第十冊，北京：中國建築工業出版社，2001 年 5 月。

28. 趙連穩、朱耀廷《中國古代的學校、書院及其刻書研究》，北京：光明日報出版社，2007 年 5 月。

29. 鄧洪波《中國書院史》，上海：東方出版中心，2006 年 1 月。

30. 鄧洪波《中國書院章程》，長沙：湖南大學出版社，2000 年 10 月。

31. 鄧洪波《中國書院學規》，長沙：湖南大學出版社，2000 年 10 月。

（二）佛教

1. 丁鋼《中國佛教教育》，成都：四川教育出版社，2010 年 4 月。

2. 王景琳《中國古代僧尼生活》，臺北：文津出版社，1992 年 1 月。

3. 木村清孝著，李惠英譯《中國華嚴思想史》，臺北：東大圖書，2011 年 5 月。

4. 方廣錩《敦煌學佛教學論叢》，香港：中國佛教文化出版有限公司，1998 年 8 月。

5. 任宜敏《中國佛教史 元代》，人民大學出版社，2005 年 5 月。

6. 杜潔祥主編《中國佛寺史志彙刊》，臺北：明文書局，1980 年 10 月。

7. 李芳民《唐五代佛寺輯考》，北京：商務印書館，2006 年 7 月。

8. 姜伯勤《唐五代敦煌寺戶制度》，北京：中國人民大學出版社，2011 年 2 月。

9. 陳垣《清初僧諍記》，北京：華書華書局，1962 年 9 月。

10. 陳遠寧《中國佛教與宋明理學》，長沙：湖南人民出版社，1999 年 8 月。

11. 梁天錫《北宋傳法院及其譯經制度》，香港：志蓮淨苑，2003 年 11 月。

12. 曹昌智《佛教建築》,《中國建築藝術全集》，北京：中國建築工業出版社，2000 年 12 月。

13. 郭朋《明清佛教》，福州：新華書店，1982 年 12 月。

14. 郭紹林《唐代士大夫與佛教》，河南：河南大學出片社，1987 年。

15. 郭紹林《唐代士大夫與佛教》，西安：三秦出版社，2006 年 12 月。

16. 張十慶《五山十剎圖與南宋江南禪寺》，南京：東南大學出版，2000 年 1 月。

17. 張弓《漢唐佛寺文化》，北京：中國社會科學院，1997 年。

18. 張國剛《佛學與隋唐社會》，石家莊：河北人民出版社，2002 年 8 月。

19. 張晶《禪與唐宋詩學》，北京：新星出版社，2010 年 6 月。

20. 張馭寰《圖解中國佛教建築》，北京：當代中國出版社，2012 年 3 月。

21. 張馭寰《中國佛教建築講座》，北京：當代中國出版社，2008 年 1 月。

22. 張維明《塔‧寺廟》,《中國古典建築美術叢書》，上海：人民美術出版社，

1995 年 5 月。

23. 張蘗弓《漢傳佛教與中古社會》臺北：五南圖書出版社，2005 年。

24. 麻天祥《晚清佛學與近代社會思潮》，開封：河南大學出版社，1992 年 7 月。

25. 湯用彤《隋唐佛教史稿》，北京：中華書局，1988 年 3 月。

26. 湯用彤《漢魏兩晉南北朝佛教史》，武漢：武漢大學出版社，2008 年 12 月。

27. 黃敏枝《唐代寺院經濟研究》，臺北：國立臺灣大學文學院，臺灣大學文史叢刊：33，1971 年 12 月。

28. 黃敏枝《宋代佛教社會經濟史論集》，臺北：臺灣學生書局，1989 年。

29. 游彪《宋代寺院經濟史稿》，保定：河北大學出版社，2003 年 3 月。

30. 熊琬《宋代理學與佛學之探討》，臺北：文津出版社，1985 年 4 月。

31. 慈怡法師主編《佛光大辭典》，北京：北京圖書館出版社，1990 年 6 月。

32. 演培法師《六祖壇經講記》，財團法人佛陀教育基會，2003 年 4 月。

33. 蔣義斌《宋儒與佛教》，臺北：大東圖書，1997 年 9 月。

34. 戴儉《禪宗寺院建築初探》，臺北：明文書局，1991 年 9 月。

35. 顧吉辰《宋代佛教史稿》，鄭州：中州古籍出版社，1993 年 12 月。

36. 釋能融《律制、清規及其現代意義之探究》，臺北：法鼓文化事業股份有限公司，2003 年 3 月。

37. 龔國強《隋唐長安城佛寺研究》，北京：文物出版社，2006 年 10 月。

（三）歷史、思想、文化

1. 上海新四軍歷史研究會印刷印鈔分會編《歷代刻書概況》，北京：印刷工業出版社，1991 年 9 月。

2. 王夢鷗《禮記今註今譯》，臺北：臺灣商務印書館，1981 年 12 月。

3. 朱漢民《湖湘學派史論》，長沙：湖南大學出版社，2004 年 2 月。

4. 牟宗三《心體與性體》臺北：正中書局，1989 年 5 月。

5. 牟宗三《才性與玄理》，臺北：學生書局，1989 年 10 月。

6. 牟潤孫《注史齋叢稿》（增訂本），北京：中華書局，2009 年 6 月。

7. 呂思勉《秦漢史》，香港：太平書局，1962 年 9 月。

8. 李書華《中國印刷術起源》，新亞研究所，1962 年 10 月。

9. 馬良懷、徐華《玄學與長江文化》，武漢：湖北教育出版社，2004 年 3 月。

10. 郝虹《魏晉儒學新論》，北京：中國社會科學出版社，2011 年 3 月。

11. 徐復觀《兩漢思想史》，臺北：學生書局，1979 年 9 月。

12. 徐復觀《中國經學史的基礎》，臺北：臺灣學生書局，1990 年 7 月。

13. 徐復觀《中國藝術精神》，臺北：學生書局，1981 年 3 月。

14. 陳俊文《張載哲學思想及關學學派》，北京：人民出版社，1986 年 4 月。

15. 梁思成《中國建築藝術》，香港：香港中和出版有限公司，2019 年 4 月。

16. 湯用彤《魏晉玄學》臺北：佛光出版社，2001 年。

17. 黃懷信校注《大戴禮記彙校集注》，西安：三秦出版社，2005 年 1 月。

18. 楊慎初《湖南傳統建築》，長沙：湖南教育出版社，1993 年 8 月。

19. 蕭萐父主編《熊十力全集》，武漢：湖北教育出版社，2001 年 8 月。

20. 錢穆《秦漢史》，臺北：東大圖書公司，1992 年 9 月。

21. 錢穆《國史大綱》，上海：國立編譯館，1947 年 10 月。

22. 錢穆《論語新解》，香港：新亞研究所，1964 年 6 月。

23. 錢穆《近三百年學術史》，臺北：商務印書館，1996 年 7 月。

24. 戴均良《中國古今地名大詞典》，上海：上海辭書出版社，2005 年 7 月。

25. 譚其驤《中國歷史地圖集》，上海：中國地圖出版社，1982 年，10 月。

26. 嚴耕望《嚴耕望史學論文選集》，臺北：聯經出版，1991 年 5 月。

三、近人著作：論文（按姓氏筆畫排序）

（一）書刊論文

1. 王煜〈明末淨土宗池蓮大師雲棲袾宏之佛化儒道及其迫近耶那教與反駁天主教〉，《新亞書院學術年刊》第 19 期，香港：香港新亞書院，1977 年 9 月。

2. 王瑗〈漢唐佛教建築發展概況〉，《中國佛教建築》，2002 年 3 月。

3. 王善軍〈略論宋代世家大族的家學〉，中國人民大學書報資料中心，《宋遼金元史雙月刊》，2014 年 2 月。

4. 王鴻泰〈武功、武學、武藝、武俠：明代士人的習武風尚與異類交游〉，《中央研究院歷史語言研究所集刊》第 85 本、第 2 分，1914 年 6 月。

5. 白文固〈五代佛教的發展〉,《青海師范大學學報》,(社會科學版)第三期,1985 年。

6. 朱漢民‧唐雲〈元初江南宋遺民及其文化特色〉,《大學教育科學》,總 147 期,2014 年 5 月。

7. 任留柱‧何淼淼〈中國古代佛教建築設計的思想特色與風格分析〉,《鄭州輕工業學院學報》,社會科學版,2006 年 6 月。

8. 何劍平《《元史‧禮樂志》中的佛教面具與元代密教》載於《佛教與遼金元文化—國際學術研討會論文集》,香港:能仁書院,2004 年 11 月。

9. 李世英〈論唐五代的佛教講唱文學〉,《蘭州大學學報》(社會科學版),1991 年。

10. 李清凌〈宋夏金時期佛教的走勢〉,《西北師大學報》(社會科學版)第 39 卷,第 6 期,2002 年 11 月。

11. 李兵〈書院:明代心學建構與傳播的主要依託〉,《現代哲學》,2006 年 4 月。

12. 宋徽‧周積明〈《湖北學生界》與晚清湖北〉《學術界月刊》總第 151 期,2010 年 12 月。

13. 宋彥陞〈關於宋代「重文輕武說」的幾點反思〉,《臺灣師大歷史學報》第 49 期,2013 年 6 月。

14. 杜洪濤〈金代公共資源問題的一個側面〉,中國人民大學書報資料中心《宋遼金元史雙月刊》,2014 年 3 月。

15. 肖永明〈宋元明清歷朝君主與書院發展〉《陝西師範大學學報》第 36 卷第 2 期,2007 年 3 月。

16. 馬曉春〈王陽明在中國書院史上的地位〉《江西教育學院學報》第 31 卷第 4 期(社會科學),2010 年 8 月。

17. 馮國棟〈宋代佛教史學略論〉,《史學史研究》,2005 年第 2 期。

18. 康曉嵐〈試論平定書院的近代變遷及其影響〉,《太原師範學院學報》(社會科學版)第 14 卷,第 1 期,2015 年 1 月。

19. 陳瑞〈元代安徽地區的書院〉,《合肥師范學院學報》,第 27 卷,第 1 期,2009 年 1 月。

20. 高士明〈五代的教育〉《大陸雜誌》第 43 卷,第 6 頁。

21. 梁思成〈中國的佛教建築〉《清華大學學報》第 8 卷第 2 期 1961 年 12 月。

22. 陸敏珍〈宋代家禮與儒家日常生活的重構〉,《文史季刊》,2013 年第 4 輯。

23. 曹秀傑〈試析佛教寺院對宋代書院發展的影響〉《開封大學學報》第 26 卷第 4 期,2012 年 12 月。

24. 華方田〈兩宋佛教〉,《佛教文化》第 34 期。

25. 華方田〈清代佛教的衰落與居士佛教的興起〉,《佛法春秋》,佛教文化,2013 年。

26. 游彪〈宋代佛教寺院基層組識及其特徵初探〉,《佛學研究》,2002 年。

27. 張勁松〈清代書院學田的經營困境與紓解努力〉第 25 卷第 2 期,《四川教育學院學報》,2009 年 2 月。

28. 張勁松〈《書院說》:晚清書院學田經營的一個歷史剖面〉,《集美大學學報》第 10 卷第 2 期,2009 年 4 月。

29. 賀秋菊〈論明代書院心學化〉,《廣西社會科學》第 1 期(總第 139 期),2007 年 1 月。

30. 萬書元〈簡論書院建築的藝術風格〉,《南京理工大學學報》(社會科學版)第 17 卷,第 2 期,2004 年 4 月。

31. 萬書元〈中國書院建築的語義結構與紀念性特徵〉,《建築》第 24 卷,2006 年 11 月。

32. 萬書元・康曉嵐〈簡論書院建築的藝術風格〉,《南京理工大學學報》(社會科學版)第 17 卷第 2 期,2004 年 4 月。

33. 陶希聖〈孔子廟庭中漢儒及宋儒的位次〉(下),《食貨月刊》復刊第 2 卷第 2 期,臺北:食貨月刊社,1972 年 5 月。

34. 賈秀麗〈宋元書院刻書與藏書〉,《圖書館論壇》,1991 年。

35. 賈燦燦〈宋代「學田」的幾個來源〉,《中南大學學報》(社會科學版)第 19 卷第 6 期 2013 年 12 月。

36. 漆身起・王書紅〈江西宋元刻書事業初探〉,《江西圖書館學刊》,1993 年。

37. 楊建東〈古代書院藏書概述〉,《四川圖書館學報》第 5 期(總弟 29 期),1985 年。

38. 趙新〈古代書院祭祀及其功能〉,《教育史論》第 25 卷　第 1 期,煤炭高

教育，2007 年 1 月。

39. 趙穎‧楊軼群〈李鴻章與保定蓮池書院學風之變關係探微〉，《檔案揭秘》，蘭台世界，2013 年‧2 月上旬。

40. 鄧洪波〈明代書院講會組織形式的新特色〉，《江西教育學院學報》（社會科學）第 30 卷，第 1 期，2009 年 2 月。

41. 鄧洪波‧趙路衛〈2011 年中國書院研究綜述〉，《北京聯合大學學報》（人文社會科學版）第 10 卷第 4 期，2012 年 10 月。

42. 劉屹〈中古道教神學體系的建構與發展〉，《東方文化》第 42 卷第 1、2 期合刊，2009 年 11 月。

43. 劉文劍〈淺談中國書院建築〉，《古建縱橫》，2012 年。

44. 蔣建國〈20 世紀的書院學研究〉，第 17 卷第 4 期，《湖南大學學報》（社會科學版），2003 年 7 月。

45. 謝空‧韓立新‧王海燕〈佛教建築與中國傳統風水〉，《山西建築》第 34 卷第 10 期，2008 年 4 月。

46. 謝豐〈陳嘉谷先生與二十世紀中國書院研究〉，《大學教育科學》總 143 期，2014 年 1 月。

47. 韓毅〈宋代僧人與儒學的新趨向〉，《民族文化研究》第 16 卷第 4 期 2005 年 9 月。

（二）學位論文

1. 李玲〈中國古建築和諧理念研究〉，山東大學，博士論文，2011 年 4 月。

2. 張曉婧〈清代安徽書院研究〉，安徽師範大學，博士論文，2014 年 5 月。

3. 陳春華〈清代書院與桐城文派的傳衍〉，蘇州大學，博士論文，2013 年 3 月。

4. 羅智韋〈宋代書院教育發展之研究〉國立臺灣師範大學，博士論文，2019 年。

5. 楊椀清〈嶽麓書院藏秦簡《叁》奏讞書研究〉國立高雄師範大學，博士論文 2018 年。

附錄一

嚴耕望先生《唐人習業山林寺院之風尚》之人物統計表〔註1〕

地區	終南、華山及長安南郊區
人物	韓愈 李琚 閻防 薛據 李商隱 盧、李二生 張仲殷 盧翰 許稷 白居易 李紳 班行達 姚合 張策 王建 楊禎 韋應物 孟郊 文銖 沈聿 范璋
總計	二十二人
地區	嵩山及其近區諸山
人物	龐式 李渤 孟郊 孔述睿 克符 克讓 士儀 岑參 李垣 釋智弘 郗昂 杜黃裳 韋思恭 董生 王生 韋安之 任生 劉長卿 崔曙 張諲 張謂 龐式 張易 李玖 房琯 呂向 李賀 （進士）苗 李頎
總計	二十九人
地區	中條山、太行山
人物	徐商 盧需 柳宗元 陽城 王龜 姚生及其子與外甥 張鎬 李商隱 李華 張仁亶 盧藏用 李栖筠 范堯 盧群 劉仁恭 崔慎 崔能 趙生
總計	二十人
地區	泰山及其近區諸山
人物	蘇源明 王洙 孔巢父 李白 韓沔 裴政 張叔明 陶沔 高漢筠 張易 齊已
總計	十一人
地區	廬山及附近諸山
人物	符載 楊衡 劉軻 李逢吉 李渤 朱朴 薛諫議 李徵古 韋應物從姪 李十 楊巨源 許渾 李羣玉 許彬 杜荀鶴 唐求 伍喬 李中 楊收 李端 楊衡 竇羣 李涉 薛肇 崔宇 閭丘方遠 顏真卿 顏翊 溫庭筠 杜牧 陸元浩 陳沅 陳覬

〔註1〕 這資料除統理嚴先生的文章外，還參考了戴均良《中國古今地名大詞典》，上海：上海辭書出版社，2005 年 7 月，及譚其驤《中國歷史地圖集》第五冊《隋・唐・五代十國時期》，香港：三聯書店，1982 年 10 月。

	劉洞 江為 （僧）貫休 孟歸唐 楊徽之 毛炳 鍾輻 姚崇 盧肇
總計	四十二人
地區	衡山
人物	李泌 嬾殘 韋寅 載十五 呂溫 李寬 王昭海
總計	七人
地區	羅浮山
人物	楊衡 劉軻 楊生 劉 古成之 楊環
總計	六人
地區	蜀中諸山寺
人物	陳子昂 李白 竇九 符載 楊衡 宋濟 權德輿 顏真卿 劉蛻 （僧）賈島 段文昌 元庭堅 宗密
總計	十三人
地區	九華山
人物	顧雲 杜荀鶴 殷文圭 張喬 鄭谷 李昭象
總計	六人
地區	揚州寺院及淮南其他諸寺山
人物	王播 呂溫 薛大信 王紹宗 羅向 羅炯 陳詡 賈餗
總計	八人
地區	慧（惠）山寺及浙西其他諸山
人物	李紳 李濤 李騭 項斯 顧非熊 方干 李蟠 張濬 顏真卿 顧況 邱為 楊衡 睦州
總計	十三人
地區	會稽剡中及浙東其他諸山
人物	李紳 齊抗 顧況 陳諫 趙璘 曹璩 （僧）皎然 （道人）靈一 許寂 李元平
總計	十人
地區	福建諸山寺
人物	黃滔 陳蔚 黃楷 歐陽碣 陳嶠 許龜圖 黃彥修 歐陽詹 羅山甫 毛炳
總計	十人
地區	敦煌諸寺院
人物	張盈潤 張安八 張彥宗 張龜 梁流慶 顯須 賀安住 氾安德 張富盈 索富通 張英俊 杜安遂 李再昌 鄧慶長
總計	十四人

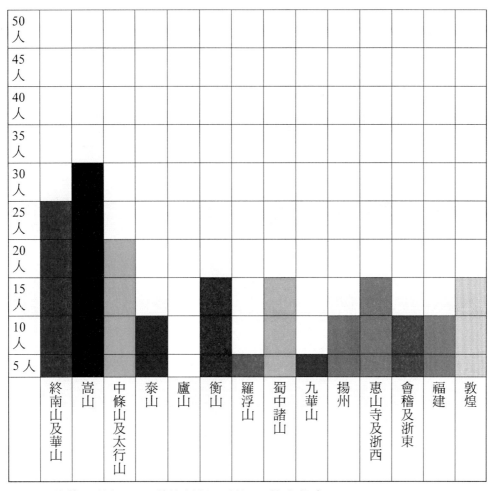

	終南山及華山	嵩山	中條山及太行山	泰山	廬山	衡山	羅浮山	蜀中諸山	九華山	揚州	惠山寺及浙西	會稽及浙東	福建	敦煌
50人														
45人														
40人														
35人														
30人		■												
25人	■	■												
20人	■	■	■											
15人	■	■	■			■		■		■		■		■
10人	■	■	■	■		■		■		■	■	■		■
5人	■	■	■	■		■	■	■	■	■	■	■	■	■

還收錄了其他不可考的材料，所提及的人物有：

韋應物、李嘉祐、高適、錢起、元結、閻防、顧況、王建、于鵠、元稹、白居易、楊發、朱慶餘、杜牧、許渾、薛洪南、劉得仁、莫宣卿、崔塗、柳璨、許敬、張閑、任頊、蘇源明、崔慎共二十四人。除重複外合共二百二十三人。

據嚴先生所言：「雖曰山林寺院，卻非荒徼僻壞，而為交通便利，經濟繁榮，人文蔚盛之區域」意思唐代士子習業山林寺院並不是在偏遠地方，而是位於交通便利，人文薈萃之地。黃河流域的終南山、華山、中條山、太行山、王屋山、嵩山、泰山等地區，都屬都畿道、京畿道附近地區，距離交通要道不遠。以人數計，嵩山附近地區最多人，在洛陽附近地區最多。其次是在長安以南的秦嶺一帶地區，而太行山地區以南當比太行山以北地區人多。

泰山附近為齊魯地，文化故然興盛，隱居習業者當不少。

　　長江流域以廬山數量最多，達四十二人。其中一原因是廬山位處長江與鄱陽湖之間，有水路之便。江西一帶地區水道縱橫交錯，土地肥沃，交通發達，經濟實力漸漸提升，加上較為遠離權力中心，人傑地靈，風景秀麗，是歸隱的最佳地方。江西是最多書院的省份，究其原因在唐或以前的朝代已奠下了厚厚的基礎。長江流域中以江南東道最多包括：浙西、浙東、福建。三處地方合共三十三人。浙江位處長江下游，湖泊甚多，臨近海邊，有魚鹽之利，經濟發展迅速。有吳越兩皇朝對地區的開發，及後魏晉時的大族南遷，江南富庶地，漸漸匯集了文人名士定居，文教漸盛，人才輩出，加上佛寺眾多，是文士習業上佳之選。福建的文化發展較後，屬新開發地區，但仍有十人之多。福建臨海地，除了因魚鹽之利。泉州附近一帶，是一港口，可對外航運，沿長江口可巡海路到達，交通方便。從泉州至福州地區為莆田地區，魏晉時中原混亂，大族南遷，有部份便遷至這一帶地區，有助這地區的文化發展。唐代的進一步的開發，至南宋時更為文化發展重心地之一，南宋時書院迅速發展，書院數量是增長最快的地區。

　　長江以北的淮河流域，即揚州地區。淮河的流向可接近黃河，加上運河連貫，淮河糧產可供長安人食用。揚州為中心，為物資轉運地，魏晉時揚州已為大城市，附近地區文人匯集，佛寺道觀等紛紛建立，交通便利。從揚州往西南走，至青陽縣附近九華山是佛教名山，自魏晉時代已建了不少佛寺，由於山色奇秀，吸引了名人遊覽，當中包括李白、杜牧等。

　　在長江上游的蜀地，在成都平原為數江匯流之地。在益州（今成都市）附近的青城山，近為道教名山，山上道觀為士子提供習業地。益州向北，向南，向東面等地，尤其峨嵋山，便是佛教名山，在離堆（樂山）等都是佛寺眾多之地。蜀道通常指中國古代連接關中平原和成都平原，翻越秦嶺和大巴山的眾多道路。古代多用棧道形式，有名蜀道有金牛道、故道和褒斜道等。狹義上說，蜀道僅包括四川境內的路段，南起成都，北止於廣元棋盤關，全長約 450 公里。廣義上說，南起成都沿金牛道，過廣漢、德陽、羅江、綿陽、梓潼，越大小劍山，經廣元而出川，陝西境內經過寧強、大安、勉縣到達漢中、褒城開始褒斜道，之後沿褒河過石門，穿越秦嶺，出斜峪，直通八百里秦川，全長約 1000 餘公里。

　　遠離中原較遠的位處湖南的衡山，過了洞庭湖沿湘江向南行便可抵衡山。魏晉時代，衡山已有佛教傳入，人數雖不及靠近長江附近地區，但在唐代是

有名的名山，佛寺和道觀不少。五代時有兩位僧人智璇及某在衡山建屋，又命徒購書，使士子可在這裏習業居住，及後更建成有名的嶽麓書院。

翻過五嶺到嶺南（今廣東），位於廣東中部的羅浮山，漢代時司馬遷也曾記載此山。魏晉時代，葛洪來到此地練丹。唐代時李白、杜甫、韓愈等有名詩人也曾在詩篇中提過羅浮山。由於葛洪曾來練丹外，那處道教十分盛行，道觀眾多，為士子提供清靜地習業。

最後要提到是敦煌，位處西部邊垂之地。附近為沙漠地帶，敦煌卻為沙莫中的綠州，為敦煌帶來了農業，加上是絲綢之路上的重鎮，商旅路經此地時，多到佛寺祈福。穆先生《國史大綱》中曾言「河西儒學，以諸涼兵禍較淺，諸儒傳業不輟」，所謂河西地區，即隴西一帶。魏晉時代，河西附為胡人所據，佛教甚盛，佛寺甚多，為日後敦煌文化打下基礎。唐代後期時，唐政府經常和吐蕃發生戰爭，無暇顧及隴西地區，敦煌曾被吐蕃所佔，張議潮組成歸義軍，奪回敦煌，為西邊帶來相對穩定局面。佛寺道觀繼續營運，寺學能繼續，求學的人相當多，因此在統計表上總計有十四人之多。

· 從人物上統計，總計 223 人。
· 據嚴先生的資料，此二百餘人中，宰相有 20 人：
· 有韋昭度、張鎬、徐商、張仁亶、房琯、杜黃裳、李逢吉、朱朴、楊收、姚崇、李泌、劉瞻、段文昌、王播、李紳、張濬、齊抗、裴垍、柳璨、張策。
· 一代文宗有 3 人：陳子昂、李白、白居易。
· 一代名臣有 5 人：顏真卿、孔巢父、李栖筠、崔從、盧羣。
· 詩文名家有 19 人：徐彥伯、劉長卿、岑參、高適、李華、錢起、孟郊、李賀、呂溫、符載、劉軻、杜牧、李商隱、溫庭筠、李端、王建、顧雲、顧況、杜荀鶴。
· 宰相中有部分是寒門出身，例如王播、朱朴、楊收、段文昌、劉瞻、齊抗等。

參閱內文第二章第四節，頁 36

附錄二

唐五代寺院分區表〔註1〕

唐代區域名稱	寺院數量
關內道（包括河套地區及京畿）	259 所
河南道（包括黃河流域下游地區）	179 所
河東道（河套以東地區）	116 所
河北道（黃河流域下游以北地區）	107 所
山南道（秦嶺以南地區）	82 所
淮南道（淮河以南至長江下游以北地區，東至黃海）	88 所
江南東道（長江下游以南以至東海地區）	343 所
江南西道（長江中游至下游，包括洞庭湖至彭蠡湖之間地區）	221 所
隴右道（河西四郡地區）〔註2〕	14 所
劍南道（長江中上游，即蜀地區）	96 所
嶺南道（珠江流域至桂州地區）	54 所
總計	1559 所

據以上表列，江南東道的寺院最多，江南東道即今天的浙江和福建兩省
所在，單是蘇州有 60 所，而位處福建的福州則有 37 所，可見這地區佛教鼎

〔註1〕李芳民《唐五代佛寺輯考》目錄，北京：商務印書館，2006 年 7 月。
〔註2〕本表據李芳民《唐五代佛寺輯》所列寺院數量，隴右包括今天敦煌地區，李
芳民所據的資料是《全唐詩》、《全唐文》、《續僧傳》、《宋高僧傳》，未計敦煌
發現的資料。

盛的程度。其次是關內道，即所謂關中地區，是今天的陝西省以至甘肅以東地區，單是京兆府已有 218 所，是為所有府之冠，可見關中地區佛教甚為興盛。再其次是江南西道，即今天湖南至江西一帶地區，廬山正是位處這地區中。河南道寺院排行第四，單是河南府已有 62 所，除京兆府外，最多便是河南府，也可見河南佛教之盛。第三章所言及理學濂（江南西道）、洛（河南道）、關（關內道）、閩（江南東道）正是佛教最盛的四個地區。〔註 3〕

參閱內文第三章第四節，頁 76

〔註 3〕以上關於唐五代的區域的今稱資料參考譚其驤《中國歷史地圖集》第五冊，〈隋、唐‧五代十國〉，上海：中國地圖出版社，1982 年 10 月，頁 43～78。

附錄三（a）

以下圖表原載鄧洪波《中國書院史》的宋代書院分布圖。

今天的省分區域	書院數量
河北	3 所
河南	11 所
山西	4 所
山東	9 所
安徽	20 所
江蘇	29 所
上海	4 所
浙江	156 所
福建	85 所
江西	224 所
湖北	17 所
湖南	70 所
廣東	39 所
廣西	10 所
海南	2 所
四川	31 所
貴州	1 所
陝西	4 所
香港	1 所
總數	720 所

　　據上表列看，江南地區書院數量是黃河域的數倍之多，以江西為最多，第三章中提到，濂、洛、關、閩四派中的濂、閩是江南地區。不過鄧氏這幅圖是南、北宋合計，書院數量是南宋遠比北宋多。建置書院當然是長江以南地區比黃河流域多。然而據附錄一的表列，江南的寺院也比黃河地區多。

參閱內文第三章第四節，頁 76，78

附錄三（b）

北宋書院分省統計表 [註1]

省　區	新建書院	重建書院	總　計
河北	3	0	3
河南	5	1	6
陝西	1	0	1
山西	1	0	1
山東	4	0	4
安徽	4	0	4
江蘇	4	0	4
浙江	4	0	4
江西	23	0	23
福建	3	0	3
湖北	3	0	3
湖南	8	1	9
廣東	4	0	4
貴州	0	0	0
四川	4	0	4
合計	71	2	73
省平均數	5.071	0.143	5.214

除江西外，每省所建書院不多於十，且大部份還在五所以下。

〔註1〕資料來源自鄧洪波《中國書院史》，上海：東方出版社，2006 年 1 月，頁 66。

附錄三（c）

南宋書院分省統計表 [註1]

省　區	新建書院	重建書院	南宋有而未詳南北宋建	總　計
江蘇	16	2	5	23
安徽	12	2	2	16
浙江	60	0	27	82
江西	94	7	46	147
福建	47	1	9	57
湖北	4	0	5	9
湖南	26	3	14	43
廣東	17	3	15	35
廣西	7	0	4	11
貴州	1	0	0	1
四川	15	0	3	18
省平均數	27.181	1.636	11.364	40.182

　　南北宋比較，南宋每省平均數是 27.181，北宋只有 5.071，南宋比北宋多了許多。

參閱內文第三章第四節，頁 78

[註1] 資料來源自鄧洪波《中國書院史》，頁 114。

附錄四

以下是徐梓《元代書院研究》的元代書院學田數量表[註1]：

表 1

所在州县	书院名称	学田数	材 料 出 处
丹徒县	淮海书院	13570	《至顺镇江志》卷十一，另有地 5549 亩，山 92 亩，池 1 亩。
上元县	明道书院	4908	《至正金陵新志》卷九
常熟州	文学书院	4200	黄潛：《文学书院记》，《吴都文粹续集》卷十三
南阳县	南阳书院	4000	程钜夫：《南阳书院碑》，《雪楼集》卷七
仁和县	西湖书院	1810	汤炳龙：《西湖书院增置田记》，《两浙金石录》卷十五

[註 1] 徐梓《元代書院研究》，北京：社會科學文獻出版社，2000 年 1 月，頁 100～103。

表 2

所在州县	书院名称	学田数	材　料　出　处
武陵县	沅阳书院	1200	同治《武陵县志》卷二十一
华亭县	清忠书院	1100	胡世佐：《清忠书院记》,弘治《上海县志》卷五
藤　县	性善书院	1030	虞集：《藤州性善书院学田记》,《道园类稿》卷二十二
湘潭州	主一书院	1000	程钜夫：《主一书院记》,《雪楼集》卷十二
嵩　州	伊川书院	1000	乾隆三十年《嵩县志》卷十六
江宁县	江东书院	900	正德《江宁县志》卷四
建康府	南轩书院	900	《至正金陵新志》卷九
丹徒县	濂溪书院	837	《至顺镇江志》卷十一,另有地 140 亩、山 174 亩
海宁州	皇冈书院	800	危素：《皇冈书院记略》,乾隆四十一年《海宁州志》卷一
余姚州	高节书院	800	康熙三十二年《新修余姚县志》卷五
金坛县	茅山书院	637	《至顺镇江志》卷十一,另有地 11 亩
黟　县	集成书院	600	汪泽民：《黄氏厚本庄记》,嘉庆十七年《黟县志》卷十四。又同书卷十作 630 余亩
嵊　县	二戴书院	600	崔存：《重修二戴书院记》,民国二十三年《嵊县志》卷五
江阴州	澄江书院	600	《古今图书集成·方舆汇编·职方典》卷七百一十四
当涂县	丹阳书院	600	吴澄：《丹阳书院养士记》,《吴文正公集》卷三十
益阳州	庆洲书院	560	《重修庆洲书院记》,《申斋集》卷六
建阳县	考亭书院	500	熊禾：《考亭书院记》,《熊勿轩先生文集》卷二
乐安县	鳌溪书院	500	《宋元学案·草庐学案》
永丰县	志欧书院	500	杜显祖：《志欧书院记》,康熙三十二年《永丰县志》卷六
衡阳县	石鼓书院	475	据邓洪波《湖南书院述略·元代部分》折算
濮阳县	崇义书院	450	张以宁：《崇义书院记》,嘉庆《开州志》卷八
光泽县	云岩书院	430	况逵：《云岩书院记》,乾隆《邵武府志》卷二十一
慈溪县	杜洲书院	400	《至正四明续志》卷八,另有地 8 亩、山 302 亩。
盱眙县	崇圣书院	400	苏天爵：《盱眙县崇圣书院记》,《滋溪文稿》卷二
长洲县	甫里书院	400	柳贯：《甫里书院记》,《柳待制文集》卷十四

表3

所在州县	书院名称	学田数	材 料 出 处
应城县	长庚书院	400	程钜夫:《代白云山人送李耀州归白兆山建长庚书院序》,《雪楼集》卷十五
婆源洲	明经书院	400	李惟诚等:《明经书院赠学田碑》,《云峰胡先生文集》卷九附录上。吴澄《明经书院记》记为350亩
西安县	明正书院	369	黄溍:《明正书院田记》,《黄文献公文集》卷五
乐平县	松峰书院	300	吕思诚:《松峰书院记》,四库本《山西通志》卷二百四
射洪县	金华书院	300	文礼恺:《金华书院记》,《四库全书》本《四川通志》卷四十二
新乐县	壁里书院	300	苏天爵:《新乐县壁里书院记》,《滋溪文稿》卷三
祁阳县	浯溪书院	300	苏天爵:《浯溪书院记》,《滋溪文稿》卷二
长社县	颖昌书院	300	郑元祐:《颖昌书院记》,《侨吴集》卷九
建阳县	庐峰书院	300	万历《建阳县志》卷二
新安县	商山书院	250	赵汸:《商山书院学田记》,《东山存稿》卷四
庐陵县	凤山书院	250	陈康祖:《凤山书院记》,嘉庆《湖南通志》卷四十九
舒城县	龙眠书院	200	揭傒斯:《舒城县龙眠书院记》,《文安集》卷十
黄陂县	河南书院	200	程钜夫:《代白云山人送李耀州归白兆山建长庚书院序》,《雪楼集》卷十五
会稽县	和靖书院	200	戴表元:《和靖书院记》(包括学址面积),《剡源集》卷一
文安县	老泉书院	200	许有壬:《霸州创建老泉书院疏》,《至正集》卷七十
慈利州	天门书院	200	虞集:《慈利州天门书院记》,《道园学古录》卷九
长治县	雄山书院	200	雍正《山西通志》卷三十六
缙云县	美化书院	164	戴表元:《美化书院记》,《剡源集》卷一
闵县	勉斋书院	150	贡师泰:《勉斋书院记》,《贡礼部玩斋集》卷七
鄞县	东湖书院	150	程端礼:《东湖书院记》,《积斋集》卷四
成都县	石室书院	150	王沂:《石室书院记》,《伊滨集》卷十八
余姚州	古灵书院	150	危素:《古灵书院记》,光绪《余姚县志》卷十
慈溪县	慈湖书院	125	《至正四明续志》卷八,另地4亩,渡6处。《延祐四明志》卷十四作112亩。
上犹县	太傅书院	100	康熙《上犹县志》卷三

表4

所在州县	书院名称	学田数	材　料　出　处
鄞　县	鄮山书院	100	《延祐四明志》卷十四
鄄城县	历山书院	100	《元史·和尚传》附《千奴传》
当涂县	采石书院	96	张允:《太平路采石书院增修置田记》,民国二十三年《安徽通志稿》金石古物考五
咸宁县	鲁斋书院	70	张养浩:《奉元路鲁斋书院三先生祠堂记》,《归田类稿》卷四
乌程县	安定书院	63	李术鲁翀:《湖州路安定书院夫子燕居堂碑铭》,光绪《归安县志》卷二十五
松阳县	明善书院	60	王祎:《明善书院记》,《王忠文公集》卷十
建德县	钓台书院	50	黄溍:《重修钓台书院记》,《黄文献公集》卷十一
昌国州	翁洲书院	40	《大德昌国州图志》卷二,另涂田 150 亩。《至正四明续志》卷八作田 46 亩、海涂田 300 亩。
歙　县	紫阳书院	30	唐元:《紫阳书院增置学田记》,《筠轩文稿》卷十
鄞　县	甬东书院	17	《延祐四明志》卷十四。另地 4 亩。
弋阳县	蓝山书院	10	程端礼:《弋阳县重修蓝山书院记》,《畏斋集》卷五

據表一至表四看最多學田是淮海書院，超過 1000 畝田地，最少是藍山書院，只得 10 畝田地。但整體來看大部份學田在 1000 畝以下。超過 1000 畝只有 9 所，少於 100 畝有 11 所。據以上之表，書院學田不多。

參閱內文第四章第一節，頁 88

附錄五（a）

元代書院分佈圖〔註1〕

〔註1〕資料來源自鄧洪波《中國書院史》，頁194。

今天的省分區域	書院數量
北京	3 所
河北	12 所
河南	12 所
山西	10 所
陝西	7 所
山東	23 所
安徽	15 所
江蘇	6 所
上海	4 所
浙江	49 所
福建	11 所
江西	94 所
湖北	10 所
湖南	21 所
廣東	9 所
廣西	1 所
四川	5 所
貴州	3 所
雲南	1 所
總數	296 所

　　這圖所顯示是元代所創建的書院，並未把宋代時所建的書院計入圖中。對比南宋書院，江西依然最多，但數量沒增加，同樣是 94 所，南宋時福建有 47 所書院，至元代只有 11 所，明顯地減少了。四川同樣比南宋少了 10 所。廣東、廣西同樣對比南宋時少了。南宋各省合計 299 所，元代只有 296。元代國祚有 97 年，南宋國祚有 152 年，南宋比元代長了 55 年。但元的面積則是南宋數倍。書院數量沒明顯的加減。下面表是與明代對比，可看到明代書院數量明顯增加。

附錄五（b）

元代書院分朝統計表〔註1〕

朝　　代	新建書院數	重建書院數	總　　數	平均數
世祖（1271～1294）	34	14	48	2.000
成宗（1295～1307）	18	10	28	2.000
武宗（1308～1311）	4	1	5	1.750
仁宗（1312～1320）	15	1	16	1.777
英宗（1321～1323）	5	0	5	1.666
泰定帝（1324～1327）	7	1	8	2.000
文宗（1328～1332）	13	2	15	3.000
惠宗（1333～1368）	54	17	71	1.972
小計	163	46	209	2.132
未詳	119	78	197	2.010
合計	282	124	406	4.142
平均數	35.24	15.5	50.75	

　　以上所顯示的年份是歷朝君主在位年份，據上表所標示，惠宗在位時間最長，達 35 年；其次是世祖，在位 23 年。因此在位時間長新建書院也應較多，以平均數來算，文宗朝最多，他在位只有 4 年，新建書院達 13 所。可說歷朝中書院建置最頂盛之時。未詳者是追查不到是元代那一朝君主建，可能是宋代留下來的書院。

〔註 1〕資料來源自鄧洪波《中國書院史》，頁 195。

元代書院創建人物統計表〔註2〕

類　　別	官　辦	民　辦	不　明	其　他	合　計
院數	51	181	63	1	296
		244			
百分比	17.23	61.15	21.28	0.33	
		82.43			

　　上表看到民辦的書院遠比官辦多。

〔註2〕資料來源自鄧洪波《中國書院史》，頁197。

附錄五（c）

明代書院分佈圖〔註1〕

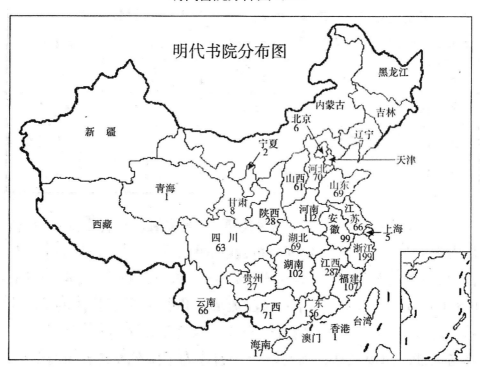

明代书院分布图

黑龙江

内蒙古
北京 吉林
6 辽宁
7
宁夏
2 天津
河北
山西 70 山东
61 69
新疆 江
青海 甘肃 河南 苏
1 8 陕西 112 安 66
28 徽 上海
西藏 四川 湖北 99 5
63 69 浙江
199
湖南 江西
贵州 102 287
27 福建
云南 广西 广东 107
66 71 156
香港 台湾
海南 澳门 1
17

〔註1〕資料來源自鄧洪波《中國書院史》，頁 266。

今天的省分區域	書院數量
北京	6 所
河北	70 所
河南	112 所
山西	61 所
陝西	28 所
寧夏	2 所
甘肅	8 所
青海	1 所
山東	69 所
遼寧	7 所
安徽	99 所
江蘇	66 所
上海	5 所
浙江	199 所
福建	107 所
江西	287 所
湖北	69 所
湖南	102 所
廣東	156 所
香港	1 所
海南	17 所
廣西	71 所
四川	63 所
貴州	27 所
雲南	66 所
總數	1699 所

　　上圖書明代所建的書院，可看出數量比元代多，且所涉的範圍比元代更廣。遠至寧夏、甘肅、青海也建了書院，東至遼寧南至香港也建了書院。廣東、河南增幅相當大。差不多所有省份有書院數量增加，尤其長江以南地區。元代時，對長江以南地區的人壓制較大，但無阻這地區的文化發展，長江以南地區書院更倍增。

附錄五（d）

明代書院分朝統計表 [註1]

朝　代		新建書院	重建書院	總　　數	平均數
洪武	1368～1398	25	18	43	1.387
建文	1399～1402	0	1	1	0.250
永樂	1403～1424	9	10	19	0.863
洪熙	1425	0	0	0	0
宣德	1426～1435	3	10	13	1.300
正統	1436～1499	15	16	31	2.214
景泰	1450～1456	8	9	17	2.428
天順	1457～1464	8	11	19	2.375
成化	1465～1487	48	30	78	3.391
弘治	1488～1505	75	20	95	5.277
正德	1506～1521	122	28	150	9.375
嘉靖	1522～1566	550	46	596	13.244
隆慶	1567～1572	65	2	67	11.166
萬曆	1573～1619	275	20	295	6.276
昌泰	1620	0	0	0	0
天啟	1621～1627	21	0	21	3.000
崇禎	1628～1644	84	2	86	5.058
未祥		399	32	431	1.556
合計		1707	255	1962	7.083
每朝平均數		100.411	15.00	115.411	

〔註1〕資料來源自鄧洪波《中國書院史》，頁267。

　　明代建了一千七百多所書院。明代國祚長達二百七十六年，歷十六位君主，最長是萬曆朝，建了 250 所書院，重建 20 所書院，而比萬曆朝短達二十多年的嘉靖朝書院建置達五百多所，重建也有 46 所，可說是明代建置書院的高峰。隆慶在位雖短短七年，新建書院多達 65 所，平均數排第二。其中原因是明王守仁之學於正德漸盛，王學弟子多建書院。至嘉靖朝，崇道的嘉靖，任由地方官奪去寺院地建書院，加上王學十分流行，建書院更多。明代經歷了三毀書院，第一次是嘉靖朝，第二次是萬曆朝，這兩朝的書院禁後很快便恢復，最慘烈是天啟朝，由宦官魏忠賢主持，禍起於東林黨爭，所毀的書院達 26 所。雖佔整體書院數量不多，卻嚴重打擊學術發展，影響至清代。〔註 2〕

明代書院創建人物統計表〔註 3〕

統計　　類別	民　辦	不　明	官　辦	其　他	合　計
書院數	507	216	972	4	1699
	723				
百分比	29.84	12.71	57.21	0.24	
	42.55				

元、明兩代黃、長江、珠江流域書院統計表〔註 4〕

朝代　流域	元　代		明　代	
	書院數	百分比	書院數	百分比
黃河	43	18.94	229	18.48
長江	152	66.96	646	52.14
珠江	32	14.1	364	29.38
合計	227		1239	

參閱內文第四章第二節，頁 92

〔註 2〕　參考自鄧洪波《中國書院史》，頁 363～385。
〔註 3〕　資料來源自鄧洪波《中國書院史》，頁 271。
〔註 4〕　資料來源自鄧洪波《中國書院史》，頁 265。

附錄六

師歸義軍時期敦煌寺學學郎、學士郎表〔註1〕

寺名	學　生	學士（仕）	學士（仕）郎	學　郎
淨土寺	寅年(882?)趙令全讀（P2570 毛詩卷第九）		壬午年(862?)正月九日淨土寺南院學仕郎（P2633 崔氏夫人訓女文）[11]	貞明七年(921)薛安俊寫（S2614 大目乾連冥間救母變文並圖一卷）
			丁巳年(897?)正月十八日淨土寺孛仕郎賀安住自手書寫讀誦過記耳（P3649 雜抄一卷）[12]	長興五年(934)翟員義（P2621 漁父歌滄浪賦紙背題）
			貞明九年(923)清河陰義進書記之（P2808 百行章跋尾）	天福八年(943)張延保記（S395 孔子項託一卷）[13]
			天福五年(940)氾安德筆記（P3691 新集書儀殘卷）[14]	
			開寶悟年癸酉(973)辛延□、曹願長同心一會（P2894-5卷）	
三界寺			辛巳年(861?)十一月十一日三界寺孛士郎梁流慶書記之也（P3393 雜抄一卷）[15]	
			乙亥(915?)六月八日三界寺學士郎張英俊書記之也（S173 李陵與蘇武書）	
			同光三年(925)曹元深寫記（S707 孝經）	

〔註1〕高明士《中國中古的教育與學禮》，臺北：臺大出版中心，2005 年 9 月，頁154～156。

			天福七年(942)張富□記（P3582 楊滿山詠孝經一十八章）	
			□年張彥宗寫記（P3189 開蒙要訓）	
蓮臺寺		景福二年(893)索威建記(P3569 太公家教殘卷)		丙申(936?)二月十九日蓮臺寺學郎王和通寫記(P3833 王梵志詩卷第三)
靈圖寺			丁亥年(927?)正月十六日靈圖寺學仕郎張盈潤寫記之耳（P2609 俗務要名林殘卷）[16]	庚子(880、940?)二年二月十五日靈圖寺學郎李再昌巳（寫）（S728 孝經一卷）
永安寺			癸未(923?)十二月二十一日永安寺學士郎杜友遂書記之耳（S214 鷰子賦一卷）	甲申(924?)三月二十三日永安寺學郎杜友遂書記之耳（S214 鷰子賦一卷）
			庚戌(890、950?)十二月十七日永安寺學仕郎如順進自手書記（S1163 太公家教一卷）	
大雲寺			大雲寺學仕郎鄧慶長壬戌年(902?)十一月□日鄧慶長（S778 王梵志詩集並序）	
龍興寺				貞明六年(920)張安八寫記之耳（P2712 貳師泉賦、漁父賦歌共一卷）[17]
金光明寺		天復五年(905)張龜信（P3381 秦婦吟）	貞明五年(919)安友盛記（S692 秦婦吟）	壬什年(922?)二月二十五日金光明寺學郎索富通書記之耳（P3692 李陵蘇武往還書）

			（□年金光明學士郎就家孔目氾員宗（P3757 鷰子賦）[18]	□年金光明寺學郎索懃（P3466 吉凶書儀）
？寺	辛丑(821?)七月二十八日學生童子唐文英為妹欠患寫（北岡84號觀音經卷末）		顯德二年(955)就家學士郎馬富德書記（P3780 秦婦吟一卷）	
	（？年）校了經生燉煌縣學生蘇文願校（S1893 大涅槃經卷末題記）[19]			

　　以上的表所列有名字的共八所，沒有名字的有一所，據高明士研究，吐
蕃管治敦煌時期，在佛寺學習外典的士子初時是稱「學生」，歸義軍時期稱「學
士」、「學士（仕）郎」、「學郎」。表中所列的殘卷有：《毛詩》、《崔氏夫人訓女
文》、《大目乾連冥間救母變文》、《新集書儀》、《漁父歌滄浪賦》、《孔子項託》、
《李陵與蘇武書》、《孝經》、《開蒙要訓》、《太公家教書》、《王梵志詩》、《鷰子
賦》、《秦婦吟》等。

參與內文第五章第一節，頁 133

附錄七

日本禪寺七堂佈局圖〔註1〕

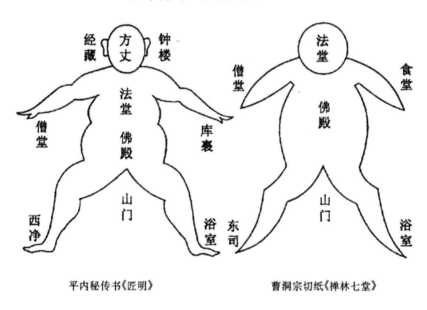

平内秘传书《匠明》 　　　　　曹洞宗切纸《禅林七堂》

图 1-3f　日本禅寺七堂布局人体表相图

上圖表示以人體的生理結構來設計禪寺的建築佈局

參閱內文第六章第三節，頁 204

〔註1〕張十慶《五山十刹圖與南宋江南禪寺》，南京：東南大學出版，2000 年 1 月，頁 47。

附錄八

禪寺的法堂多設計在中軸線上〔註1〕。

圖一

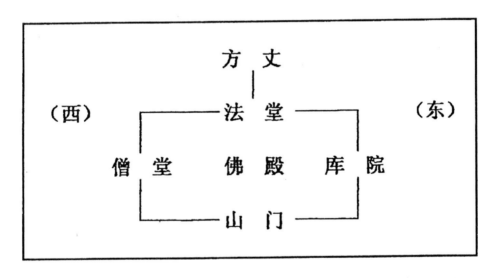

图1-3c 宋式伽蓝配置基本格局

〔註1〕張十慶《五山十剎圖與南宋江南禪寺》，頁45。

圖二

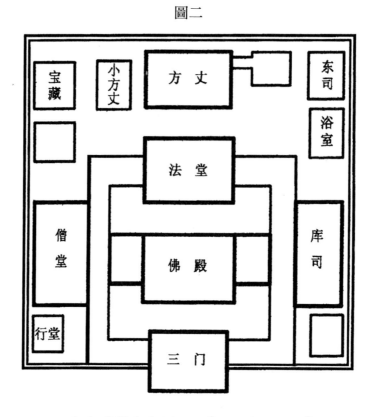

图 1−3d　日本中世禅寺布局──《圣福寺之绘卷》(1563 年前)

參閱內文第六章第三節，頁 205

附錄九

書院建築佈局如何吸收了禪宗的建築佈局，配合環境教學原理設計書院
建築〔註1〕

圖一　東山書院現狀圖（載《湖南傳統建築》）

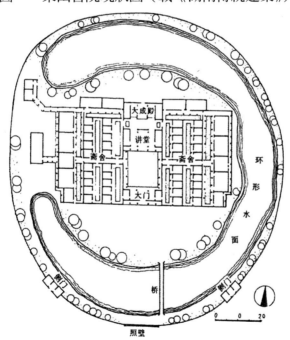

〔註1〕《中國建築藝術全集》第十冊，北京：中國建築工業出版社，2001年5月，
　　　頁15。

圖二　仁義書院圖（載清同治江西《義寧州志》）

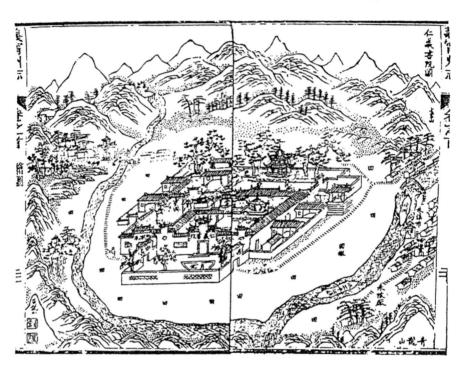

參閱內文第六章第三節，頁 205

附錄十

圖一　萬年寺圖〔註1〕

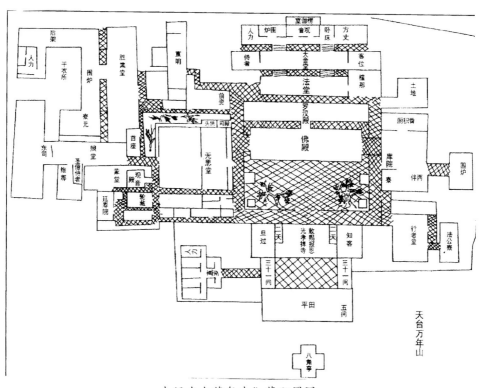

東福寺本萬年寺伽藍配置圖

〔註1〕張十慶《五山十剎圖與南宋江南禪寺》，頁44～45。

圖二　萬年寺主體配置關係（南宋）

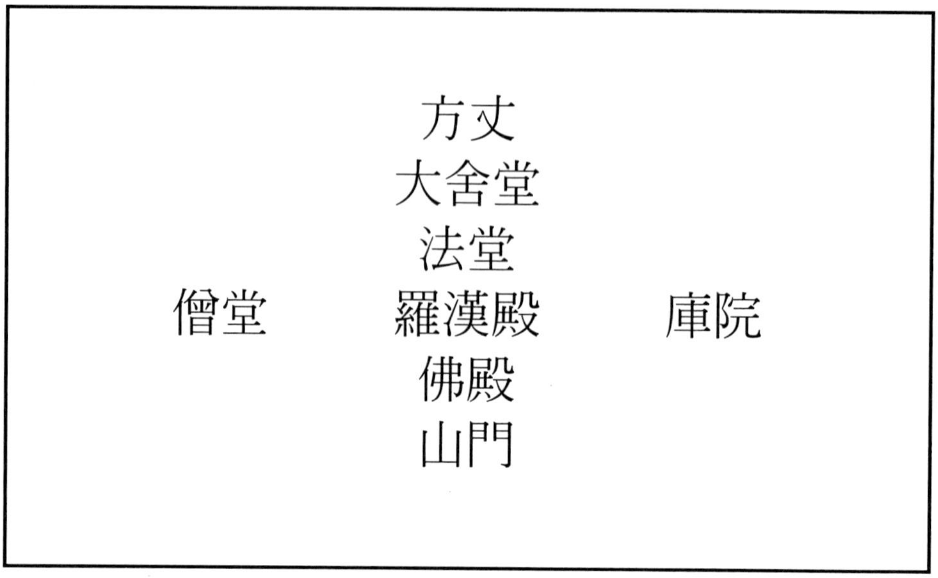

方丈

大舍堂

法堂

僧堂　　　　羅漢殿　　　　庫院

佛殿

山門

（注：根據「諸山額集」，大舍堂前方丈）

參閱內文第六章第三節，頁 207

附錄十一

天童寺圖（清《天同寺志》）

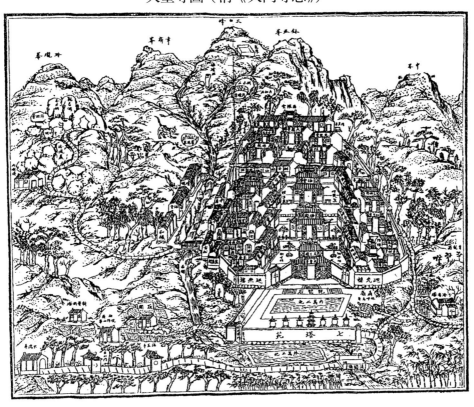

參閱內文第六章第三節，頁 209

附錄十二

玄宗寺圖

參閱內文第六章第三節，頁 209

附錄十三

梯雲書院圖

敷文書院圖

參閱內文第六章第三節，頁 209

附錄十四

嵩陽書院圖〔註1〕

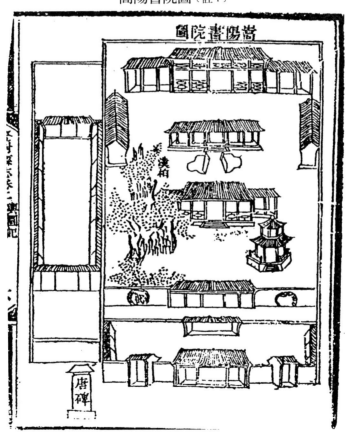

〔註1〕原圖轉載自楊慎初、蔡道馨、蔡凌《書院建築》,《中國書院建築藝術全集》
第10卷,中國建築工業出版社,2001年5月,頁4。

附錄十五

白鹿洞書院圖〔註1〕

〔註1〕圖片來源 https://zh.wikipedia.org，網頁。

朱子白鹿洞教條

父子有親君臣有義夫婦有別長幼有序朋友有信

右五教之目堯舜使契為司徒敬敷五教即此是也學者學此而已其所以學之之序亦有五焉其列于左

博學之審問之慎思之明辨之篤行之

右為學之序學問思辯四者所以窮理也若夫篤行之事則自修身以至處事接物亦各有要其列于左

言忠信行篤敬懲忿窒慾遷善改過

右修身之要

正其誼不謀其利明其道不計其功

右處事之要

己所不欲勿施於人行有不得反求諸己

右接物之要

乾隆三年歲在戊午仲冬穀旦

聯捷南原郡于山董文偉　是子縣尹崇山馮　書

主潤事甲辰進士眭茨川蔣尹陸章圖等

附錄十六

嶽麓書院圖〔註1〕

〔註 1〕圖片來源 https://www.google.com/search。

後　記

　　本文計劃撰寫時是九年前，用三年時間撰寫完畢。回想十多年前，筆者的碩士論文是《唐‧五代書院的起源》，完成了碩士論文後，筆者對書院的研究興趣從未減退。後因工作繁忙，女兒年紀尚小，作為母親對照顧女兒有不可推卸的責任，便把研究之事擱下。九年前，想到博士論文提交期限快到，便決心花時間研究。由於需要大量材料，不得不游走於大學圖書館、學術機構等，終於在六年前可成功通過論文，但那時已是提交論文的最後限期。筆者自知學問未足，得李學銘老師的悉心指導，論文得以通過，實銘感心中。

　　半年前，得同學鼓勵，筆者便不自量力，把論文編成著作發表，於是重新審核論文的每條資料，內文的邏輯性等，更拜託不少同學在大學圖書館借出原書重新審閱修定，在此感謝每位幫忙的同學。經過數月來的校訂，再三修訂後便讓老師審閱，最難得是老師仍不辭勞苦，把這文重新細心閱讀，並加以指導，老師還惠賜序言，感激之語，難以言表，自當永記於心，並常自砥礪，不負老師的辛勞！同時，十分感謝何廣棪教授的推薦，得何教授的賞識，自當盡力而為，把文章盡量修撰好，資料盡量齊備而無誤。這文雖經再三修訂，不足之處仍多，期望讀者指正。

潘秀英

2021 年 8 月 20 日